KB194097

하이데거는 나치였는가?

하이데거는 나치였는가?

[박찬국(서울대 철학과 교수) 지음]

철학과현실사

개정판 머리말

　이 책은 『하이데거와 나치즘』의 전면 개정판이다.

　『하이데거와 나치즘』은 2001년에 출간되면서 거의 모든 일간지들의 서평란에 대서특필된 바 있다. 이러한 관심에도 불구하고 책의 방대함과 부분적으로 지나치게 전문적인 내용으로 말미암아 많은 독자층을 확보하지는 못했다. 그러나 여전히 많은 사람들이 하이데거의 나치 참여에 대해서 깊은 관심을 가지고 있으며, 하이데거에 대한 이야기가 나오면 거의 반드시라고 할 정도로 그의 나치 참여가 화제에 오르게 된다. 이러한 사정을 감안하여 나는 제1판을 전면적으로 재구성하는 개정판을 내기로 하였다.

　『하이데거와 나치즘』은 500쪽에 달하는 방대한 책이었다. 개정판에서는 하이데거 사상과 관련된 지나치게 전문적인 내용에 해당하는 부분은 과감하게 생략했으며, 나치 참여와 관련된 하이데거의 사상도 핵심만 평이하게 서술했다. 철학은 어려운 학문이고 그 중에서 특히 하이데거 철학은 어렵다고 생각하면서 『하이데거와 나치즘』에 부담을 느꼈던 독자들이 이 개정판에는 부담감을 갖지 않고 접할 수 있게 되기를 기대한다.

하이데거의 나치 참여를 보는 나의 시각에는 2001년도나 지금이나 변화된 것은 없다. 『하이데거와 나치즘』이 출간된 후 많은 비판이 있었지만, 그러한 비판도 내가 이 책에서 소개했던 대부분의 견해들과 마찬가지로 하이데거에 대한 혐오나 애착에 입각한 비판이었다고 생각된다. 한 평자는 내가 하이데거의 나치 참여를 사면하려고 한다고 비판한 반면에, 다른 평자는 내가 하이데거의 철학 사상에서는 본질적인 의미를 가질 수 없는 나치 참여를 지나치게 중요한 것으로 보고 있다고 비판했다. 동일한 책에 대해서 어떤 평자는 나를 친(親)하이데거적인 것으로 본 반면에, 다른 평자는 나를 반(反)하이데거적인 것으로 본 것이다. 그러한 비평들은 내가 이미 익숙하게 알고 있었던 것이고 또한 『하이데거와 나치즘』에서 철저하게 비판해놓았던 것들이다. 개정판인 『하이데거는 나치였는가?』를 좀더 많은 독자들이 접하게 되면서 내 자신이 더 귀를 기울일 수 있는 비평들이 제기되기를 기대한다.

2007년 8월 1일

제1판 머리말

1987년에 빅토르 파리아스의 『하이데거와 나치즘(*Heidegger et le nazisme*)』이 프랑스에서 출간되어 프랑스 지성계에 돌풍을 몰고 온 후, 전 세계적으로 하이데거의 나치 참여를 둘러싸고 격렬한 논쟁이 행해져 왔다. 프랑스에서 점화된 이 논쟁은 하이데거 철학의 본고장인 독일로 비화되었고 미국에까지 옮겨붙었다. 하이데거의 나치 참여라는 문제는 이제 하나의 중요한 철학적 테마가 된 느낌이다. 그동안 쏟아져 나온 문헌만 해도 헤아릴 수 없을 정도다.

그런데 하이데거 철학의 지대한 영향을 받은 데리다와 푸코를 비롯한 현대 프랑스 철학이 이미 상당히 중요한 위상을 차지하게 된 우리나라에서는 하이데거의 나치 참여에 대한 이렇다 할 논의가 없는 실정이다. 이러한 실정에도 불구하고 많은 사람들이 하이데거의 나치 참여에 대해서 큰 관심을 갖고 있다. 하이데거라는 이름이 나올 때마다 사람들은 하이데거와 같은 대사상가가 어떻게 해서 나치라는 야만의 극단에 동조할 수 있었는지 궁금해 한다.

내가 하이데거 철학을 연구한 지도 벌써 10여 년이 흘렀다. 하이데거 철학을 연구하면서부터 나 역시 하이데거가 어떻게 해서 나치에 참여하게 되었는지 그리고 그의 철학과 나치즘 사이에는 어떤 연관이 있는지에 대해서 줄곧 의문을 품어왔다. 이러한 연관을 철저하게 밝혀내지 않는 한 하이데거 철학의 본질과 성격은 애매한 채로 남아 있을 것이라는 예감이 항상 나를 사로잡고 있었다.

이러한 문제 의식을 가지고 나는 대략 2년 전부터 하이데거의 나치 참여에 대한 본격적인 연구에 착수했다. 2년이 지난 지금 하이데거의 나치 참여는 그의 사상과 무관한 일시적인 과오가 아니라 그의 사상과 본질적인 연관을 갖는다는 결론에 도달하게 되었다. 따라서 하이데거 철학은 그의 나치 참여를 고려하지 않고서는 제대로 이해될 수 없다는 것이 나의 지금의 생각이다. 물론 이는 일부 사람들이 주장하듯이 하이데거 철학이 나치즘과 동일하고 하이데거는 구제 불능의 골수 나치라는 말은 아니다.

하이데거는 히틀러에 의해서 영도되는 나치 운동을 독일 민족이 새롭게 태어날 수 있는 절호의 기회로 보았다. 하이데거가 보기에 당시의 독일인들뿐 아니라 인류는 생존과 쾌락을 위한 물품들을 획득하기 위해서 노동하는 동물로 퇴락해 있었고, 대학은 밥벌이를 위한 전문 기술을 가르치는 직업 학원으로 전락하고 있었다. 하이데거는 이에 대해서 독일 민족 전체가 하나가 되고 독일 민족 모두가 독일의 산하(山河)와 사물들에서 발(發)하는 빛을 볼 수 있는 인간이 되기를 바랐다. 그리고 하이데거는 나치 혁명이야말로 독일 민족을 총체적으로 변혁할 수 있는 기회를 제공한다고 생각했다.

하이데거는 당시의 대학생들이 장차 독일을 이끌어갈 지도자가 될 것이라고 생각했기에 대학이야말로 민족 갱생의 진원지가 되어야 한다고 보았다. 이를 위해서 하이데거는 대학 총장으로서 대학생들이 모든 특권 의식을 버리고 공장과 농촌에서 일하면서 민중과 일체감을 갖도록 촉구했다. 그리고 그는 철학 교육을 통해 대학생들을, 조국의 자연과 사물들을 단순히 인간의 욕망을 충족시키는 수단과 물질들로 보지 않고 산을 '산으로' 강을 '강으로' 감득(感得)할 수 있는 깊이 있는 인간으로 변화시키려고 했다.

하이데거는 이러한 대학 혁명이 민족 혁명의 기폭제가 되어 독일 민족이 미국의 물질주의와 소련의 공산주의라는 기술적 전체주의의 위협으로부터 유럽을 구원하기를 기대했다. 프랑스가 1789년의 프랑스혁명을 통해서 유럽이 나아갈 길을 보여주었던 것처럼, 하이데거는 1933년의 나치 혁명이야말로 독일 민족이 기술 문명의 위기에 직면한 유럽에게 새로운 길을 제시할 수 있는 천재일우의 기회라고 생각했다. 그러나 하이데거가 이렇게 엄청난 기대를 걸었던 나치 혁명은 홀로코스트와 세계대전의 도발이라는 악마적인 범죄와 함께 종말을 고했다.

이 책은 하이데거의 희망과 좌절 그리고 이러한 좌절을 극복하려는 하이데거의 시도와 그러한 시도가 갖는 의의와 한계에 대한 연구다. 나는 이 연구가 하이데거의 나치 참여와 관련하여 그동안 나온 수많은 연구들을 취사선택하고 종합하는 한편, 그러한 연구들을 뛰어넘는 연구가 될 수 있도록 노력했다. 나의 그러한 의욕이 얼마나 제대로 실현되었는지를 판단하는 것은 독자들의 몫이다. 독자 제현의 아낌없는 꾸짖음과 가르침을 바란다.

　나에게는 처녀작이라고 할 수 있는 이 책이 나오기까지 많은 분들의 도움이 있었다. 무엇보다도 학문뿐 아니라 살아가는 지혜 면에서도 나에게 항상 큰 가르침을 베풀어주시는 소광희 교수님께 깊은 감사를 드린다. 나에게 따뜻한 배려와 격려를 아끼지 않으시는 서울대 철학과의 모든 교수님들께도 머리 숙여 감사드린다. 부족한 나에게 항상 많은 관심을 가져주시는 외국어대 철학과의 이기상 교수님과, 내가 서울대로 오기 전 몸담고 있었던 호서대 철학과 교수님들 그리고 하이데거학회의 동학 분들께도 깊은 감사를 드린다. 이 책이 나오는 데 수고한 서울대 철학과 대학원의 김상록 군에게도 고마움을 표한다.

2000년 10월 10일
관악산 자락에서 **박 찬 국**

들어가는 말

1. 왜 우리는 하이데거의 나치 참여(Nazi-Engagement)를 문제 삼지 않으면 안 되는가?

1) 하이데거에 대한 평가의 난맥상

20세기 사상가들 중에서 하이데거만큼 논란이 된 사상가도 없을 것이다. 그에 대한 평가는 금세기 최대의 사상가라는 평가에서부터 사기꾼 같은 사상가에 불과하다는 평가에 이르기까지 종잡을 수 없을 정도로 다양하다.

하이데거의 제자인 가다머(Hans Georg Gadamer)는 『진리와 방법』이란 대작으로 세계적인 명성을 획득하면서 철학적 해석학이라는 철학 사조를 정초한 사람이다. 그 자신 대가라 불릴 수 있는 사상가임에도 가다머가 하이데거에게 바치는 존경은 차라리 외경에 가깝다. 가다머는 자신이 『진리와 방법(*Wahrheit und Methode*)』을 60의 나이로 출간하기까지 이렇다 할 저작을 내지 못한 이유는, 글을 쓰려고 책상에 앉으면 하이데거가 등 뒤에서 굽어보고 있다는 섬뜩한 느낌을 떨쳐버릴 수 없었기 때문이라고 말하고 있다. 아울러 그는, 하이데거를 비판하는 사람들은 많지만 그러한 사람들 거의 모두가 하이데거와 직접 대화를 나누게 되면 자신들이 얼마나 보잘것없는지를 실감하게 될 것이라고 말하고 있다.[1]

아울러 가다머와 같은 추종자들에게 하이데거는 대사상가일 뿐 아니라 제자들에 대한 애정과 책임 의식으로 충만한 성실한 교육자며, 서양 철학의 미래가 자신에 걸려 있다는 사명 의식 아래 철학에 헌신하는 사람이다. 우리가 나중에 살펴볼 기회가 있겠지만 하이데거의 제자인 막스 뮐러(Max Müller)는 나치가 지배하던 시절 베를린대 교수가 될 수 있는 기회가 있었지만, 그가 나치에 대해서 비판적이라는 하이데거의 평가서로 인해 교수가 될 수 없었던 사람이다. 이러한 쓰라린 경험에도 불구하고 막스 뮐러가 하이데거에게 바치는 존경과 찬탄은 가다머 못지않다. 저명한 가톨릭 신학자인 칼 라아너(Karl Rahner)도 '자신이 스승으로서 존경할 수 있는 유일한 사람은 하이데거'라고 고백했다고 한다.[2] 이러한 추종자들이 하이데거에게 바치는 존경과 애정은 소크라테스에 대한 제자들의 존경과 애정을 생각나게 한다. 실로 발터 옌스(Walter Jens)와 같은 사람은 하이데거를 소

---

1) Hans-Georg Gadamer, >>Zurück von Syrakus?<< in: *Die Heidegger Kontroverse*, hrsg. Jürg Altwegg, Frankfurt a.M. 1988.
2) Richard Wisser, "Das Fernseh-Interview", in: Günter Neske(hrsg): *Erinnerung an Martin Heidegger*, Pfullingen 1977, 267쪽.

크라테스에 비유하고 있다.

"이 사람, 이 독일의 소크라테스(나는 하이데거가 주입하는 방식이
아니라 묻고 탐구하는 방식으로 세미나를 이끌었기 때문에 그를 이렇
게 부른다)에게서 배운 사람들은 그 어느 누구든 … 자신의 삶이 좀더
진지해지고, 좀더 살아 있는 생각을 갖게 되며, 좀더 철저하게 물음을
수행하게 되었다. 그렇지 않았던 사람이 하나라도 있을 수 있다고 나
는 상상할 수 없다."3)

하이데거의 실존분석론을 심리학에 수용한 저명한 심리학자
메다르드 보스(Medard Boss) 역시 오랫동안 하이데거와 세미나
를 하면서 하이데거의 인간성에 깊은 감명을 받은 결과, 이렇게
쓰고 있다.

"… 그(하이데거)는 '자신을 버리고 타인을 사랑하는 최고의 인간
애(Mitmenschlichkeit)는 타인이 참된 자기를 발견하도록 돕는 것이
다'라고 말하고 있다. 하이데거는 이를 『존재와 시간』에서 '(타인보
다) 앞서서 (타인을) 통찰하는 배려(vorspringende Fürsorge)'라고
부르고 있다. 그는 그러한 배려에 대해서 단순히 말하고 쓸 뿐 아니라
그것을 모범적으로 실천하려고 했던 인간이다 …."4)

하이데거에 대한 그들의 찬탄을 접하면 20세기의 사상가 중에

---

3) Walter Jens, "Nachruf der Akademie der Künste Berlin", 위의 책, 152쪽.
4) Medard Boss, "Zollikoner Seminare", 위의 책, 35쪽. 필자는 위 인용문을
독자들이 이해하기 쉽게 대폭 의역했다. 아울러 괄호 안의 주는 필자에 의한
것이다. 이 인용문의 번역뿐 아니라 이 책 안의 다른 인용문들도 직역보다는
의역을 했다. 경우에 따라서는 위 인용문에 대한 번역처럼 대폭적인 의역을 한
곳도 있을 것이다.

서 그 누가 이렇게 제자들을 사로잡은 사람이 있을까 하는 생각이 들 정도다.5)

그러나 이렇게 하이데거를 극찬하는 사람들이 있는가 하면, 하이데거를 사기꾼 같은 사상가로 보는 극단적인 비판가들도 있다. 이러한 비판가들에게 하이데거는 심오함을 가장하고 있지만 사실은 어떠한 구체적인 내용도 없고 자신도 이해할 수 없는 말만 내뱉는 허풍쟁이일 뿐이다. 페터 부스트(Peter Wust)는 1929년 6월 8일 프리츠 하이네만(Fritz Heinemann)에게 보낸 한 편지에서 이렇게 말하고 있다.6)

"… 하이데거의 철학은 센세이셔널한 허풍에 불과한 것 같습니다. 그의 철학을 이해하려고 노력한 어느 누구도 노력한 만큼 현명해질 것 같지 않습니다. 이는 하이데거 자신도 자신이 정녕 무엇을 바라고 있는지 모르기 때문입니다. … 나는 그를 이해하기 위해서 많은 노력을 경주했습니다. 그럼에도 여전히 그를 이해할 수 없다는 것 자체가 그의 사상이 무언가 근본적으로 잘못되어 있다는 사실의 징조가 아닐까요? … 나는 30년 이상 독서를 해왔습니다. 그리고 나는 (편협하지 않으며) 모든 사상에 개방되어 있습니다. 그러나 … 나는 이런 경우는 경험해보지 못했습니다. 칸트와 헤겔의 사상에도 분명히 수수께끼 같은 측면들이 있습니다. 그러나 우리들이 성실하게 그들의 사상을 파고들면

---

5) 이와 관련하여 Günter Neske가 편집한 『마르틴 하이데거에 대한 회상 (*Erinnerung an Martin Heidegger*)』에 실린 Walter Biemel, Otto Friedrich Bollnow, Hartmut Buchner, François Fédier, Hans-Georg Gadamer, Hermann Heimpel, Heinrich Wiegand Petzet, Georg Picht, Walter Jens, Walter Schulz, Bernhard Welte, Richard Wisser 등의 회고를 참고할 것.
6) 페터 부스트는 1844년에 태어나 1940년에 죽은 독일의 철학자다. 처음에는 신칸트주의에서 출발했으나 아우구스티누스와 독일관념론 및 막스 셸러의 영향을 받았다.

그들의 사상을 이해할 수 있습니다. 그러나 하이데거의 경우에는—맙소사, 이 경우에는 나는 단지 수수께끼에 직면할 뿐입니다….”[7]

동일한 맥락에서 월터 카우프만(Walter Kaufmann) 역시 ‘하이데거 철학이 심오하게 보이는 것은 사실은 그의 사상적 혼란에서 비롯된 가상에 불과하다’고 말하고 있다. 그리고 라인하르트 메링(Reinhard Mehring)과 같은 사람에게 하이데거는 사실은 니체의 아류일 뿐임에도 자신의 이름을 서양 철학사에 남기고 싶어서 안달하는 야심가에 불과하다.[8] 서양 철학의 미래를 짊어지고 있다는 하이데거의 소명 의식도 이러한 비판가들이 보기에는 사실은 자격 미달의 사상가가 위대한 사상가들의 반열에 자신이 속해 있다고 착각하는 자기 도취에 지나지 않는다. 더 나아가 파리아스(Victor Farias)와 같은 철저한 반(反)하이데거주의자에게 하이데거는 유태인에 대한 증오에 사로잡혀 있는 반유태주의자이고 나치에 동조하지 않는다는 이유로 다른 사람들을 서슴없이 고발하는 냉혈한이다. 칼 뢰비트(Karl Löwith) 역시 하이데거를 옹졸하고 편협한 성격(Kleinlichkeit)의 소유자로 평하고 있다.[9]

---

7) Fritz Heinemann, 『실존철학(*Existenzphilosophie lebendig oder tot?*)』, 황문수역, 문예출판사, 1994, 118-120쪽. 필자가 번역문을 약간 수정했으며 괄호 안은 필자에 의한 주다.

8) Reinhard Mehring: *Heideggers Überlieferungsgeschick - Eine dionysische Sebstinszenierung*, Würzburg 1992, 167쪽 이하.

9) 칼 뢰비트는 하이데거의 제자였음에도 하이데거의 나치 참여를 계기로 하이데거에게 등을 돌리고 하이데거의 인격과 철학을 격렬하게 비판하게 된다. 하이데거의 인격에 대한 뢰비트의 비판에 대해서는 Karl Löwith: *Mein Leben in Deutschland vor und nach 1933 - Ein Bericht*, Stuttgart, 1986, 42-45쪽 참조. 하이데거의 철학에 대한 뢰비트의 비판에 대해서는 같은 책, 27-42쪽 및

하이데거의 사상과 인격에 대해서 뿐 아니라 하이데거의 강의가 가졌던 마력에 대해서도 의견이 분분하다. 하이데거가 『존재와 시간』을 계기로 세계적인 명성을 얻기 훨씬 전부터, 그의 강의는 학생들을 매료했다고 전해진다. 한나 아렌트(Hannah Arendt)는, 독창적이면서도 진지한 강의로 학생들을 사로잡는 프라이부르크의 젊은 강사에 대한 소문이 이미 1920년대 초반에 학생들 사이에는 널리 퍼져 있었고 하이데거는 곧 독일 사상계의 무관의 제왕(ungekrönter König)으로 인정받게 되었다고 말하고 있다. 가다머에 따르면 하이데거가 1923년 마르부르크(Marburg)대 교수로 부임한 지 얼마 되지 않아, 당시 '실재론적 존재론'의 건립자로서 이미 세계적인 성가(聲価)를 가지고 있던 니콜라이 하르트만(Nicolai Hartmann)의 대부분의 제자들이 하이데거의 제자가 되었다고 한다. 하이데거가 1929년에 「형이상학이란 무엇인가?」라는 제목으로 프라이부르크(Freiburg)대 교수 취임 강연을 했을 때는 프라이부르크뿐 아니라 독일 전역에서 수많은 사람들이 몰려들었다고 한다. 에른스트 놀테(Ernst Nolte)는, 시대와 역사적 상황이 어떻게 변하든 하이데거의 첫 강의에서 마지막 강의까지 강의실이 항상 청중으로 넘쳤던 것은 독일 대학의 역사상 거의 유일무이한 현상일 것이라고 말하고 있다.

Heidegger - Denker in dürftiger Zeit, Stuttgart 1984, 124-234쪽 참조.

이러한 뢰비트에게 하이데거 역시 깊은 인간적인 배신감을 느꼈던 것 같다. 페체트(Heinrich W. Petzet)의 보고에 의하면 하이데거는 이렇게 분개했다고 한다. '1919년부터 9년 동안 자신의 강의와 세미나에 참여했고 자신이 마르부르크대에 재직하던 시절에는 거의 이틀마다 자기 집으로 찾아와 질문을 퍼부었던 뢰비트가 자신에 대해서 악질적인 거짓말을 퍼뜨리고 있다'고 말이다. Heinrich W. Petzet, Nachdenkliches zum Spiegel-Gespräch, in: *Antwort, Martin Heidegger im Gespräch*, Günther Neske/Emil Kettering(hrsg.), Pfullingen, 1988, 117쪽.

무수한 사람들이 하이데거의 강의가 가졌던 마력에 대해서 증언하고 있다. 사람들은 하이데거의 말을 이해하지 못했을지라도, 그동안 자신들의 눈을 가렸던 장막이 걷혀졌다는 인상을 받았다고 한다.[10] 에른스트 놀테는 1944년 당시 하이데거의 '헤라클레이토스 강의'에서 받았던 깊은 인상에 대해서 쓰고 있다.[11] 그는 자신이 당시에 하이데거를 제대로 이해하지 못했었다는 것을 나중에 깨닫게 되었지만 그럼에도 그 강의가 남겼던 강렬한 인상은 지울 수 없었다고 말하고 있다. 유명한 물리학자인 칼 프리드리히 폰 바이체커(Carl Friedrich von Weizsäcker) 역시 그가 30년대 말에 단 한 번 참석한 하이데거의 강의에서 받은 깊은 충격을 이렇게 고백하고 있다.

"바로 이것이 철학이다. 나는 그의 말을 한마디도 이해하지 못한다. 그럼에도 이것이야말로 철학이다."[12]

하이데거의 제자들과 추종자들은 하이데거의 강의가 가졌던 마력을 하이데거의 심원한 사상에서 비롯되는 것으로 보는 반면에, 월터 카우프만를 비롯한 많은 비판가들은 하이데거의 강의가 가졌던 마력에 대해서 의심쩍은 시각으로 보고 있다. 하이데거의 강의는 그의 사상과 마찬가지로 혼란하며 공허하기 짝이

---

10) Ernst Nolte: *Martin Heidegger - Politik und Geschichte im Leben und Denken*, Berlin, Frankfurt a.M. 1992. 13쪽 참조.

11) 나중에 전집 55권, *Heraklit* (Fankfurt a.M. 1979)로 간행되는 강의를 말하는 것 같다.

12) Carl Friedrich von Weizsäcker, Begegnungen in vier Jahrzehnten, in: *Erinnerung an Martin Heidegger* (hrsg.) Günter Neke, Pfullingen, 1977, 241쪽.

없었는데도, 그 강의를 지배하는 치열한 실존적인 긴장과 진지한 분위기를 통해서 사람들을 매료했다는 것이다.

하이데거의 사유 스타일에 대해서도 극단적으로 대립된 평가가 존재한다. 야스퍼스(Karl Jaspers)와 같은 사람은 하이데거의 사유 스타일을 독단적이고 사고의 자유를 억압하며 의사 소통을 거부하는 것으로 특징짓고 있는 반면에, 하이데거에 가까웠던 많은 사람들은 하이데거를 다른 사람의 말에 귀를 기울일 줄 아는 사람으로 보고 있다. 그는 학생들이 자신에게 이의나 비판을 제기할 경우 자신과 동급으로 대우했다는 것이다.13) 게오르그 피히트(Georg Picht)의 회상에 의하면 하이데거는 한 학생이 세미나에서 하이데거의 용어로 점철된 프로토콜을 읽었을 때, '하이데거를 흉내 내지 말고 사태 자체로 나아가야 한다'고 말하면서 즉시 중단시켰다고 한다. 아울러 피히트는 하이데거가 자신으로 하여금 독자적으로 사유하도록 고무했다는 사실에 대해서 감사하고 있다.14)

이렇게 갈피를 잡을 수 없을 정도로 분분한 평가를 접하게 되면 누구나, 하이데거의 사상이나 인격 그리고 생애를 객관적으로 평가한다는 것은 거의 불가능한 작업이라는 인상을 받게 된다. 특히 하이데거가 나치에 참여한 전력 때문에 그에 대한 평가는 더욱더 난맥상을 띠게 된다. 하이데거는 프라이부르크대 총장으로 재직하는 동안 연설과 글을 통해서 학생들을 나치 혁명

---

13) 이와 관련해서는 여러 사람들이 증언하고 있다. Walter Jens의 증언에 대해서는 위의 책, 152쪽, Heinrich Wiegand Petzet의 증언에 대해서는 180쪽, 189쪽, Georg Picht의 증언에 대해서는 201쪽, Walter Schulz의 증언에 대해서는 226쪽을 참조할 것.

14) Georg Picht: Die Macht des Denkens, 위의 책, 202-203쪽.

의 대열에 참여하도록 독려했다. 히틀러가 나치 혁명은 완성되었다고 말했을 때 오히려 하이데거는 '진정한 나치 혁명은 아직 시작되지도 않았다'고 말할 정도로 나치 혁명의 완수를 위해서 헌신했다.

그의 나치 참여에 대해서도 그의 삶과 사상은 나치즘과는 근본적으로 무관하며 그의 나치 참여는 일시적 실수였을 뿐이라는 하이데거 추종자들의 평가에서부터 그의 삶과 사상은 처음부터 끝까지 나치즘과 맥을 같이한다는 파리아스 식의 평가에 이르기까지 종잡을 수 없다. 나치 참여와 관련하여 그의 철학의 의의를 평가할 경우에도 역시 의견들이 분분하다. 에른스트 놀테(Ernst Nolte)와 같은 사람은 하이데거의 철학은 나치 참여에도 불구하고 아니 어떤 면에서는 바로 그 때문에 더욱 철학적이며 위대하다고 말하고 있다. 그는 나치 참여와 관련하여 하이데거와 하르트만을 이렇게 비교하고 있다.

"니콜라이 하르트만(Nicolai Hartmann)은 나치에 대해서 변함없이 거리를 두었다. 이러한 태도는 극히 존경할 만하며 실로 올바른(richtig) 태도였다. 이에 대해서 1933년에 행해진 하이데거의 나치 참여와 1934년에 자신의 오류를 통찰했던 하이데거의 태도는 하르트만의 태도보다 더 철학적이었다."15)

놀테의 말에서 우리는 올바름(Richtigkeit)과 진리(Wahrheit)에 대한 하이데거의 구별을 자연히 연상하게 된다. 놀테는 '하르트만의 태도는 올바르지만 진리와는 거리가 멀고, 하이데거의

---

15) Ernst Nolte, Philosophisches im politischen Irrtum?, in: *Martin Heidegger – Faszination und Erschrecken*, Frankfurt/New York, 1990, 31쪽.

태도는 올바른 것은 아니지만 오히려 진리에 더 가까운 것일 수 있다'는 것을 암시한다. 하이데거의 나치 참여에 대한 이러한 해석으로 놀테가 무엇을 말하려고 하는지에 대해서는 우리가 본문에서 자세하게 살펴볼 기회가 있을 것이다. 나치 참여라는 오류 때문에 하이데거가 하르트만과 같은 사람보다도 오히려 더 위대하며 철학적이라고 보는 놀테에 반해서, 파리아스와 같은 사람은 하이데거의 나치 참여를 단서로 하여 그의 철학도 나치즘과 마찬가지로 야만적이고 무책임한 사상에 불과하다고 평가한다.

2) 우리는 왜 하이데거의 나치 참여를 문제 삼지 않으면 안 되는가?

하이데거에 대한 평가가 이렇게 난맥상을 빚고 있는 현실에 비추어볼 때, 하이데거의 삶과 사상에서 흔히 치명적인 오점이라고 평가되는 나치 참여와 관련하여 하이데거의 추종자든 비판자든 누구나 수용할 수 있는 객관적이고 공정한 평가에 도달한다는 것은 사실상 상상하기 힘든 것 같다. 아니 그의 나치 참여를 과연 그의 삶과 사상에서 치명적인 오점으로 볼 수 있는지에 대해서부터 논란이 제기될 것이다. 하이데거의 비판가들에게 그것은 당연히 오점이지만, 에른스트 놀테와 가다머 같은 사람들에게 그것은 오점이 아니라 오히려 하이데거의 열정과 역사에 대한 책임 의식을 증언하는 것일 수 있다.

이렇게 거의 누구나 수긍할 수 있는 소위 객관적인 평가에 도달할 가망성이 거의 없음에도 불구하고 우리는 왜 그의 나치 참여를 문제 삼아야만 하며 그것에 대해서 가능한 한 공정하면서도 객관적으로 평가하려고 시도하지 않으면 안 되는가?

(1) 첫 번째 이유

우리가 하이데거의 나치 참여를 문제 삼지 않으면 안 되는 첫
번째 이유는 하이데거의 사상이 현대의 사상계에 갖는 엄청난 영
향력 때문이다. 하이데거는 비트겐슈타인(Ludwig Wittgenstein)
과 아울러 20세기 사상계에 가장 큰 족적을 남긴 사상가로 꼽힌
다. 하이데거가 과연 서양 철학사에 이름을 남길 위대한 사상가
인지 아닌지에 대해서는 여러 가지 의견이 있을 수 있겠지만, 하
이데거 사상이 20세기 사상계에 지대한 영향을 끼쳤다는 사실에
대해서는 어느 누구도 이의를 제기할 수 없을 것이다.

무엇보다 메를로-퐁티(Merleau-Ponty)와 사르트르(Sartre)
에서 시작하여 푸코(Foucaut)와 데리다(Derrida)로 이어지는 프
랑스의 현대 사상계는 하이데거 철학을 빼놓고서 이해될 수 없
을 정도로 하이데거 사상의 그늘 밑에 있다고 볼 수 있다. 하이데
거에 대해서 비판적인 톰 로크모어(Tom Rockmore)도 프랑스
철학에 대한 하이데거의 지대한 영향을 염두에 두면서 '프랑스
인들이 사유하기 시작할 때 그들은 독일어로 말하기 시작한다'
는 하이데거의 말에 긍정하고 있다. 로크모어는 이렇게 말하고
있다.

"주지하다시피 헤겔 철학 또는 코제브(Kojéve)의 해석에 따른 헤
겔 철학이 프랑스 지성계에 심대한 의의를 가지고 있었다. 또한 제2
차 세계대전 후의 프랑스에서 하이데거는 점차 사르트르를 밀어내면
서 최고의 사상가(Meisterdenker)로 인정을 받게 되었다. 프랑스에서
는 한 세대의 젊은 철학자들 전부가 하이데거주의자였기에, 많은 프

랑스인들이 하이데거에 대한 공격을 프랑스 철학에 대한 공격과 거의 동일한 것으로 간주했다."16)

로크모아의 말에는 분명히 과장이 있을 것이다. 그러나 그것은 하이데거 철학이 전후의 프랑스 지성계에 얼마나 커다란 영향력을 가지고 있었는지를 잘 보여주고 있다. 이와 아울러 그것은 1989년에 파리에서 출간된 파리아스의 『하이데거와 나치즘 (Heidegger und der Nationalsozialismus)』이 프랑스 지성계에 왜 그렇게 엄청난 파장을 불러일으켰는지도 잘 설명해주고 있다.17) 파리아스가 주장하는 것처럼 하이데거가 처음부터 끝까지 반유태주의자였고 철저한 나치였을 경우, 이는 하이데거 철학의 영향 밑에 있는 프랑스의 현대 철학은 사실상 나치 철학의 영향 밑에 있다는 것을 의미하기에 프랑스 지성계는 돌풍에 휩싸였던 것이다.

하이데거 철학의 영향을 받은 것은 프랑스의 현대 사상계만이 아니다. 20세기의 거의 모든 철학적 조류, 곧 최근의 포스트모더니즘뿐 아니라 마르쿠제(Herbert Marcuse)와 하버마스(Jürgen Habermas)의 비판 이론, 한나 아렌트의 정치 철학 그리고 실존철학과 현상학, 가다머의 철학적 해석학, 철학적 인간학, 언어 철학, 과학 이론 등에서 우리는 하이데거 철학의 영향을 쉽게 발견할 수 있다. 그의 영향은 철학계뿐 아니라 신학, 문학, 심리학 등

---

16) Tom Rockmore, Die geschichtliche Kehre oder Otts Verdienst im Fall Heideggers, Schäfer Hermann(hrsg): Annäherungen an Martin Heidegger - Festschrift für Hugo Ott zum 65. Geburtstag, Frankfurt/New York, 1996, 16쪽.

17) Victor Farías, Heidegger und der Nationalsozialismus, Frankfurt a.M. 1987.

타학문 영역에서도 현저하다. 따라서 우리는 하이데거가 없었더라면 20세기의 정신계는 완전히 다른 지형도를 갖게 되었을 것이라고 말할 수 있을 정도다.

하이데거 철학의 이러한 영향력을 고려할 때 하이데거의 나치 참여는 중대한 문제가 된다. 에른스트 블로흐(Ernst Bloch)나 게오르그 루카치(Georg Lukács) 같은 사상가들이 나치 못지않게 잔악한 체제인 스탈린 체제에 참여했음에도 유독 하이데거의 나치 참여가 문제되고 있는 것도 그의 사상이 갖는 지대한 영향력 때문이라고 볼 수 있다.[18] 하이데거가 나치에 참여한 이상 우리는 의당 그의 사상은 나치즘과 본질적인 근친성을 갖는 것이 아니냐는 의심을 품을 수 있다. 만약 하이데거의 사상이 나치즘과 본질적인 근친성을 가질 경우 하이데거가 20세기 사상계에 큰

---

18) 물론 블로흐나 루카치의 스탈린주의에 대한 동조에 비해서 하이데거의 나치 참여가 유독 논란의 대상이 되고 있는 이유는 단순히 하이데거 사상의 영향력 때문만은 아닐 것이다. 이는 하이데거의 나치 참여를 집요하게 문제 삼는 파리아스와 같은 사람들이 주로 좌파적 입장에 서 있는 사람들이라는 사실과 관련이 있을 것이다. 하이데거의 나치 참여에 대한 논쟁은 철학적인 입장들 사이의 주도권 싸움과 얽혀 있는 것이다.

이와 관련하여 하이데거에 대해서 애착을 갖고 있는 에른스트 놀테와 같은 사람은 유독 하이데거의 나치 참여만이 비판받는 것은 부당하다고 말하고 있다. 20세기의 어두운 역사를 장식한 이데올로기로서 나치즘 못지않게 비인간적이고 잔악했던 것이 스탈린주의라면 스탈린주의에 가담한 전력이 있는 에른스트 블로흐나 게오르그 루카치도 하이데거 못지않게 준엄한 비판의 대상이 되어야 한다는 것이다. 나치가 유태인 600만 명을 학살했다면 스탈린주의는 600만 명에서 2000만 명으로 추정되는 농민들을 학살했다. 나치스가 강제수용소를 운영하기 이전에 이미 강제수용소를 창안해낸 것은 스탈린주의다. 놀테에 따르면 게오르그 루카치는 헝가리가 1920년대에 일시적으로 공산화되었을 때 군의 정치위원으로 활동하면서 8명의 탈영자들을 사살하게 했다. 그리고 에른스트 블로흐는 모스크바 재판에 대한 글에서 피고인들이 부농들(Kulak)과 동조했다고 비난했다. Ernst Nolte, Philosophisches im politischen Irrtum?, in: *Martin Heidegger - Faszination und Erschrecken*, Frankfurt/New York, 1990. 48쪽.

영향을 끼쳤다는 것은 지극히 우려할 만한 사태가 된다. 이는 하이데거를 통하여 나치즘이나 나치즘적인 사고 방식이 현재에까지 은밀히 영향을 미치고 있다는 것이 되기 때문이다.

우리가 나치즘이라는 말을 들으면서 연상하는 것은 무엇보다도 약 7000만에 이르는 사람들이 목숨을 잃은 제2차 세계대전의 도발과 유럽에 거주하던 유태인들의 3분의 2에 대한 학살이다.[19] '홀로코스트' 등의 영화를 통해서 우리들의 뇌리에는 유태인들이 가스실에서 집단적으로 그리고 철저하게 기계적으로 살해되는 영상이 깊숙이 각인되어 있다. 나치는 그동안 냉혹함과 비인간성의 대명사가 되었다. 이에 대해서 하이데거가 진정으로 위대한 사상가일 경우 그가 추구하는 것은 인간의 존엄과 고귀함을 실현할 수 있는 진리일 것이다. 그런데 히틀러의 나치즘은 그러한 진리와는 아무 상관이 없는 폭력과 광기 자체일 뿐이다.

하이데거는 플라톤이 서구 형이상학의 역사를 열었던 반면에 자신은 그것을 극복하는 새로운 사유의 역사를 개시한다고 자부하고 있다. 그는 서양 철학사에서 플라톤과 대등한 지위를 차지하기를 바라는 것이다. 그렇게 대사상가를 자처했던 하이데거는 어떻게 해서 폭력과 광기 자체일 뿐인 나치즘을 통해서 자신의 진리를 구현할 수 있다고 생각하게 되었을까? 이는 그의 사상 자체가 그의 사상을 송두리째 부정하려고 하는 사람들이 주장하는 것처럼 사실은 야만과 폭력의 지배를 정당화하는 것에 불과

---

19) 제2차 세계대전 중 죽은 사람들의 숫자에 대해서는 *The Heidegger Controversy*, edit. Richard Wolin, MIT Press, 1993, Preface(서문) xiii. 참조. 살해된 유태인들이 유럽에 거주하던 유태인들의 3분의 2에 해당한다는 사실에 대해서는 Berel Lang: *Heidegger's Silence*, Ithaca and London, 1996, 3쪽 참조.

하기 때문인가?

하이데거 철학의 본질적인 성격이 그와 같다면 하이데거 철학이 현대의 사상계에 엄청난 영향을 끼쳤다는 사태는 지극히 위험한 사태가 된다. 그것은 하이데거 철학의 영향 아래에서 부지불식간에 현대의 사상계가 폭력과 광기를 정당화하는 방향으로 나아갈 수 있다는 것을 의미하기 때문이다. 바로 이것이, 하이데거의 나치 참여에 대한 분분한 의견에도 불구하고 우리가 그것을 다시 한 번 문제 삼지 않으면 안 되는 첫 번째 이유다. 그의 나치 참여에 대한 냉정한 검토는 현대 사상계의 올바른 방향 정립을 위해서 필수적이다.

(2) 두 번째 이유

하이데거의 나치 참여에 대해서 우리가 논의하지 않으면 안 되는 두 번째 이유는 하이데거 사상 자체를 이해하기 위해서도 그의 나치 참여에 대한 검토가 불가결하다는 데에 있다.

하이데거의 존재 물음은 어떠한 현실적인 의의도 갖지 못한 추상적이고 비현실적인 사변처럼 보인다. 그러나 하이데거의 존재 물음은 역사적 현실과 무관한 단순한 지적 호기심에서 비롯된 것이 아니라 서양의 역사와 자신의 시대와의 대결이다. 하이데거의 나치 참여는 그의 시대 의식이 가장 첨예하게 드러내고 있기 때문에, 그것은 하이데거의 존재 물음이 지향하는 사태와 그것이 갖는 현실적인 의의 그리고 그것의 문제성과 한계를 밝히는 데 중요한 단서가 될 수 있다.

그리고 나는 '하나의 철학의 본질은 그 사상의 정치적 성향에서 가장 명확하게 드러난다(Was eine Philosophie ist, zeigt sie in ihrer politischen Erscheinung)'는 야스퍼스의 말에 동의한다.[20] 나는 하이데거의 정치적 성향이 극명하게 드러나는 나치 참여는 그의 사상과 무관한 일시적 오류가 아니라고 생각한다. 나는 오히려 하이데거의 나치 참여에서 그의 사상의 본질적인 성격이 가장 구체적으로 노정되고 있다고 생각한다. 따라서 나는 우리가 하이데거의 사상 전체를 그의 나치 참여를 실마리로 하여 새롭게 읽을 필요가 있다고 생각한다.[21]

하이데거의 나치 참여에 대한 상세한 검토는 파리아스 이전에 이미 후고 오트(Hugo Ott)가 그리고 후고 오트 이전에 구이도 쉬네베르거(Guido Schneeberger)가 하이데거의 나치 참여 행적을 여실히 입증하는 자료들을 편찬한 것에서부터 시작되었다. 그리고 쉬네베르거의 뒤를 이어서 후고 오트는, 제2차 세계대전 종료 직후에 하이데거가 나치 참여를 회고하면서 쓴 『총장직 1933/34』과 「슈피겔 인터뷰」에서 행하고 있는 자기 변명을 사료들에 입각하여 반박했다.[22]

오트는, 하이데거가 나치에 참여한 것은 하이데거가 주장하는 것처럼 나치들이 대학을 유린하는 것을 막기 위해서가 아니라 하이데거 자신이 생각하는 진정한 나치 이념을 구현하려는 정열에서 비롯된 것이라고 주장했다. 오트는, 하이데거가 총장이 된

---

20) Richard Wisser: Nachdenkliche Dankbarkeit, in: Günter Neske und Emil Kettering(hrsg), *Antwort, Martin Heidegger im Gespräch*, Pfullingen 1988. 44쪽.

21) *The Heidegger Controversy*, edit. Richard Wolin, 1993, 4쪽. Karl Löwith, The political implications of Heidegger's Existentialism, in: *The Heidegger Controversy*, edit. Richard Wolin.

22) M. Heidegger, 「총장직 1933/34」(*Rektorat: Die Selbstbehauptung der deutschen Universität - das Rektorat 1933/34, Tatsachen und Gedanken*), Frankfurt a.M. 1983.

후 다른 교수들을 고발하는 것을 서슴지 않을 정도로 열렬하게 나치 운동에 헌신했다는 사실을 폭로했다. 또한 오트는, 하이데거가 총장직에서 물러난 후에 한편으로는 나치에 대해서 비판적인 입장을 취하면서도 다른 한편으로는 당과 정부의 관료들과 무난한 관계를 지속해왔다는 사실도 밝혀냈다. 오트는 하이데거의 나치 참여 과정과 행적을 역사적 자료들에 입각하여 세밀하게 드러내는 것을 통해서 하이데거의 자기 해명이 얼마나 군색한 것이었는지를 여실하게 보여주었다고 볼 수 있다. 사실상 파리아스의 책은 오트의 업적에 크게 의존하고 있으며 파리아스가 드러내고 있는 많은 사실들 중 중요한 것들은 이미 오트가 드러낸 것이라고 볼 수 있다.

하이데거는 자신의 삶은 중요하지 않고 자신의 작품만이 중요하다고 했다. 이와 관련하여 하이데거 철학의 추종자들 중에서는 하이데거의 나치 참여를 그의 사상에서 비본질적인 요소로 치부하는 사람들이 있다. 그러나 구이도 쉬네베르거와 오트 그리고 파리아스의 작업 이후로 하이데거의 나치 참여를 그의 사상과 본질적으로 무관한 사소한 에피소드로 취급하는 것은 불가능하게 되었다. 하이데거가 나치의 대두에서 새로운 역사적 시대가 개시되고 있다는 사실의 징후를 보면서 나치 운동을 위해서 동분서주했다는 사실은 그의 사상과 나치즘 사이에 근친성이 존재할 것이라는 추측을 부정할 수 없게 만들었다. 아니 더 나아가서 우리는 난해하고 불명확한 하이데거의 사상이 진정으로 의도하는 것은 하이데거의 나치 참여를 실마리로 해서만 제대로 파악될 수 있는 것은 아닐까라고 생각하지 않을 수 없다.

총장직을 사퇴한 후부터 하이데거는 실제의 나치즘에 대해서 비판적인 입장을 취했지만, 나치 참여 이전과 참여 당시 그리고 그 이후의 하이데거 사상에는 일정한 연속성이 있다는 사실을 우리는 인정하지 않을 수 없다. 예를 들어 하이데거는 그의 사유 도정 전체에 걸쳐서 종종 국수주의적이라고 말할 수 있을 정도로 독일 민족이 갖는 역사적 사명과 독일어의 근원적이고 철학적인 성격을 강조했다. 아울러 그는 인간 관계를 파편화하는 자유민주주의 대신에 민족적인 공동체를 지향했으며 죽을 때까지 자유민주주의에 대해서 회의적이었다. 또한 그는 처음부터 끝까지 현대의 기술 문명과 도시 문명에 대해서 비판적이었으며 향토와 농민적인 소박성을 찬양했다. 그리고 그는 나치의 대두와 함께 전적으로 새로운 시대가 도래한다는 묵시론적이고 혁명적인 신념 아래에서 나치에 참여했으며 나치와 단절한 후에도 그러한 묵시론적이고 혁명적인 사고 방식을 고수했다.

단적으로 말해서 하이데거의 사유는 처음부터 끝까지 국수주의적이며 반자유민주주의적이고, 공동체주의적이며 농촌 지향적이고, 묵시론적인 성격을 갖는다. 하이데거의 사유가 갖는 이러한 성격이야말로 하이데거가 나치에 참여하는 것을 가능케 한 것이며, 그것은 그가 나치에 대해서 비판적인 입장을 취하게 된 이후에도 여전히 그의 사상의 본질적인 요소로 남아 있다. 하이데거 사상이 갖는 위와 같은 성격은 존재나 무 그리고 세계와 사물에 대한 그의 존재 사상과 불가분리의 관계에 있다. 우리가 그의 존재 사상이 갖는 현실적인 의미를 제대로 파악하기 위해서는 하이데거의 사유가 같은 위와 같은 성격을 고려해야만 한다. 그리고 하이데거 사유가 갖는 그러한 성격은 하이데거의 나치 참여에서 가장 명확하게 나타나는 바, 우리는 하이데거 사상의 본질을 이해하기 위해서라도 하이데거의 나치 참여를 철저하게 검토해야만 하는 것이다.

(3) 세 번째 이유

셋째로 현재 가장 큰 철학적 문제로서 제기되고 있는 현대 기술 문명의 폐해와 그것의 극복 방안에 대한 연구에 하이데거의 나치 참여에 대한 고찰은 일정 부분 기여할 것이 있다고 생각된다. 우리가 나중에 보겠지만 하이데거가 나치 참여를 통해서 뿐 아니라 자신의 사유 도정 전체를 통해서 대결하려고 한 것이 현대의 기술 문명이 갖는 폐해다. 이와 관련 그의 나치 참여에 대한 검토는 기술 문명 비판에 대한 그의 비판이 갖는 통찰과 아울러 한계를 드러내는 데 크게 기여할 수 있을 것이다.

마지막으로 우리나라 사상계의 올바른 방향 정립을 위해서도 하이데거의 나치 참여에 대한 검토는 필수적이라고 생각된다. 우리나라의 사상계는 이미 서구의 사상적 영향을 지대하게 받고 있다. 특히 하이데거의 사상적 영향을 크게 받고 있는 프랑스 사상가들에 대한 관심이 갈수록 고조되고 있는 현시점에서 하이데거의 나치 참여에 대한 검토는 필수적이라고 할 수 있다.

이상과 같은 이유에서 하이데거의 나치 참여라는 문제는 단순히 저널리즘적인 가십거리 정도로 처리할 문제가 아니라 우리의 진지한 대결을 요구하는 문제다. 그러한 대결은 한편으로는 21세기에 돌입한 국내외의 사상계가 올바른 방향을 잡기 위해서 그리고 다른 한편으로는 하이데거 사상의 본질적인 내용과 성격을 이해하기 위해서도 불가결한 것이다.

2. 하이데거의 나치 참여를 보는 나의 관점

1) 자신의 시대와의 진지한 대결로서의 하이데거의 나치 참여

　흔히들 하이데거와 같은 대사상가가 어떻게 해서 나치에 동조할 수 있었을까 하고 의아해 한다. 그러나 우리는 나치에 참여할 당시의 하이데거가 처한 시대적 상황과 21세기에 진입한 우리의 시대적 상황이 크게 다르다는 것을 고려하지 않으면 안 된다. 동구 사회주의의 몰락 이래 전체주의는 그것이 극우적인 것이든 극좌적인 것이든 모든 매력을 상실하게 되었다. 그러나 1989년 동구 사회주의가 갑자기 붕괴하기 전만 하더라도 전 세계의 지식인들 중에서는 전체주의적인 공산주의 체제를 서구의 자유주의 체제보다도 우월한 것으로 생각하는 사람들이 상당수 있었음을 우리는 상기하지 않으면 안 된다.

　하이데거가 나치에 참여하던 시대는 우리가 앞에서 언급한 것처럼 루카치나 블로흐와 같은 대사상가들이 스탈린을 지지한 시대이기도 했다. 이런 의미에서 이 시대는 흔히 광기의 시대라고 불리지만 그들이 자유주의 체제보다도 나치즘이나 볼셰비즘을 선택한 것은 우리보다 덜 이성적이었고 광기에 사로잡혔기 때문은 아닐 것이다. 그 당시 그들에게는 우리에게처럼 전체주의 체제가 초래한 폐해가 잘 알려져 있지 않았다. 독일의 패전과 스탈린의 사망 이전만 해도, 전체주의의 악마성을 상징하는 아우슈비츠나 스탈린의 강제수용소와 테러는 독일 국민들이나 동구 사회주의 체제에서는 비밀에 부쳐졌다.

　제2차 세계대전 이전의 많은 지식인들에게 파시즘과 볼셰비즘과 같은 전체주의 체제는 권력욕과 광기와 이데올로기에 사로잡힌 소수의 지배를 의미하는 것이 아니라 자유주의 체제의 병폐를 극복하려는 대실험이라는 의미를 가지고 있었다. 제2차 세계대전에서의 패전과 함께 나치가 패망하고 동구 사회주의가 붕괴한 후, 이제 사람들은 정치적, 경제적, 사회적, 문화적 자유를 하나의 절대적 가치로 인정하게 되었다. 그러나 하이데거가 나치를 선택한 당시만 해도 그러한 자유란 부르주아적인 가치였으며, 부르주아적이라는 것은 극좌파 못지않게 당시의 극우파에게도 모욕적인 형용사였다.

그러한 자유란 극좌파에게도 극우파에게도 진정한 의미의 자유가 아니라 무원칙한 방종으로 간주되었다. 그것은 인간들을 개인주의적으로 만들고 분열시킨다. 아울러 자유주의적 선거 제도는 자신의 당리당략에만 관심이 있는 정파들을 난립케 하며 무책임한 대중과 그러한 대중을 이용한 정상배나 독재자들의 지배를 낳는다. 하이데거가 나치에 참여할 당시 독일의 극좌파와 극우파는 자유주의 체제의 귀결은 바이마르 체제와 같은 사회적 혼란과 분열일 뿐이라고 생각했다. 따라서 이들은 소위 부르주아적 자유 대신에 민족이나 인민이 하나가 되는 공동체를 실현하려고 했다. 그리고 그들은 그러한 공동체는 무책임한 대중에 의해서가 아니라 민족이나 인민의 일반 의지를 통찰하면서 민족과 인민에게 책임을 지는 탁월한 지도자나 소수의 엘리트에 의해서 이끌어져야 한다고 생각했다.

21세기에 진입한 우리 역시 사실은 경제적, 정치적, 사회적, 문화적 자유의 허용이 초래하는 부작용을 하이데거가 나치에 참여할 당시의 사람들 못지않게 경험하고 있다. 이 시대에도 경제적 자유는 인간들 간의 경쟁과 그에 따른 인간들의 이기주의화와

계층 대립을 낳으며, 정치적 자유는 이익 집단과 당리당략에 눈
먼 정당들의 난립을 낳고 있다. 그리고 소위 사회적 문화적 자유
란 많은 경우에 말초 신경만을 자극하는 저질스런 행태와 문화
를 낳는다. 물론 이 시대를 사는 우리 대다수는 자유주의 체제가
갖는 모든 단점에도 불구하고 자유주의 체제가 극우적인 것이든
극좌적인 것이든 전체주의 체제보다도 더 우월하다고 자부한다.
그럼에도 불구하고 우리 시대의 근저에는 자유주의 체제에 대한
깊은 환멸과 혐오가 존재하고 있음을 우리는 부정할 수 없다. 따
라서 이 시대의 많은 사람들도 자유주의 체제 아래에서 초래되
는 사회적 분열과 문화의 저질화를 일시에 척결할 수 있는 위대
한 영도자를 대망하거나, 개개인의 자유를 인정하면서도 모든
사람들이 끈끈한 공동체를 형성하는 신기루 같은 유토피아를 여
전히 꿈꾸고 있다.

　나는 이런 맥락에서 하이데거의 나치 참여와 그러한 참여의
토대가 되는 그의 정치 사상과 존재 사상은 단순히 그가 나치에
참여했다는 이유 아래 단적으로 배척되어서는 안 된다고 생각한
다. 나는 그의 나치 참여와 그의 사상을 자신의 시대에 대한 진지
한 사상적 대결로 보고자 한다. 이러한 대결은 우리 시대에도 의
미를 상실한 것은 아니다. 우리 역시 앞에서 말한 것처럼 자유주
의 체제의 병폐를 심각하게 느끼고 있는 바, 우리에게도 자유주
의 체제의 무조건적 수용이 아니라 그것과의 치열한 대결이 여
전히 요구되고 있기 때문이다.

　따라서 하이데거의 나치 참여에 대한 나의 고찰은 하이데거가
나치에 참여하게 되는 사실적인 과정과 그의 행적을 샅샅이 살
피는 역사학적인 연구보다는 철학적인 연구가 될 것이다. 나는
하이데거의 나치 참여는 깊은 철학적 사색을 토대로 하여 행해

진 선택이라고 본다. 따라서 그의 나치 참여에 대한 고찰은 그의 나치 참여를 가능케 한 그의 사상과의 대결이 될 수밖에 없다. 아울러 나는 하이데거가 나치와 관계를 끊었느냐 아니냐는 문제도 파리아스처럼 그가 나치가 패망할 때까지 나치 당원이었고 당비를 착실하게 납부했다는 것을 역사학적으로 입증하는 차원에서보다는 철학자로서의 하이데거가 나치즘을 과연 진정하게 사상적으로 극복했느냐는 관점에서 문제 삼을 것이다. 우리가 하이데거 정도의 대사상가에게 바라는 것은 단순히 나치즘과 손을 떼는 것이 아니라 나치즘과 같은 잔혹한 전체주의와 사상적으로 대결하는 것이다. 왜 나치즘과 같은 전체주의가 왜 생겨났는지 그리고 우리는 그것을 어떻게 극복할 수 있는지에 대한 답을 하이데거로부터 기대하는 것이다.

아울러 이렇게 하이데거의 나치 참여를 철학적 차원에서 고찰하려고 하기 때문에 이 책은 단순히 하이데거의 나치 참여와 그것의 토대가 된 그의 사상을 객관적으로 서술하는 차원을 넘어서 불가피하게 그의 철학과의 대결이 된다. 이러한 대결을 통해서 또한 이 책은 올바른 정치 철학과 실천 철학의 길은 무엇인지를 사유하려고 하는 것이다. 푀겔러(Otto Pöggeler)가 말한 대로 하이데거의 오류는 우리에게 정치 철학과 실천 철학의 길을 다시 생각하도록 하는 계기가 되어야 한다.[23]

물론 하이데거의 나치 참여는 어디까지나 하나의 역사적 행위이기 때문에 그것을 이해하기 위해서는 철학적인 고찰 이외에 역사학적인 고찰도 필요하다. 따라서 나는 하이데거가 나치에

---

23) Otto Pöggeler: "Praktische Philosophie" als Antwort an Heidegger, in: *Martin Heidegger und das 'Dritte Reich'*, hrsg. Bernd Martin, Darmstadt, 1989, 88쪽.

참여하게 되는 과정과 그 당시의 역사적 상황 그리고 나치 참여 행적과 참여 이후의 하이데거의 태도에 대한 역사학적 고찰에도 상당한 부분을 할애했다.

2) 오트와 파리아스의 연구가 갖는 문제점

내가 이 책에서 취할 관점에 비교할 때, 하이데거의 나치 참여를 다루는 후고 오트(Hugo Ott)의 책 *Martin Heidegger, Unterwegs zur seiner Biographie*이나 구이도 쉬네베르거(Guido Schneeberger) 의 *Nachlese zur Heidegger, Dokumente zu seinem Leben und Denken* 같은 책들이 갖는 문제점은 그것들은 하이데거의 나치 참여가 갖는 철학적 의미에 초점을 맞추기보다는 고발적인 성격의 폭로들을 제시하는 것에 시종하고 있다는 것이다. 이러한 폭로들이 무의미한 것은 아니지만 그러한 폭로만으로는 하이데거 정도의 대사상가가 나치에 가담하게 된 사상적 동기는 전혀 알 수 없다는 데에 문제가 있다. 이러한 고발적인 폭로들에만 의지할 경우, 하이데거는 원래부터 구제 불능일 정도로 골수 나치였거나 정치에 대해 완전한 문외한이었을 거라는 인상을 받게 된다.[24]

파리아스의 책은 탄핵하는 성격의 폭로를 넘어서 하이데거가 나치에 참여하게 된 사상적 동기를 드러내고자 한다. 그러나 그것은 하이데거는 나치에 참여했기 때문에 그의 사상도 전적으로 나치즘과 동일하다는 전제에 입각하고 있다. 즉, 하이데거는 원

---

24) Bernd Martin(hrsg.): *Martin Heidegger und das 'Dritte Reich'*, Darmstadt, 1989. 7쪽.

래 사상적으로 이미 나치였기에 나치에 가담하게 되었다는 식이다. 이러한 전제에 따라서 파리아스는 하이데거의 글들에서 하이데거가 원래부터 나치였다는 것을 입증하는 구절들을 찾아내는 데 급급하고 있다. 파리아스의 연구를 우리는 심증을 굳힌 후 그러한 심증을 확증하기 위해서 수사를 진행하는 미숙한 수사관의 태도에 비유할 수 있다.

하이데거의 나치 참여에 대한 오트나 파리아스의 연구가 위와 같은 성격을 갖는 것은 무엇보다도 이들이 하이데거의 나치 참여를 진지한 철학적 선택으로 보는 것이 아니라 애초부터 히틀러의 나치즘과 마찬가지로 비이성적인 정신적 성향에서 비롯된 것으로 보았기 때문이다. 이들은 나치와 히틀러의 실체가 분명하게 드러나지 않았고 모든 것이 아직 유동적이었던 당시의 역사적 상황에서 볼 때 하이데거의 나치 참여는 하나의 있을 수 있는 선택이었다는 것을 인정하지 않는다. 이런 점에서 그들의 연구는 하이데거의 나치 참여에 대한 역사학적인 고찰을 자처하고 있음에도 극히 비역사적이라고 볼 수 있다.

파리아스나 오트의 연구뿐 아니라 많은 연구들이 하이데거의 나치 참여에 대한 역사학적인 연구를 자처하면서도 결국은 역사학적인 연구라기보다는 심리학적인 연구로 귀결되고 마는 것도 이들이 현재의 관점에서 하이데거의 나치 참여를 고찰하기 때문이라고 생각된다. 유태인을 기계적으로 살해하고 파리를 파괴하려던 히틀러의 광기가 여실히 드러난 지금의 관점에서 볼 때 나치즘에 가담한 사람들은 이성적으로 이해될 수밖에 없다. 우리는 어떤 사람들의 행위를 이성적으로 납득할 수 없을 때는 그 사람이 그렇게 비이성적으로 행위하도록 만드는 비이성적인 심리 기제를 탐구하게 된다. 나치즘에 대한 심리학적인 연구로서 유명한 책인 프롬의『자유로부터의 도피』역시 현재의 관점에서 볼 때 도저히 나치즘을 지지한 사람들을 이성적으로 납득할 수 없기에 그들의 행태를 심리학적으로 설명하려는 시도다.

파리아스와 오트 역시 하이데거의 나치 참여를 이성적으로 도저히 납득할 수 없다고 보았기 때문에 그의 나치 참여의 동기를 이성적인 동기에서보다는 하이데거가 의식하지 못했지만 그의 행위와 사상을 배후에서 움직이는 심리학적이고 사회학적인 동기에서 찾게 된다. 파리아스는 하이데거의 나치 참여를 하이데거가 성장한 보수 반동적인 환경과 이러한 환경의 영향으로 갖게 된 반동적인 성향의 표출로 보고 있다. 이에 대해서 오트는 하이데거의 나치 참여를 하이데거가 자신의 본래의 신앙인 가톨릭과의 갈등을 극복하지 못한 정신적 분열 상태(mentale Zerrissenheit)의 표출로 본다. 오트와 파리아스의 입장에서 하이데거에게 가해질 수 있는 비판은 기껏해야 그러한 심리적인 성향을 극복하고 이성을 되찾으라는 것밖에 되지 않는다.

이러한 연구들에서는 하이데거의 나치 참여와의 대결이 행해지는 것이 아니다. 진정한 의미에서의 대결은 상대방을 자신보다 우월하거나 대등한 존재로 볼 때만 가능하다. 그러나 오트나 파리아스는 자신들이 하이데거보다 진리에 좀더 가깝다는 우월의식 아래에서 하이데거의 사상과 나치 참여를 심리학적이고 사회학적으로 해부하고 있을 뿐이며 결국은 대결이 아니라 하이데거에 대해서 멸시와 조소만을 보낼 뿐이다. 오트와 파리아스뿐 아니라 사실상 많은 사람들이 하이데거의 나치 참여를 위와 같은 방식으로 연구하고 있다.

그러나 하이데거 자신은 인간을 세계 내 존재로 보는 자신의 철학적 입장에 따라서 자신의 철학과 나치 참여도 자신이 처한 역사적 상황과의 대결로 보고 있다. 하이데거가 나치에 참여할 당시의 역사적 상황에서 비추어볼 때 나치 참여가 최선의 방책은 아니었을지 몰라도 그것은 전적으로 비이성적인 행위로 나타나지는 않는다. 우리가 본문에서 상세히 살펴보겠지만, 그것은 나름대로의 이성적인 근거들을 갖는 진지한 선택이었다. 따라서 그것은 그 선택의 정당성을 둘러싸고 하이데거와 논쟁을 벌일 수 있는 선택인 것이다. 이 경우 하이데거는 우리가 훈계하고 교정시켜야 할 상대가 아니라 우리가 진지하게 대화하고 토론해야 하는 상대자로 나타나게 된다.

3. 이 책의 구성

이 책은 크게 아홉 개의 장으로 구성되어 있다.

제1장에서 나는 하이데거가 나치에 참여하게 되는 과정과 그의 참여 행적을 살펴볼 것이다. 하이데거의 나치 참여는 대학 총장으로서 대학을 친나치 이념에 따라서 개혁하는 방식으로 행해졌다. 따라서 하이데거의 나치 참여의 과정과 참여 행적에 대한 고찰은 그가 대학 총장으로 선출되는 과정과 총장직을 사퇴하기 전까지의 그의 행적에 대한 고찰이 될 것이다. 아울러 여기서는 하이데거가 총장 재직 시 행한 가장 악명 높은 친나치 행위로 자주 거론되는 소위 기회주의적 교수들에 대한 하이데거의 고발 행위와 하이데거가 총장직을 사퇴하게 되는 과정과 동기 그리고 하이데거의 나치 참여가 갖는 성격이 고찰될 것이다.

제2장에서는 하이데거가 나치에 참여하게 되는 직접적인 동

기들이 다루어질 것이다. 하이데거는 자신이 나치에 참여하게 된 직접적인 동기를 무엇보다도 공산주의의 위협과 당시의 대학 현실에 대한 불만에서 찾고 있다. 그러나 하이데거가 나치에 참여하게 된 가장 큰 직접적인 동기는 당시의 많은 독일인들과 마찬가지로 하이데거가 히틀러와 나치 운동에 매료되었으며 나치 운동을 독일 민족의 갱생을 위한 절호의 기회로 보았다는 데 있다. 이러한 동기들은 당시의 역사적 상황과 직접적으로 결부된 것들이며, 그것들에 대한 고찰은 당시의 역사적 상황에 대한 하이데거의 이해를 실마리로 하여 행해질 것이다.

제3장에서는 하이데거가 나치에 참여할 당시에 가지고 있었던 정치 사상을 드러내고자 한다. 여기서는 하이데거가 지향한 나치즘이 히틀러가 추구한 실제의 나치즘에 대해서 갖는 동일성과 차이를 고찰하려고 한다. 대사상가로서의 하이데거가 인종 청소와 제국주의적인 정복 전쟁 그리고 전 국민에 대한 야만적인 전체주의적 지배로 특징지어지는 실제의 나치즘(Der real existierende Nationalsozialismus)을 자신의 사상으로 한다는 것은 있을 수 없는 일이다. 하이데거는 나치에 입당하고 히틀러를 지지했음에도 불구하고 나치즘이 지향해야 할 방향에 대해서는 독자적인 견해를 가지고 있었다. 이는 독일 국민이 나아갈 방향을 자신이 제시해야 한다고 자부하던 하이데거로서는 당연한 일일 것이다. 우리는 하이데거가 지향한 나치즘이 어떠한 것인지를 나치 참여 당시 대학 개혁에 대한 자신의 이념을 담은 총장 취임 연설인 「독일대학의 자기 주장(Die Selbstbehauptung der deutschen Universität)」을 중심으로 고찰할 것이다.

아울러 제3장에서는 하이데거의 사상과 나치즘의 공통된 사상적 뿌리라고 볼 수 있는 1914년의 이념과 이것과 하이데거의

사상 사이에 존재하는 유사성이 다루어질 것이다. 하이데거의
정치 사상은 단적으로 말해서 권위주의적이고 국수주의적인 민
족공동체의 이념이라고 말할 수 있다. 이러한 이념의 뿌리를 우
리는 무엇보다도 제1차 세계대전을 전후로 하여 독일의 우파 지
성계를 지배한 1914년의 이념에서 찾을 수 있다고 생각한다. 하
이데거 못지않게 나치즘도 1914년의 이념을 수용했다. 하이데거
의 사상과 나치즘은 1914년의 이념을 함께 받아들이고 있기 때
문에, 하이데거는 나치즘이 자신의 사상과 근친성을 갖는다고
생각하게 되었고 자신의 사상을 나치 운동을 통해서 실현할 수
있다고 생각하게 된 것이다.

제4장에서는 하이데거의 나치 참여를 단서로 하여 하이데거
의 존재 사상을 재해석하려고 하려고 한다. 하이데거의 나치 참
여는 그의 존재 사상과 무관한 것이 아니라 그것과 긴밀하게 연
관되어 있다. 따라서 우리는 그의 존재 사상을 나치 참여를 실마
리로 하여 재해석할 필요가 있다고 생각한다. 그리고 이 경우에
만 우리는 그의 존재 사상이 지향하려고 하는 사태와 그의 존재
사상이 갖는 성격을 분명하게 드러낼 수 있을 것이다. 여기서는
하이데거의 존재 사상은 현대 기술 문명의 제국주의에 대해서
조국과 고향을 수호하려고 하는 철학으로서 해석될 것이다.

제5장은 총장직을 사퇴한 후부터 독일이 패전할 때까지의 하
이데거의 행적과 나치즘에 대한 그의 입장이 다루어질 것이다.
아울러 여기서는 총장직을 사퇴한 후에도 하이데거가 골수 나치
로 남았다는 사실에 대한 증거로서 원용되곤 하는 막스 뮐러에
대한 평가서 사건과 후설에 대한 하이데거의 태도가 다루어질
것이다.

제6장에서는 하이데거는 과연 반유태주의자인가라는 문제가

다루어질 것이다. 나치즘에서 반유태주의는 핵심적인 요소며 이에 따라서 하이데거가 골수 나치라는 것을 입증하기 위해서 자주 하이데거의 반유태주의적인 성향이 거론되고는 했다. 여기서는 유태인에 대한 하이데거의 입장과 태도가 다루어질 것이다.

제7장에서는 나치즘에 대한 하이데거의 비판이 고찰될 것이다. 하이데거는 1년여의 열렬한 나치 참여가 실패로 끝난 후 1936년부터는 나치에 대해 비판적인 태도를 취하게 된다. 하이데거는 현대 기술 문명의 본질을 인간을 비롯한 존재자 전체를 소모품으로 취급하는 전체주의의 지배로 보면서, 나치 체제를 그러한 전체주의의 지배로서 비판하게 된다. 여기서는 그러한 비판의 구체적인 내용과 그러한 비판이 과연 나치 체제와의 완전한 단절을 의미하는지의 문제가 다루어질 것이다. 아울러 하이데거의 나치 참여가 실패로 끝난 후 하이데거의 사상에 어떤 변화가 있었는지에 대해서 검토한다.

제8장에서는 나치가 패망한 후 하이데거가 나치에 대해서 어떠한 입장을 갖게 되었는지를 고찰할 것이다. 아울러 자신의 나치 참여에 대해서 하이데거가 한 번도 공식적으로 참회하지 않았다는 많은 사람들의 비난과 이러한 비난의 정당성 여부가 다루어질 것이다.

제9장에서는 하이데거가 나치 참여가 실패로 끝난 후 나치즘을 전체주의의 극단으로 비판하고 있음에도 불구하고 과연 전체주의와 나치즘을 극복할 수 있는 사상적인 토대를 제공하는 데 성공하고 있는지를 고찰한다. 나는 하이데거가 전체주의를 극복할 수 있는 사상적 토대를 제공하지 못했다고 생각한다. 전체주의를 극복하려고 하는 그의 의도에도 불구하고 그의 사상 안에는 전체주의를 귀결로 낳을 수 있는 요소들이 존재한다. 여기서

는 그러한 요소들이 어떠한 것들인지 그리고 왜 그러한 요소들이 전체주의를 낳을 수 있는지를 고찰할 것이다. 아울러 전체주의를 극복할 수 있는 대안과 전체주의를 극복하는 데 하이데거가 실패하고 있음에도 불구하고 하이데거의 사상이 현재의 우리들에게 가질 수 있는 긍정적인 의의를 고찰할 것이다.

맺음말에서는 하이데거의 사상과 나치 참여 사이에 우연 이상의 관계가 존재할 경우 우리가 그의 사상을 어떻게 수용해야 할 것인지를 고찰할 것이다.

그리고 [부록]으로 하이데거의 나치 참여에 관련된 문헌들을 실었다. 독자들은 하이데거의 육성(肉聲)을 통해서 하이데거가 나치 참여 당시에 나치운동과 히틀러를 어떻게 보았고 죽기 10년 전의 시점에서는 자신의 나치 참여를 어떻게 보았는지를 살펴볼 수 있을 것이다.

4. 서론을 가름하면서 ─ 그간의 연구 동향에 대한 비판

하이데거의 나치 참여에 관련해서는 우리나라에서는 그동안 두세 개의 논문이 발표되었지만 사실상 이렇다 할 논의도 논쟁도 없었다고 볼 수 있다. 이에 대해서 파리아스의 『하이데거와 나치즘』이 출간되어 프랑스 지성계를 요동시킨 1987년 이후부터 프랑스와 독일 그리고 미국에서는 치열한 논쟁이 행해졌고 수를 헤아릴 수 없을 정도의 연구 문헌들이 쏟아져나왔다. 하이데거의 나치 참여는 하나의 중요한 철학적 테마가 되었다고 말할 수 있을 정도다.

그동안 하이데거의 사상이나 나치 참여에 대해서 쓰인 많은 글들이 하이데거에 대한 맹목적인 애정이나 증오에 입각한 것들이 많았다고 생각된다. 막스 셸러(Max Scheler)는 어떤 존재자의 본질을 통찰하기 위해서는 후설에서처럼 단순히 현상학적 환원이라는 방법적 수속만으로는 부족하며 그 존재자를 진정으로 사랑하지 않으면 안 된다고 말했다. 한 인간의 본질을 통찰하려고 할 경우에도 우리는 그 사람을 사랑하는 마음으로 접근해야 할 것이다. 그 경우 사랑이란 그 사람의 장점만을 보고 칭찬하는 것이 아니다. 그러한 사랑은 눈먼 사랑이거나 아부일 것이다. 참된 사랑은 상대방의 장점을 보고 그것을 더 살려주려고 노력하는 한편, 상대방의 단점과 한계 역시 통찰하면서 그것을 극복하고 보완할 수 있는 방법을 함께 모색해보려는 태도일 것이다. 따라서 참된 사랑에는 상대방의 성장을 바라면서 그것을 도와주려는 마음가짐과 아울러 상대방보다도 상대방을 더 잘 통찰할 수 있는 깊은 혜안이 필요하다. 그러나 정작 하이데거의 사상이든 나치 참여든 이러한 사랑의 입장에서 쓰인 글은 찾기 힘들다.

하이데거의 나치 참여와 관련하여 맹목적인 애정의 관점에서 쓰인 대표적인 책은 실비오 비에타(Silvio Vietta)의 『나치즘과 기술 문명에 대한 하이데거의 비판(*Heideggers Kritik am Nationalsozialismus und an der Technik*)』을 들 수 있다.[25] 많은 점에서 계발적(啓發的)인 이 책은 하이데거의 나치 참여에 대해서 씌어진 책들 중에서 가장 훌륭한 책에 속하지만 하이데거를 변호하려는 의도를 역력히 드러내고 있다. 이 책에서 하이데거는 1936년 이후 나치즘과의 관계를 완전히 단절했을 뿐 아

---

25) Silvio Vietta: *Heideggers Kritik am Nationalsozialismus und an der Technik*, Tübingen, 1989.

니라 나치를 철저하게 비판한 것으로 묘사되고 있다. 하이데거의 나치 참여를 보는 이러한 시각은 사실은 실비오 비에타만의 시각이 아니라 하이데거 자신의 시각이기도 하다. 실비오 비에타는 그러한 시각을 뒷받침하는 증거들을 하이데거의 저작에 근거하여 체계적으로 제시하고 있으며 그 점에서 상당한 성과를 거두었다.

그러나 나는 하이데거가 종전(終戰) 전까지는 나치즘을 비판하면서도 그것을 당시의 공산주의나 자유민주주의보다도 우월한 것으로 보았다고 생각한다. 1942년까지만 해도 하이데거는 '나치즘의 내적인 진리와 위대성'에 대해서 말하고 있다. 나는 종전 전까지 하이데거가 행하는 나치 비판이란 철저한 것은 아니었다고 생각한다. 자유민주주의적인 입장을 취하는 사람이라도 자유민주주의의 이념에 비추어서 현실의 자유민주주의에 대해서 신랄한 비판을 가할 수 있다. 나치가 패망하기 이전까지 행해진 하이데거의 나치 비판이란 것도 기본적으로 그러한 성격을 갖는다고 생각한다. 나의 이러한 관점은 본문에서 상세하게 논해질 것이다.

아울러 비에타의 책은 하이데거의 나치즘 비판에 집중하고 있을 뿐 그가 왜 나치즘에 참여하게 되었는지에 대해서는 침묵하고 있다. 그는 하이데거의 사상과 나치즘 사이에 존재할 수 있는 연관에 대해서는 전혀 말이 없다. 많은 하이데거 추종자들은 하이데거의 나치 참여는 그의 사상 자체와는 무관한 일시적인 오류였다고 보는 경향이 있다. 이들은 그렇게 하이데거의 사상과 나치 참여를 분리하는 것을 통해서 하이데거의 사상을 구해내고자 한다. 그런데 이러한 시도는 하이데거 자신이 이미 행한 것이다. 「총장직 1933/34」 그리고 『스피겔』 인터뷰에서 하이데거는 대학을 나치당의 간섭으로부터 수호하기 위해서 총장이 되었으며 나치에 가담할 수밖에 없었다고 말하고 있다.

그러나 하이데거의 수제자라고 할 수 있는 막스 뮐러는 하이데거의 이러한 자기 변호에 대해서 크게 실망했다고 말하고 있다. 본문에서 살펴볼 것이지만, 막스 뮐러는 하이데거가 나치의 간섭에 대해서 대학을 보호하기 위해서가 아니라 오히려 자신의 이념에 따라서 대학을 철저하게 변혁하기 위해서 나치에 참여했다고 본다. 막스 뮐러에 의하면 하이데거는 이미 1922년부터 학생들에게 거듭해서 이렇게 말했다고 한다. '훔볼트적인 대학 이념은 부르주아 시대에 속한다. 그것은 훌륭한 것이지만 오늘날에는 더 이상 의미를 갖지 않는다'고.26)

하이데거가 나치에 참여한 것은 나치를 통해서 자신의 대학 개혁 이념을 실현하고 아울러 대학 개혁을 통한 민족 지도자의 양성을 통해서 사회를 변혁할 수 있다고 믿었기 때문이다. 하이데거의 나치 참여가 외적인 상황에 의해서 강요된 것이 아니라 이렇게 적극적인 성격을 가질 경우에, 하이데거의 나치 참여를 그의 사상과 무관한 것으로 보기가 힘들어진다. 오히려 우리는 그의 나치 참여를 그의 사상의 연장선상에서 이해하지 않으면 안 된다. 하이데거는 실제의 나치즘에서 자신의 사상과의 근친성을 느꼈으며 나치 참여를 통해서 대학과 사회를 변혁할 수 있다고 믿었을 것이다.

하이데거는 철두철미하게 자신을 철학자로서 의식하고 있으며 자신이야말로 서구의 역사를 새롭게 개시할 사상가라고 자부하고 있다. 따라서 그는 '철학자'로서 나치에 참여하며 나중에는

---

26) Max Müller: Ein Gespäch mit Max Müller, in: *Martin Heidegger und das 'Dritte Reich', hrsg. Bernd Martin*, Darmstadt 1989. 101쪽.

'철학자'로서 나치에 등을 돌리는 것이다. 이런 맥락에서 하이데거에 대한 애정과 존경이란 면에서 둘째라면 서러울 정도의 가다머도 하이데거의 나치 참여가 그의 사상과 전혀 무관하다고 주장하는 사람들은 "대사상가에 대한 그와 같은 변호가 얼마나 모욕적인 변호인지를 깨닫지 못하고 있다"고 말하고 있다.[27]

하이데거의 추종자들이 하이데거에 대한 맹목적인 애정 때문에 그의 사상과 나치 참여 사이에 존재하는 긴밀한 연관을 부인한다면, 하이데거에 대한 많은 비판가들은 하이데거에 대한 맹목적인 증오에 사로잡혀 하이데거가 나치에 참여했다는 이유 하나만으로 이미 하이데거의 사상을 제국주의적이고 반유태주의적인 실제의 나치즘과 동일시하는 경향이 있다. 하이데거에 대한 맹목적인 증오에 사로잡혀서 씌어진 대표적인 책이 파리아스(Victor Farías)의 『하이데거와 나치즘(*Heidegger und der Nationalsozialismus*)』이다. 이 책은 처음부터 끝까지 하이데거는 골수 나치이자 반유태주의자며 제국주의자라는 사실을 입증하려는 의도로 씌어진 책이다.

실비오 비에타가 하이데거에 대한 맹목적인 사랑에 사로잡혀 하이데거의 한계를 은폐하고 있다면, 파리아스는 하이데거에 대한 증오에 사로잡혀 하이데거를 매장하려고 한다. 이러한 의도에 사로잡혀 있기에 파리아스의 논증은 많은 경우 엄밀한 논증이 아니라 유추가 되고 만다. 그는 하이데거가 존경한 아우구스티누스 교단의 수사(修士)인 아브라함 아 상타 클라라(Abraham a Sankta Clara)가 반유태주의자이고 터키인들을 증오한 배외주

---

27) Hans Georg Gadamer, "Oberflächlichkeit und Unkenntnis - Zur Veröffentlichung von Victor Farias", in: *Antwort. Martin Heidegger im Gespräch*, G. Neske und E. Kettering (hrsg), Pfullingen, 1988. 154쪽.

의자였기 때문에 하이데거도 반유태주의자이고 배외주의자라고 추론하며, 하이데거가 자신의 글을 실은 저널이 골수 나치즘을 표방하는 저널이니까 하이데거도 골수 나치라고 추론한다.[28]

파리아스에 의하면 아브라함 아 상타 클라라는 오스트리아를 독일의 일부로 생각했으며, 외국의 문물에 대해서 독일적인 것을 수호하려고 했다고 한다. 그는 프랑스나 이탈리아, 스페인을 비롯한 나라들의 관습을 받아들이거나 외국어를 사용하는 것에 대해서 반대했다. 그는 그러한 외국 문화가 신의 존재에 대한 의심과 경박함으로 청년들의 정신을 타락시킨다고 생각했다. 그는 그러한 퇴폐적인 문명에 대해서 슈바벤 지방의 농부들이 보존하고 있던 순수성을 찬양했다. 아울러 그는 유태인들을 상업적이고 금권주의적인 인간들로서 결렬하게 비난한 반유태주의자였다.

그런데 사프란스키와 같은 사람은 아브라함 아 상타 클라라를 기리는 하이데거의 글에서는 정작 반유태주의적인 문구나 배외주의적인 문구가 전혀 보이지 않는다는 사실에 주목하고 있다. 이는 아브라함 아 상타 클라라의 기념비를 세우기 위한 경비를 마련한 빈의 시장인 칼 뤼거(Karl Lueger)가 극렬한 반유태주의자였다는 사실 때문에 더욱 주목할 만하다고 사프란스키는 말하고 있다.[29] 이에 반하여 파리아스는 칼 뤼거가 반유태주의자였다는 사실에서 그리고 하이데거가 이 정치가를 존경했다는 사실에서 반유태주의를 읽으려 하고 있다.[30] 그러나 이러한 주장에

---

28) 아브라함 아 산타클라라의 반유태주의와 배외주의에 대해서는 파리아스의 책, 65-81, 377-387쪽 참조.

29) Rüdiger Safranski: *Ein Meister aus Deutschland - Heidegger und seine Zeit*, Frankfurt a.M. 1997. 34쪽.

30) Farias, 위의 책, 71쪽.

대해서도 에른스트 놀테는 칼 뤼거는 단순한 반유태주의자가 아니라 기독교 사회주의 입장에서 소시민들의 이해를 대변한 사회 개혁자였다는 사실을 지적하고 있다. 칼 뤼거의 반유태주의는 당시의 물신주의와 금권주의적인 경제 체제에 대한 비판이었다는 것이다. 물신주의에 대한 비판이라는 의미의 반유태주의는 유태인인 라살레(Ferdinand Lassalle)나 초기 사회주의 운동 그리고 프랑스의 블랑키주의에서도 발견되고 있다고 놀테는 말하고 있다.[31]

이와 관련하여 후고 오트는 파리아스가 하이데거가 반유태주의자라는 사실을 입증하기 위해서 하이데거가 마르틴 루터를 숭배했다는 사실을 증거로 끌어들이지 않고 있는 것을 의아하게 생각하고 있다. 마르틴 루터는 유태인과 터키인들을 배척하는 글을 남겼기에 파리아스의 논법대로라면 하이데거가 루터를 존경한 것은 하이데거가 반유태주의자라는 것을 입증하는 좋은 증거가 된다는 것이다. 후고 오트는 파리아스가 증명하는 식으로 하이데거가 반유태주의자라는 것을 증명한다면 수도 없는 증거들이 제시될 수 있을 것이라고 비꼬고 있다.[32] 그리고 내 생각으로는 파리아스의 논법에 따라서 우리가 어떤 사람이 반유태주의자인지를 판별한다면 무수하게 많은 사람들이 반유태주의자로 낙인찍히게 될 것이다.

가다머는 파리아스의 책을 피상적이며 하이데거에 대한 무지

---

31) Ernst Nolte: Martin Heidegger - *Politik und Geschichte im Leben und Denken*, Berlin, Frankfurt a.M. 1992, 30쪽.

32) Hugo Ott, Wege und Abwege - Zu Victor Farias' kritischer Heidegger-Studie, in: Günter Neske und Emil Kettering(hrsg): *Antwort, Martin Heidegger im Gespräch*, Pfullingen 1988. 148쪽

와 몰이해로 가득 찬 책이라고 폄하하고 있다.[33] 데리다 역시
파리아스가 과연 하이데거 책의 한 구절이라고도 제대로 읽었는
지에 대해서 의문을 표하고 있다. 나 자신은 파리아스의 책에 대
한 이러한 부정적인 평가에 대체로 동의하는 편이지만, 파리아
스의 책은 하이데거의 나치 참여에 대한 논쟁을 대대적으로 불
러일으키면서 하이데거의 사상을 나치 참여와 관련하여 다시 한
번 철저하게 검토할 필요성을 상기시켰다는 점에서 큰 의의를
갖는다고 생각한다.

하이데거의 나치 참여를 주제로 한 책은 아니더라도 엘즈비에
타 에팅거(Elżbieta Ettinger)의 책『한나 아렌트과 마르틴 하이
데거(*Hannah Arendt/Martin Heidegger*)』역시 하이데거에 대
한 격렬한 증오를 드러내고 있는 대표적인 책이다.[34] 이 책은
하이데거가 마르부르크대 교수로 재직할 당시의 제자였던 한나
아렌트와 하이데거 사이에 있었던 밀애(密愛)를 다루고 있다. 이
책에서 에팅거는 아렌트에 대해서는 동정과 변호로 일관하면서
도 하이데거에 대해서는 거의 욕설에 가까운 비난과 공격으로
일관하고 있다. 아렌트와 하이데거 사이의 밀애라는 선정적인
주제를 다룬 덕분에 이미 프랑스어와 독일어로도 번역되어 있는
이 책은 하이데거에 대한 증오로 쓰인 책이 얼마나 극단적인 양
상을 띨 수 있는지를 여실히 보여준다. 이 책에서 한나 아렌트는
순수한 사랑의 화신으로 그려지고 있는 반면에 하이데거는 여제

---

33) Hugo Ott, 위의 글, 144쪽. Hans-Georg Gadamer, Oberflächlichkeit und
Unkenntnis. in: Günter Neske und Emil Kettering(hrsg): *Antwort, Martin
Heidegger im Gespräch*, Pfullingen 1988, 152쪽 이하.
34) Elżbieta Ettinger: *Hannah Arendt and Martin Heidegger*, New Haven and
London 1995.

자의 순정을 이용하는 교활한 인간으로 그려지고 있다. 단적으로 말해서 하이데거는 타산적이고 이기적이며, 스승 후설과 친구인 야스퍼스를 거리낌 없이 배신할 정도로 신의가 없고 권력 지향적이고, 반유태적인 편견에 사로잡혀 있는 인간이라는 것이다.[35]

이 책에서 한나 아렌트에 대해서는 처음부터 끝까지 좋은 점들만 언급되고 있는 반면에, 하이데거에 대해서는 처음부터 끝까지 나쁜 점들만 나열되고 있다. 따라서 독자들은 이 책을 읽다 보면 이렇게 형편없는 인격을 갖추고 있는 사람을 한나 아렌트 정도의 지성을 갖춘 여성이 어떻게 해서 그렇게 사랑하게 되었고 죽을 때까지 친밀한 관계를 계속 유지할 수 있었는지 의아심을 품게 될 것이다. 이 책은 파리아스의 책보다도 훨씬 더 하이데거를 매장시키려고 하는 악의에 차 있는 책이다.

파리아스의 책이든 에팅거의 책이든 하이데거를 일단 나치이자 반유태주의자라고 단정하면서 그러한 판단을 뒷받침한다고 생각되는 증거자료들을 모으는 방식으로 쓰였다. 그와 같은 방식으로 하이데거의 나치 참여와 그의 사상을 다룰 경우에 생기기 쉬운 문제점은 하이데거의 다음과 같은 항의에서 명확히 나타난다. 폴 쉬-이 시아오(Paul Shih-Yi Hsiao)라는 중국인 철학자는 하이데거가 독일 패전 후 나치정화위원회에 의해서 심문을 받던 당시 분개하면서 이렇게 말했다고 한다.

"시아오 씨, 사람들이 당신의 동일한 저술에 대해서 서로 모순된 주장을 할 경우에 당신은 어떻게 대답할 것입니까? 도대체 이런 일이 어떻게 가능합니까? 나치들은 『존재와 시간』의 한 구절을 나에게 가

---

35) Elżbieta Ettinger: 위의 책, 20, 22. 33, 35-36, 47, 49쪽.

리키면서 이렇게 추궁한 적이 있습니다. '하이데거, 여기에 당신이 비아리아적(nicht arisch)이라는 사실이 여실히 드러나는 구절이 있소!' 그런데 동일한 구절에 대해서 연합군인 프랑스인들은 이렇게 말했습니다. '하이데거, 여기에 당신이 나치라는 것이 명확히 드러나는 구절이 있소!' ….".36)

나는 하이데거에 대한 맹목적인 애정과 증오의 입장들에 반해서 하이데거에 대한 진정한 애정에 입각하여 그의 나치 참여를 보고자 했다. 이 경우 하이데거에 대한 진정한 애정이란 하이데거가 말하는 의미의 대결에 해당된다.37) 그러한 대결은 하이데거를 굴복시키려는 것을 목표하는 것이 아니다. 오히려 그러한 대결은 서로간의 치열한 투쟁 안에서 서로가 자신들의 고유한 본질을 찾게 되는 사건이다. 나는 하이데거의 나치 참여와의 대결을 통해서 하이데거 사상 중 좀더 발전시켜야 될 부분과 수정되어야 할 부분을 드러내고자 했다.

그러나 하이데거와의 대결이 진정한 의미에서 하이데거가 말하는 사랑의 투쟁(der liebende Streit)이 되기 위해서는 그러한 대결을 통해서 나도 변화되지 않으면 안 될 것이다. 나는 어디까지나 자유민주주의와 근대 문명을 변호하는 입장에서 하이데거의 나치 참여를 고찰하고 비판했지만 자유민주주의와 근대 문명에 대한 그의 견해와 비판 역시 무시할 수는 없다고 생각한다. 자유민주주의와 근대 문명이 완벽한 것은 아니고 여전히 심각한 문제점을 노정하고 있는 현실에서 하이데거의 비판은 앞으로도

---

36) Paul Shih-Yi Hsiao: Wir trafen uns am Holzmarktplatz, in: *Erinnerung an Martin Heidegger* (hrsg.) Günter Neke, Pfullingen, 1977, 122쪽.
37) 「총장직 1933/34」, 28쪽.

계속 나의 반성을 불러일으킬 것이다.

하이데거는 『존재와 시간』에서, 타인에 대한 진정한 애정을 '(상대방보다) 앞서서 (그 상대방의 본질을) 통찰하는 배려(vorspringende Fürsorge)'라고 부르고 있는 반면에 그것에 대립되는 태도를 '개입하는 배려(einspringende Fürsorge)'라고 부르고 있다.[38] '앞서 뛰어드는 배려'란 타인이 자신의 진정한 존재를 구현하도록 도와주는 것인 반면에, '개입하는 배려'란 타인의 진정한 존재 가능성을 고려하지 않고 자신의 관점을 타인에게 강요하는 것이다. 그런데 타인의 진정한 가능성을 구현하도록 도와주기 위해서는 그 타인보다도 그 타인을 더 통찰할 수 있지 않으면 안 된다. 다시 말해서 진정한 애정이라는 것은 상대방 자신보다도 상대방의 장점과 단점을 꿰뚫어볼 수 있는 통찰력을 전제한다. 그렇지 않을 경우 상대방의 장점과 단점에 대한 지적이 오히려 상대방을 잘못 인도할 수 있을 것이다.

그러한 통찰력을 자신할 수 없는 나로서는 항상 하이데거의 이의 제기와 항의에 귀를 기울여야 할 것이며 자신의 판단을 고집해서는 안 될 것이다. 나는 내가 하이데거의 사상의 장점과 단점을 하이데거보다도 더 잘 알고 있다고 생각하지는 않는다. 내가 본 하이데거 사상의 장점과 단점은 사실은 하이데거에 대한 오해이고 오히려 나의 관점을 하이데거에게 강요하는 것이 될 수 있다. 이와 아울러 그것은 하이데거 사상의 진정한 성장을 돕는 것이 아니라 오히려 저해하는 것일지도 모른다. 가장 좋은 것은 하이데거 자신의 항의와 이의 앞에 내 생각을 내놓는 것이지만 이는 불가능하다. 결국 독자들과 특히 하이데거를 깊이 연구

---

38) *Sein und Zeit*, Tübingen, 12판, 1972, 121쪽 이하.

하는 사람들의 항의와 이의를 기대할 수밖에 없다. 그러한 항의와 이의는 단순히 하이데거에 대해서 올바른 판단을 내리기 위해서 필요한 것만은 아니다. 그것은 하이데거와의 대결을 통해서 성장하려고 하는 나 자신을 위해서도 필수적인 것이다.

제1장
하이데거의 나치 참여 과정과 참여 행적

하이데거의 나치 참여는 프라이부르크대의 총장으로 선출된 지 얼마 안 되어 나치에 입당하는 것과 함께 시작된다. 그리고 그러한 참여는 1년도 안 되어 하이데거가 총장직에서 사퇴하는 것과 함께 끝나게 된다. 여기에서 우리는 하이데거가 총장으로 선출되는 과정과 선출된 후 구체적으로 어떻게 나치에 참여하며, 어떻게 해서 1년도 안 되어 총장직에서 물러나게 되는지를 살펴보겠다.

1. 총장으로 선출되기 이전까지의 이력

하이데거가 총장으로 선출되기까지의 경위에 대해서 상세하게 다루기 전에 그 이전까지의 이력을 간략하게 소개하겠다.

마르틴 하이데거는 1889년 9월 26일 독일 남서부에 위치해 있는 메스키르히(Meßkirch)에서 태어났다. 메스키르히는 당시 인구 4000명 정도가 사는 조그마한 마을이었다.

독실한 가톨릭 가정에서 태어난 하이데거는 원래 예수회 신부가 되고자 했으나 허약한 심장 때문에 포기할 수밖에 없었다. 그 후 하이데거는 신부가 되려고 프라이부르크대 신학부에 입학하지만 이것도 건강 때문에 포기해야만 했다.1) 그 결과 하이데거는 1911년 여름 학기에 철학을 하기로 결심하게 되며, 1911년 겨울 학기부터 철학부에 등록한다.

1913년에 그는 당시 신칸트학파의 거장으로 세계적인 명성을 누리던 리케르트의 지도 아래 『심리주의에서의 판단론(Die Lehre vom Urteil im Psychologismus. Ein kritisch-positiver Beitrag zur Logik)』이라는 논문으로 박사 학위를 받았다.

1915년에는 『둔스 스코투스의 범주설과 의미설(Die Kategorien- und Bedeutungslehre des Duns Scotus)』이란 논문으로 교수 자격을 취득했으며, 1915년 겨울 학기부터 사강사(Privatdozent)로서 강의를 시작하게 된다.

1919년에 하이데거는 후설 밑에서 조교로 일하게 된다.

1920년에는 후설을 방문한 야스퍼스와 친구가 된다. 두 사람은 자신들을 강단 철학에 대항하는 투쟁공동체(die Kampfgemeinschaft)로 생각했다. 두 사람은 당시 지배적인 철학 조류였던 신칸트학

---

1) 하이데거의 아들인 헤르만 하이데거에 의하면 하이데거는 건강상의 이유뿐 아니라 내적인 확신 때문에 신부가 되는 것을 포기했다고 한다. Hermann Heidegger: "Der Wirtschaftshistoriker und die Wahrheit – Notwendige Bemerkungen zu den Veröffentlichungen Hugo Otts über Martin Heidegger", in: *Heidegger Studies*, Vol. 13, 1997. 182쪽.

파에 대해서 함께 투쟁하려고 했으며, 당시의 대학 현실에 대해서 위기를 느끼고 있었다.[2]

1923년에 하이데거는 신칸트학파의 거장 나토르프(Paul Natorp)의 후임으로 마르부르크대의 조교수가 된다.

1927년『존재와 시간』의 간행을 통해서 하이데거는 순식간에 세계적인 명성을 얻게 된다.

1928년 하이데거는 후설의 후임으로 프라이부르크대 교수가 된다.

2. 총장으로 선출되기까지의 전말

1933년 5월 1일에 하이데거는 상당한 우여곡절 끝에 프라이부르크대의 총장이 된다.

1932년 12월, 사회민주주의자였던 의학 교수 폰 묄렌도르프(Wilhelm von Möllendorf)가 프라이부르크대의 대학평의회에서 총장으로 선출되었다. 당시의 독일에서 교수가 사회민주주의자라는 것은 드물었고 그런 교수가 총장이 된다는 것은 더욱 드물었다. 베른트 마르틴은 이러한 선출을 프라이부르크대 교수들이 나치에 대한 자신들의 독립성을 과시한 것으로 해석하고 있다.[3] 그러나 폰 묄렌도르프는 총장에 취임한 지 2주 만에 물러나게 되며, 1933년 4월 21일에 그의 후임으로 하이데거가 대학평의회에서 거의 만장일치로 선출된다.

---

2) Safranski, 위의 책, 137쪽.
3) Bernd Martin(hrsg), 위의 책, 22쪽.

아래는 자신이 총장으로 선출된 경위에 대한 하이데거 자신의
말을 정리한 것이다.

'1933년 4월 5일 폰 묄렌도르프는 총장에 취임한다. 그러나 그는
대학 내에 반유태인 현수막을 게양하는 것을 금지했기 때문에 당국에
의해서 2주 만에 물러나게 된다. 총장직 사퇴 직후, 폰 묄렌도르프는
하이데거에게 총장직을 인수하도록 권유한다. 하이데거가 주저하자
폰 묄렌도르프의 선임 총장이었던 자우어(K. Sauer)를 비롯한 많은
동료 교수들이 대학을 위해서 하이데거가 총장직을 맡을 것을 요청했
다. 하이데거는 총장 선거일 오전까지도 주저했고 후보에서 사퇴하려
고 했다. 그 당시 하이데거는 당이나 정부의 고위층과 어떠한 관계도
없었으며 당원도 아니었고 정치와 관계를 맺은 적도 없었다. 따라서
하이데거는 자신이 대학의 과제이자 사명이라고 생각했던 것을 실현
할 수 있을지에 대해서 자신할 수 없었다.4)

하이데거는 총장직을 맡는 것을 선거 직전까지 주저했던 이유로 대
학 개혁에 대한 자신의 이념이 불가피하게 대학 내의 구파(das Alte)와
신파(das Neue)의 반발에 부딪힐 것을 알고 있었기 때문이라고 말하
고 있다. 그 당시 신파란 '민족에 이익이 되는 것이 진리'라는 '정치적
학문'의 이념의 들고 나왔던 에른스트 크리크를 비롯한 나치들이었
다. 하이데거가 보기에 이들은 진리와 학문의 본질을 왜곡하는 자들
이었다. 그리고 구파란 각자의 전공 분야만을 고집하면서 개별 학문
들의 본질적인 기초에 대한 철학적인 반성을 추상적이고 공허한 작업
으로서 배격하거나 기껏해야 대학의 장식품 정도로만 인정하려는 보
수적인 교수들이었다.5)

하이데거는 자신의 대학 개혁이 실패한 원인을 신파와 구파 양자
의 협공에서 찾고 있다. 이들의 방해를 하이데거는 충분히 예견하고

---

4) Rektorat, 21, 23쪽.
5) Rektorat, 22-23쪽.

있었지만 자신이 총장직을 맡지 않으면 당을 대변하는 자가 총장이 될 것이라는 자우어의 설득 때문에 총장직을 맡게 되었다.'6) 이러한 우여곡절의 결과 하이데거는 4월 21일 대학평의회에서 반대 1표와 기권 3표를 제외한 찬성 52표로 총장에 선출된다.7)

그러나 하이데거의 위와 같은 경위 설명에 대해서 후고 오트나 파리아스 그리고 마르틴과 같은 사람들은 이의를 제기하고 있다. 후고 오트는 폰 묄렌도르프는 정부 당국의 압력 때문이 아니라 자발적으로 총장직을 사퇴했다고 말하고 있다. 확고한 민주주의자였던 폰 묄렌도르프는 대학에 대한 나치 당국의 통제와 대학 안의 유태인 교수들과 유태인 조교들에 대한 차별도 인정할 수 없었기 때문에 사퇴를 선택했다는 것이다. 그리고 오트는 폰 묄렌도르프가 하이데거에게 총장직을 맡도록 종용하지도 않았다고 주장한다.8)

이러한 오트의 분석에 대해서 하이데거의 아들인 헤르만 하이데거(Hermann Heidegger)는 폰 묄렌도르프가 하이데거가 총장이 되기 전에 자주 자신의 집을 방문했으며, 헤르만 하이데거 자신이 문을 열어준 적도 있었다고 이의를 제기하고 있다. 헤르만 하이데거는 자신의 어머니도 하이데거가 대학 행정 경험이 없었고 성격적으로도 적합하지 않다고 생각했기 때문에 하이데거가 총장직을 맡지 않도록 권했다고 한다.9)

---

6) Rektorat, 23쪽.

7) Bernd Martin(hrsg), 위의 책, 23쪽.

8) Hugo Ott: *Martin Heidegger, Unterwegs zur seiner Biographie,* Frankfurt/New York 1988. 139쪽.

9) Hermann Heidegger, 위의 글, 181쪽.
  헤르만 하이데거는 이 글에서 '오트의 책 Martin Heidegger – Unterwegs zur

더 나아가 후고 오트, 파리아스, 마르틴은 더 충격적인 의견을 제시하고 있다. 이들에 의하면 고전문헌학 교수였고 나치였던 샤데발트(Wolfgang Schadewaldt)의 주도로 프라이부르크대 안의 친나치 교수들은 1933년 3월부터(이는 하이데거가 총장으로 선출되기 2개월 전이었다) 폰 묄렌도르프를 사퇴시키고 하이데거를 총장으로 선출하려고 계획적으로 도모했다고 한다. 그리고 하이데거 자신이 이러한 계획에 대해서 동의했다는 것이다. 마르틴에 의하면 샤데발트는 폰 묄렌도르프의 선임 총장이었던 자우어에게 폰 묄렌도르프가 대학 개혁을 수행할지 의문을 표명하면서 하이데거를 적격자로 추천했다고 한다. 이것에 이어서 프라이부르크 지역 안의 나치 언론들이 폰 묄렌도르프에 대해서 집중적으로 공격을 가했다. 단적으로 말해서 하이데거는 다른 교수들의 권유로 마지못해서 총장직을 떠맡은 것이 아니라, 자신의 동의 아래 계획적으로 일을 도모한 친나치 교수들의 협조를 얻어서 총장이 되었다는 것이다.

이러한 주장에 대해서도 하이데거의 아들인 헤르만 하이데거는, 오트를 비롯한 하이데거의 비판가들이 하이데거가 총장이 될 수 있도록 책동한 프라이부르크대의 나치 교수들이 있다고 주장하면서도 그 사람들이 정작 누구인지에 대해서는 전혀 언급하지 않고 있다는 사실을 지적하고 있다. 아울러 그는, 샤데발트 교수는 그 당시에 나치가 아니었으며 샤데발트가 하이데거를 추천한 것은 골수 나치 교수인 알리(Aly)와 같은 사람이 총장이 되는 것을 막기 위해서였다고 밝히고 있다. 헤르만 하이데거에

---

seiner Biographie은 하이데거에 대한 가장 정확한 전기로 정평이 나 있고 이미 6개 국어로 번역되어 있지만 학문적으로 보나 사실에 비추어볼 때 문제가 될 수 있는 것이 243개소나 된다'고 말하고 있다. 같은 글, 177쪽.

의하면 알리 교수는 하이데거에 의해서 높이 평가받지 못했기 때문에 하이데거가 총장으로 재직하던 동안에는 대학에 어떠한 영향력도 갖지 못했다고 한다.10)

나는 하이데거가 총장이 된 경위에 대한 하이데거 자신의 해명과 오트나 마르틴, 파리아스의 분석 중에서 무엇이 옳은지 결정할 능력은 없다.11) 그러나 하이데거는 총장으로 선출되기 전 야스퍼스를 만났을 때 '우리는 (현 상황에) 개입해야만 한다(man muß sich einschalten)'고 말했다고 한다.12) 그리고 하이데거는 총장이 되기 전인 1933년 3월에 '독일대학협회(Deutscher Hoch-schulverband)' 안의 나치 분파였던 '문화 정치적 독일 교수 노동공동체(Kulturpoliische Arbeitsgemeinschaft Deutscher Hoch-schullehrer)'에 가입했다. 이 단체는 나치 이념에 따라서 대학을 개혁하고 대학 안에 지도자 원리(Führerprinzip)를 도입할 것을 주창했다.13) 대학 안에 지도자 원리를 도입한다는 것은 총장을 교육부장관이 임명하고 학장은 총장이 임명하며 대학 안에서 총장이 전권을 갖는 것을 의미한다. 이러한 정황을 미루어볼 때 총장이 되는 과정에서 하이데거는 그가 말하는 것처럼 그렇게 소극적이지만은 않았을 것 같다.

---

10) 같은 글, 181, 185쪽.

11) 하이데거가 총장이 된 내막에 대해서는 오트의 자세한 연구를 참조할 것, Hugo Ott, 위의 책, 27-28, 138-145쪽.

12) Bernd Martin(hrsg), 위의 책, 21쪽.

13) Safranski, *Ein Meister aus Deutschland - Heidegger und seine Zeit*, 266-267쪽.

3. 나치 참여 행적

그러면 하이데거는 총장으로 선출된 후 구체적으로 어떻게 나치에 참여했는가? 하이데거가 자신의 총장 재직 시절을 어떻게 보고 있는지를 먼저 살펴보자. 다음은 하이데거 자신의 진술을 정리한 것이다.

'하이데거 자신은 항상 당과 거리를 두었다. 그는 정치적 문제와 관련하여 당과 논의한 적이 없으며 당에 협조하려고도 하지 않았다. 아울러 그는 당 고위층과 어떠한 사적인 관계나 정치적인 관계도 갖지 않았다.14)
하이데거는 1933년 5월 1일부로 나치에 입당했지만, 그것은 하이데거 자신의 뜻이 아니었다. 당시 바덴주 교육부장관이 바덴 주 안의 모든 대학 총장들이 당에 입당할 것을 촉구했는데, 하이데거는 대학이 당내에 정치적 힘을 결여하고 있을 경우 불이익을 받을 수 있다고 생각하여 당에 가입하게 되었다. 그리고 하이데거 자신은 총장으로서뿐 아니라 개인적으로도 어떠한 당직도 맡지 않고 당을 위한 활동도 하지 않는다는 조건 아래 입당했다.
하이데거가 총장이 된 후 맨 처음 취한 조치는 반유태인 현수막을 교내에 게양하는 것을 금지한 것이었다. 당시의 모든 독일 대학에서는 반유태인 현수막이 걸려 있었다. 하이데거는 자신이 총장으로 있는 한, 반유태인 현수막은 절대로 교내에 게양될 수 없다고 학생회 간부에게 천명했다.15) 돌격대(SA) 최고 사령부가 현수막 게양을 금지할 경우 대학 폐쇄까지는 아니더라도 총장직 해임을 각오해야 할 것이라고 위협했으나 하이데거는 게양 금지를 철회하지 않았다.

---

14) 「총장직 1933/34」, 26쪽 이하.
15) 같은 책, 31쪽.

그리고 하이데거는 자신이 직접 도서관을 감시하면서 나치 학생들이 이른바 반나치적인 책들을 소각하는 것을 금했다. 그는 나치가 아닌 사람들을 보직에 임명했으며, 물리화학 교수인 폰 헤베시(Georg von Hevesy)와 탄하우저(Thannhauser) 같은 유태인 교수들의 해직을 저지하는 등 당의 부당한 숙청 작업(Säuberungsaktionen)을 막고자 했다.'16)

하이데거에 대해서 그다지 호의적이지 않은 마르틴도 하이데거의 이러한 진술에 대해서는 대체로 시인하고 있다. 다음은 마르틴의 분석을 정리한 것이다.

'당시의 대부분의 총장들과는 달리 하이데거는 공적인 자리에서 반유태적인 발언을 하거나 아리아인종을 찬양한 적이 없었다.17) 그리고 하이데거는 유태인 교수들의 숙청 작업에 대해서 소극적이었으며 가능할 경우에는 그들 편에 섰다.18) 하이데거는 인종적인 출신이나 정치적인 신념을 불문하고 모든 양심적인 세력에게는 민족의 새로운 중흥에 참여할 기회가 주어져야 한다고 생각했다. 반유태주의와 아리아인종에 대한 찬양 따위를 거부함으로써 하이데거는 당과 갈등을 빚을 수밖에 없었다. 그러한 것들은 나치당의 근본 정책에 속했기 때문이다.'

이에 반해서 오트는 하이데거가 반유태인 현수막 게양을 금지했다거나 분서를 금지했다는 것조차도 회의적으로 보고 있다. 그는 하이데거가 극단적인 반유태주의를 내세웠던 학생회 지도

---

16) 같은 책, 6, 32쪽.
17) Bernd Martin(hrsg), 위의 책, 27쪽.
18) 같은 곳.

부와 가까웠으며, 프라이부르크대 도서관 앞에서 분서가 행해졌다고 주장하는 증인들이 있다는 사실을 근거로 하여 하이데거의 진술이 갖는 진실성을 의심하고 있다.19) 물론 오트는 독일 전역에서 분서가 행해지는 1933년 5월 10일 저녁에 프라이부르크에서는 비가 왔기 때문에 이러한 증언들이 전적으로 믿을 수 있는 것은 못된다는 사실을 인정한다. 그러나 그는 설령 분서가 행해지지 않았더라도 그것은 하이데거가 금지해서가 아니라 비가 왔기 때문이었을 것이라고 보는 것이다.

오트의 이러한 반론에도 불구하고 하이데거가 총장직에서 사퇴하게 되는 과정을 살펴볼 경우 하이데거가 당에 대해서 고분고분하지 않고 당과 마찰을 빚었다는 것은 사실인 것 같다. 헤르만 하이데거는 당시 독일 대학의 총장들 중에서 오직 하이데거만 비(非)나치 교수들을 학장으로 임명할 정도로 분명하면서도 용감하게 당에 대해서 '독일 대학의 자기주장'을 내세웠다고 말하고 있다. 아울러 그는 임명된 대학 총장들 중 어느 누구도 하이데거처럼 총장이 된지 반 년 만에 항의의 표시로 총장직을 사퇴할 용기를 갖지 못했다고 말하고 있다.20)

그럼에도 하이데거는 나치에 대해서 비판적이었던 동료 교수들에 의해서는 나치와 동일시되었다. 베른트 마르틴은 하이데거를 총장으로 선출한 교수들 대다수가 하이데거가 나치의 이념과 히틀러에 동조하고 있었다는 사실을 몰랐었다고 말하고 있다. 그들은 하이데거의 친나치적인 이념을 모른 채, 당이 우호적으로 보고 있는 하이데거가 나치 이념에 따른 대학의 변혁과 유태

---

19) Hugo Ott, 위의 책, 182쪽.
20) Hermann Heidegger, 위의 글, 179쪽.

인 교수들을 해직시키는 것 등의 조치들로부터 대학을 수호해줄
것을 기대했다고 한다.21) 따라서 하이데거가 친나치적인 이념에
따라서 철저한 대학 개혁을 시도하려고 하였을 때 교수들은 실
망과 당혹을 금할 수 없었다.

베른트 마르틴에 의하면 하이데거는 바덴 주가 지도자 원리
(Führerprinzip)에 입각한 새로운 대학조직법을 만드는 데 결정
적으로 기여했으며 프라이부르크대에 지도자 원리를 도입하였
다고 한다. 새로운 대학조직법에서는 교육부장관이 대학 총장을
임명하며 대학 총장이 학장을 임명했다. 대학 안에서 교육부장
관에게 보내는 모든 서신은 총장을 거쳐야 했다. 그리고 대학평
의회와 단과대학 교수회의가 가지고 있었던 전통적인 권한은 부
정되었다. 평의회와 단과대학 교수회의는 단지 자문 역할만 할
뿐이었다. 교수 임명과 교수 자격 취득 시험 같은 중요한 사안들
에서 단과대학이 가지고 있었던 권한은 인정되지 않았다. 그리
고 대학평의회에는 학생 대표와 조교 그리고 대학 직원들도 참
여했다.22)

마르틴의 이러한 견해에 대해서 헤르만 하이데거는 바덴 주의
대학조직법을 만드는 데 하이데거는 관여하지 않았으며 오히려
그 법에 대해서 비판적이었다고 말하고 있다. 아울러 헤르만 하
이데거는 마르틴이나 오트나 이와 관련하여 어떠한 정확한 증거
자료도 제시하지 않고 있다는 사실을 지적하고 있다.23) 그러나

---

21) Bernd Martin(hrsg), 위의 책, 23쪽.

22) Bernd Martin(hrsg), 위의 책, 31쪽.

23) Hermann Heidegger, 위의 글, 187. 189쪽. 이와 관련하여 헤르만 하이데거
는 하이데거가 엘리자베스 블로흐만과 교환한 편지들을 증거로 제시하고 있다.
Martin Heidegger/Elisabeth Blochmann: *Briefwechsel*. hrsg. Joachim Storck.
Marbach 1989. 69쪽, 74쪽.

하이데거가 총장으로 재임하는 동안에 지도자 원리가 프라이부르크대에 도입되었다는 것은 사실이다.

아울러 마르틴은 하이데거는 총장이 된 후 대학 전반의 중요한 사안들을 다루는 소평의회(der kleine Senat)를 소집하지 않았다고 말하고 있다. 그는 대학의 개혁을 추진하면서도 소평의회에서 그것에 대해서 논의하지 않았다. 전임자인 묄렌도르프의 격렬한 항의가 있고서야 소평의회가 소집되었다. 하이데거가 총장이 된 지 2개월 후였다. 소집된 소평의회에서는 경제학자인 오이켄(Walter Euken)이 중심이 되어 하이데거가 대학의 지도자로 자처하는 것에 대해서 비판했다.24) 그리고 하이데거가 대학에 도입한 노동 봉사와 국방 봉사(군사 교육)도 강의와 실험을 현저하게 방해하는 것으로 비판되었다. 이러한 비판에도 불구하고 하이데거는 노동 봉사와 국방 봉사를 계속 실시하게 했다. 하이데거는 그것들을 민족공동체의 건설과 대학생들로 하여금 민중과 민족에 대한 애정을 갖도록 하기 위해서 필수적인 것으로 생각했다.

마르틴은 지도자 원리에 따른 대학 조직의 변혁이 한편으로는 긍정적인 점이 있었음을 지적하고 있다. 그는 그 전에는 정교수들이 자주 이기적으로 대학의 정책을 결정했다고 말하고 있다. 학생들은 말할 것도 없고 비정교수들이나 사강사들 그리고 조교들은 정교수에 완전히 종속되어 있었다. 지도자 원리의 도입에 의해서 정교수들은 권한을 상실한 반면에, 정교수 이외의 교직원들과 학생들은 대학 운영에 근소하나마 영향을 미칠 수 있게 되었다. 따라서 이들은 심정적으로 지도자 원리에 따른 대학 개

---

24) Bernd Martin(hrsg), 위의 책, 26-27쪽.

혁에 동조하는 면이 강했다고 한다.[25]

  나치들이 지도자 원리를 대학에 도입한 것은 사실은 정교수들이 그동안 누리던 권한을 제거하는 것을 통해서 나치가 대학에 용이하게 개입하기 위해서였다. 그러나 그러한 개혁의 결과, 대학은 더욱 민주화되었으며 교수 임용은 더 투명하게 되었다. 나치 패망 이후에 정교수들은 나치에 의한 일종의 희생자로 간주되어 자신들의 전통적인 권한을 되찾을 수 있었다. 정교수 이외의 교직원들과 학생들은 1968년의 학생 혁명을 통해서야 비로소 대학 운영에 다시 참여할 수 있게 되었다.[26]

  지도자 원리에 따른 대학 개혁은 우리의 민주적인 정서에 반하기 때문에 우리의 반감을 불러일으키기 쉽다. 그것은 대학을 총장의 전권에 내맡기고, 결국은 그 총장을 임명하는 국가에게 내맡기는 것처럼 생각된다. 그럼에도 그 당시의 대학 상황에서는 그러한 개혁이 전적으로 반동적인 것만은 아니었다는 사실을 이상에서 알 수 있다. 사프란스키는 마르틴과 마찬가지로 하이데거의 대학 개혁과 1960년대의 학생 운동 사이에 존재하는 유사성을 언급하고 있다. 그러한 유사성을 염두에 둘 경우 우리는 하이데거가 모색한 대학 개혁의 성격을 좀더 명확하게 이해할 수 있을 것이다. 다음은 사프란스키의 분석을 정리한 것이다.

  '첫째로 하이데거는 학생들을 혁명의 선도 세력으로 간주했다. 이에 따라서 그는 보수적이었던 정교수들에게서 권력을 박탈하는 한편 학생들과 조교 그리고 사강사들을 대학 운영에 참여하게 했다. 이러한 대학의 민주화는 1960년대의 학생 운동 역시 지향했던 바다.

---

25) 같은 책, 32-33쪽.
26) 같은 책, 32쪽.

둘째로 하이데거가 정교수들의 권한을 박탈한 것은 이들이 내세웠던 실증주의적 전문 과학에 대한 투쟁의 연장이라고 볼 수 있다. 1960년대의 학생 운동에서도 그러한 성격을 찾아볼 수 있다. 나치 당시 하이데거는 대학이 전문 학원으로 전락하는 것에 대해서 투쟁했다. 1960년대의 학생들 역시 사회 전체에 대한 문제 의식을 결여한 채 자신의 전문 분야에만 몰입하는 지식인들을 '전문적인 바보(Fachidiot)'라고 불렀다. 1960년대의 학생들이 학문이 사회에 대한 책임 의식을 가질 것을 요구한 것처럼, 하이데거 역시 학문이 민족에 대해서 책임을 질 것을 요구한다.

셋째로 1960년대의 학생 운동은 육체 노동과 정신 노동의 분리를 지양하려고 했다. 그리고 이는 하이데거의 이상이기도 했다. 하이데거 역시 학생들이 학문을 자신의 출세 수단으로 삼을 것이 아니라 학문을 통해서 민족에게 봉사할 것을 요구했다. 그는 학생들이 특권 의식을 버리고 인민과 일체감을 가져야 한다고 생각했다. 이를 위해서 그는 학생들이 농부들의 추수를 도와주고 공장에서 노동자와 함께 일하도록 독려했다.'27)

1960년대의 학생 운동이 주로 마르크스주의를 이념적 배경으로 갖기 때문에, 하이데거의 대학 개혁과 1960년대의 학생 운동을 전적으로 동일시하는 것은 무리가 있다고 할 것이다. 나치가 정교수 이외의 교직원들과 학생들이 대학 운영에 참여하게 했더라도, 이러한 참여는 1960년대 학생 운동의 이념과는 전혀 다른 이념적인 전제 아래 이루어졌다. 아울러 이들은 결정권은 없었으며 자문만 할 수 있었을 뿐이었다. 그러나 나치 운동이든 마르크스주의든 개인들 간의 경쟁을 조장하고 공동체를 파괴하는 경향이 있는 자본주의에 대해서 공동체를 지향했다는 점에서 양자

---

27) Safranski, 위의 책, 293-294쪽.

간에 존재하는 유사성도 부인할 수 없다. 위에서 거론된 하이데거의 대학 개혁과 1960년대의 학생 운동 사이에 존재하는 유사성은 그와 같은 근본적인 유사성에서 비롯된다. 물론 나치 운동과 1960년대의 학생 운동이 공동체를 지향했다고 하더라도 나치 운동은 민족공동체를, 1960년대의 학생 운동은 궁극적으로는 사해동포적인 공동체를 지향했다는 차이가 존재하지만 말이다.

4. 슈타우딩거와 바움가르텐에 대한 고발

하이데거가 총장 재직 시 행한 가장 악명 높은 친나치 행위로는 흔히 헤르만 슈타우딩거(Hermann Staudinger)와 에드아르드 바움가르텐(Eduard Staudinger)에 대한 고발이 꼽힌다. 하이데거는 이들을 나치 당국에 반나치 인사로서 고발했다는 것이다. 특히 바움가르텐에 대한 고발문에서는 반유태주의적인 언사도 나타난다. 따라서 오트나 파리아스를 비롯하여 하이데거에게 비판적인 입장을 취하는 사람들이 이러한 고발 행위를, 하이데거가 골수 나치였으며 반유태주의자였다는 사실을 입증하는 대표적인 증거로 드는 것은 당연하다. 야스퍼스 역시 바움가르텐에 대한 하이데거의 고발문을 보고서 상당한 충격을 받았음을 토로하고 있다. 그는 그 전에는 하이데거의 나치 참여가 그렇게까지 악성적인 것이라고는 생각하지 않았다는 것이다.

우리가 패전 후의 하이데거의 이력을 고찰할 때 보겠지만, 바움가르텐에 대한 하이데거의 고발은 패전 후의 나치정화위원회에서 하이데거에게 절대적으로 불리하게 작용하게 된다. 그런데 우리는 위에서 하이데거가 자신은 나치 운동에 참여하면서도 나치당에 대해서는 시종일관 비판적인 입장을 취했다고 말하고 있다는 사실을 보았다. 하이데거의 이러한 진술과 하이데거의 고발 행위를 우리는 어떻게 서로 조화시킬 수 있을까? 아니면 우리는 그러한 고발 행위를 토대로 하여 파리아스처럼 하이데거를 골수 나치이자 반유태주의자로 단정해야만 하는가?

1) 헤르만 슈타우딩거에 대한 고발

슈타우딩거는 1953년에 노벨화학상을 수상했던 사람이다. 그는 제1차 세계대전 중에는 취리히에서 교수 생활을 했으며 1920년에 스위스 시민권을 획득했다. 그는 기술의 발전으로 현대전은 전대미문의 참혹한 전쟁이 될 것이라고 생각했기에 전쟁을 반대했던 평화주의자였다. 슈타우딩거는 1933년에는 프라이부르크대 교수로 있었다. 후고 오트에 의하면 하이데거는 문화부에 슈타우딩거를 이렇게 고발했다.

'슈타우딩거는 제1차 세계대전 중에 적국에 협조했으며 조국이 위기에 처해 있던 1917년 1월 스위스 시민권을 획득했다. 그리고 그는 조국이 위기에 처해도 결코 무기를 들지 않겠다고 자주 말하고는 했다.'

하이데거는 슈타우딩거를 사임하게 하기보다는 해직시킬 것을 권고했다. 하이데거는 슈타우딩거가 현재는 110퍼센트 나치로 처신하기 때문에 그렇게 강력하게 조치를 취할 필요가 있다고 말하고 있다. 그러나 슈타우딩거는 당시에 화학 분야에서 세계적인 명성을 누리고 있었기 때문에, 문화부는 세계 여론을 의

식하여 하이데거의 권고를 따르지 않았다. 이와 함께 슈타우딩 거는 교수직을 보전할 수 있었다.[28]

2) 에두아르드 바움가르텐에 대한 고발

바움가르텐은 하이데거의 학생이었으며 두 사람은 원래는 친밀한 사이였다. 1933년에 바움가르텐은 괴팅겐대에서 교수직을 얻었다. 그는 교수가 되기 위해서 사실은 나치에 동조하지 않았음에도 돌격대에 가입신청서를 냈다. 하이데거는 괴팅겐에 있는 국가사회주의 대학교수연맹(NS-Dozentenschaft)에 바움가르텐에 대한 평가서(Gutachten)를 보냈다. 그 평가서에서 하이데거는 이렇게 썼다.

'바움가르텐은 나치에 동조하지 않으며, 막스 베버를 중심으로 한 하이델베르크대의 자유민주주의적인 지식인 그룹에 속한다. 바움가르텐은 망명한 유태인 교수 프랭켈(Fraenkel)과 가까웠고 괴팅겐대에서 교수가 되는 데 그의 도움을 받았다. 그는 미국에서 존 듀이(John Dewey)에 대한 교수 자격 취득 논문을 썼으며, 미국의 실용주의와 물질주의에 철저하게 물든 사람이다.'

그러나 당은 하이데거의 평가서를 '증오에 차 있고 객관성을 결여한 것'으로 간주하여 기각했다. 바움가르텐은 교수직을 보전할 수 있었고 나치 체제에서 출세가도를 달렸다고 한다.[29]

우리는 하이데거의 이러한 고발 행위를 과연 어떻게 평가해야

---

28) Hugo Ott, 위의 책, 183쪽.
29) Safranski, 위의 책, 307쪽.

만 하는가? 바움가르텐은 하이데거가 자신에 대한 평가서에 서술한 것 모두가 사실과 부합되는 것은 아니라고 말하고 있다. 1976년에 데이비드 루번(David Luban)이 바움가르텐과 만난 후에 쓴 기록에 의하면, 바움가르텐은 유태인 교수 프랭켈을 알지 못하며 자신이 괴팅겐대에서 자리를 얻도록 도와준 사람은 후설이라고 말하고 있다. 바움가르텐은 하이데거가 후설의 이름을 거론하기가 곤란해서 프랭켈이라는 사람을 끌어들인 것으로 보고 있다. 바움가르텐은 자신이 프랭켈이라는 사람을 전혀 알지 못한다는 사실을 근거로 하여 하이데거의 평가서가 진실성을 결여하고 있다고 당에 주장했다고 한다. 당은 그의 주장을 수용했고 그 결과 그는 교수직을 보전할 수 있었다.[30]

바움가르텐은 자신과 하이데거 사이의 갈등을 하이데거의 정치적 신념보다는 자신에 대한 하이데거의 사적인 감정에서 비롯된 것으로 보고 있다. 그의 진술에 의하면 그는 하이데거와 가까웠던 시절에 사소한 농담으로 하이데거에게 모욕을 준 적이 있었다는 것이다. 그는 자신에 대한 하이데거의 처사뿐 아니라 하이데거의 나치 참여도 정치적인 열정이나 이데올로기적인 확신보다는 하이데거의 성격적 옹졸함과 허영심 그리고 철학적 명성에 대한 야망에서 비롯된 것으로 보고 있다.[31]

그러나 하이데거가 바움가르텐에 대해서는 개인적인 감정을 갖고 있었다는 사실을 인정하더라도 슈타우딩거에 대해서는 어떠한 개인적인 반감도 가지고 있지 않았던 것 같다. 따라서 우리는 바움가르텐의 말도 전적으로 수용할 수는 없다. 나는, 바움가

---

30) Berel Lang: *Heidegger's Silence*, 108쪽.
31) 같은 책, 109쪽.

르텐에 대해서 하이데거가 사감을 갖고 있었다고 하더라도 바움가르텐이 정말로 나치즘을 신봉했다면 하이데거는 바움가르텐의 사상적 순수성을 의문에 부치는 평가서를 작성하지는 않았을 것이라고 생각한다. 1976년에 바움가르텐이 루번과 한 대담을 보면, 바움가르텐은 사실상 사상적으로 나치에 동조하지 않았던 것 같다. 그가 돌격대 교수연맹에 가입한 것도 나치즘을 신봉해서라기보다는 교수직을 얻기 위한 기회주의적인 성격이 강했다. 하이데거의 평가서 안에서 프랭켈에 관한 진술 이외에 바움가르텐의 기회주의적인 성격을 폭로하는 부분에 대해서는 바움가르텐 자신도 그 진실성을 부정하지는 않고 있는 것이다.

슈타우딩거와 바움가르텐은 하이데거가 생각하는 '독일을 이끌어갈 미래의 교육자상'에 부합되지 않았기 때문에 하이데거의 분노를 불러일으켰던 것 같다.[32] 하이데거는 나치 혁명에 대한 모든 종류의 기회주의적 영합을 막고 나치 혁명의 순수성을 보존하려고 했다.[33] 이와 관련하여 슬러거는 상당수의 교수들이 기회주의적인 이유로 나치에 영합했다는 사실을 인정하고 있다. 1933년 이전에는 다른 학문 분야의 교수들과 마찬가지로 대부분의 철학 교수들도 나치에 대해서 거리를 취했다. 1933년 초에는 180명의 철학 교수들 중 단지 12명만이 나치 당원이었다. 상당수의 교수들이 히틀러가 권력을 잡은 지 3개월 동안 당원이 되었다. 이들 중에는 하이데거처럼 그 이전에는 정치에 대해서 초연한 입장을 취하고 있다가 히틀러와 나치 운동에 대한 사회 전체의 열광적인 분위기와 함께 당원이 된 사람들이 있었지만, 아놀

---

32) Bernd Martin(hrsg), 위의 책, 35쪽.
33) Safranski, 위의 책, 310쪽.

드 겔렌(Arnold Gehlen)처럼 교수직을 차지하려는 기회주의적인 동기 때문에 당원이 된 사람도 있었다. 겔렌은 29세의 나이로 프랑크푸르트대 교수가 되었는데 그의 자리는 원래는 세계적인 신학자인 폴 틸리히(Paul Tillich)의 자리였다. 30명 가량의 철학 교수들이 1933년에 나치당에 가입했으며 1940년에는 철학 교수들 중 거의 절반이 당원이 되었다.[34]

앞에서 언급한 대로, 많은 하이데거 비판가들은 하이데거의 고발 행위를 원용하면서 하이데거가 고발을 일삼을 정도로 골수 나치였으며 하이데거가 비열한 성격의 소유자라는 사실을 입증하려고 한다. 그러나 하이데거의 고발 행위는 오히려, 당시의 나치 혁명의 순수성을 보존하기 위해서 하이데거가 얼마나 절치부심했는지를 증명해주는 것이라고 볼 수 있다. 하이데거에게 슈타우딩거 같은 과학자나 바움가르텐 같은 철학자는 학문을 인격 및 정치적 신념과 분리된 기술적인 지식으로 생각하는 근대적인 학자들의 전형이었다. 그들은 근대의 학자들이 정신을 결여한 기술인으로 전락해가고 있다는 사실을 입증하는 대표적인 예였다.

슈타우딩거와 바움가르텐의 예는 실제의 나치는 이념과 운동의 순수성보다는 권력의 강화와 확장에 더 관심이 있었다는 사실을 보여준다. 따라서 사프란스키는 나치 체제에 가장 큰 기여를 했던 사람들은 하이데거와 같이 소위 나치 혁명의 순수성을 고집한 철학자들이 아니라 슈타우딩거와 같이 '비정치적인(unpolitisch)' 과학자들이었다고 보고 있다. 이러한 비정치적인 과학자들을 통해서 나치는 유럽 전역을 정복할 수 있었던 강력한 무력을 단기간에 갖게 되었다는 것이다.[35]

---

34) Hans Sluga, *Heidegger's Crisis – Philosophy and Politics in Nazi Germany*, Harvard University Press, 1993, 7쪽.

5. 총장직 사퇴

지도자 원리에 따른 대학 조직의 개혁은 총장과 총장에 의해서 임명된 단과대 학장에게 독재적인 전권(全權)을 허용함으로써 교수진들의 반발을 샀다. 이러한 반발은 하이데거가 학장직과 총장 자문 기구인 평의회를 자신이 신임하는 사람들로 채우자 더욱 심화되었다. 평의회 의원들 중 많은 수가 하이데거 자신과 마찬가지로 당원들이었다. 이에 대해서 발터 오이켄처럼 나치에 대해서 비판적이었던 반대 세력은 배제되었다.36)

마르틴은 하이데거의 대학 개혁은 단기적으로 볼 때는 대학의 민주화에 기여한 바가 있지만 결국은 독일 대학이 국가에 종속되는 결과를 빚었다고 결론짓고 있다. 대학 총장이 교육부장관에 의해서 임명됨으로써 하이데거가 주창한 '독일 대학의 자기 주장(Selbstbehauptung)'은 '독일 대학의 자멸(Selbstenthauptung)'을 초래하게 되었다는 것이다. 그리고 원래 하이데거에게 우호적인 입장을 취했던 나치 학생 단체는 시간이 갈수록 당과 국가에 의해서 장악됨으로써 총장과 소원한 관계가 되었다.

하이데거는 1933년 여름 학기에 대학이 두 가지의 심각한 위협에 직면하게 되었다고 말하고 있다. 첫 번째 위협은 당이 교직원을 신뢰할 만한 당원들로 교체하고 특히 학장직을 당원이 맡아야 한다고 요구한 것이었다. 당은 학장이 될 인물의 학문적인 능력보다도 정치적인 입장을 더 중시했다. 두 번째 위협은 모든 독일 대학에서 대학의 교수직을 의사나 판사 등과 같은 현장 인사

---

35) 같은 곳.
36) Bernd Martin(hrsg), 위의 책, 34쪽.

들로 보완하면서 대학을 실용적인 지식을 중시하는 전문 학원으로 만들려는 경향이 강화되었다는 것이다. 하이데거는 이러한 경향이 대학의 내적인 통일과 학문의 근본을 뒤흔든다고 생각했다.

하이데거는 이러한 두 가지 위협에 맞서서 각 단과대학의 고유성과 대학의 통일을 보장하는 방향으로 학장을 임명하려고 했다. 1933/34년 겨울 학기에 하이데거는 당원은 아니었지만 투철한 학문 정신을 소유했던 사람들을 학장으로 임명한다. 심지어 하이데거는 바덴주 교육부가 해임시켰던 전임 총장 폰 묄렌도르프를 의학부의 학장으로 임명했다. 하이데거가 법학부 학장으로 임명한 저명한 법학자 에릭 볼프 역시 나치가 아니었다. 볼프에 의하면 하이데거는 볼프 자신이 어떤 특정한 정치 이념을 공유하고 있는 동지로서보다는 대학의 내적 혁신을 지향하는 젊은 철학자로서 대학 개혁에 동참하기를 원했다고 말하고 있다.[37]

당과의 갈등은 하이데거가 총장 재직 시절 추진한 사업인 '학문 진영(Wissenschaftslager)' 내지 '토트나우베르그 진영(Todtnauberger Lager)'의 좌절에서 가장 극적으로 드러난다. '학문 진영'은 하이데거가 자신의 대학 이념을 실현하고 이를 통해서 독일 민족의 정신을 혁신하기 위해서 시도한 실험들 중 가장 중요하게 생각한 실험이었다. 그것은 미래의 교수 요원들과 학생들에게 학문의 본질을 교육시키는 훈련 프로그램이었다. 이것에 참여하는 사람들은 광활한 자연 안에서 일정한 기간 동안 공동으로 생활하고, 공동으로 노동하며, 공동으로 사유해야만 했다. 하이데거는 이를 통해서 학문이 삶과 결합되기를 바랐으며, 혁명의 정신

---

37) Alexander Hollerbach: Im Schatten des Jahres 1933: Erik Wolf und Martin Heidegger, in: *Martin Heidegger und das 'Dritte Reich'*, hrsg. Bernd Martin, Darmstadt, 1989, 128쪽.

적인 토대가 되는 근본 기분(Grundstimmung)과 근본적인 태도 (Grundhaltung)를 고취시키기를 원했다.[38] 그것에 참여할 수 있는 사람들은 당 소속이나 이념에 상관없이 선발되었다. 그러나 인종 원리를 강조하는 당의 방해 때문에 실패로 끝났다. 하이데 거는 당의 방해를 학문 진영 자체를 파괴하기 위한 것이었다기 보다는 하이데거가 당원을 학장으로 임명하지 않는 것에 대한 보복으로 보고 있다.

당과의 갈등에도 불구하고 하이데거는 자신의 대학 이념을 실현할 수 있다는 희망을 잃지 않았다. 그는 당에 맞서 나치 운동의 내적인 진리를 구현하려고 노력한다. 하이데거는 1933년 11월 30일 튀빙겐대에서 행한 연설에서 이렇게 주장한다. '총통은 이미 혁명은 완수되었고 주장하면서 혁명 대신에 진화를 내세운다. 그러나 대학에서 혁명은 아직 시작도 하지 않았다'고.[39]

1933/34년 겨울 학기가 끝나갈 무렵에 바덴주 교육부장관은 의학부 학장인 묄렌도르프와 법학부 학장인 에릭 볼프(Erik Wolf)를 사임시키고 당에 가까운 사람들을 임명할 것을 요구한다. 에릭 볼프의 사임은 법학부의 반나치적인 교수들도 적극적으로 추진하고 있었다. 에릭 볼프는 하이데거의 노선에 따라서 법학부에 노동 봉사와 국방 봉사를 강력하게 실시하려고 했고 이러한 조치는 보수적인 교수들의 큰 반발을 샀던 것이다.[40] 하이데거는 묄렌도르프와 볼프를 교체하라는 당의 요구를 받아들이는 것보다는 차라리 자신이 사임하겠다고 말했다. 그런데 하이데거에 의하면 하이데거의 자발적인 사임이야말로 바로 당이 바라는 바였

---

38) Safranski, 위의 책, 296쪽.
39) Bernd Martin(hrsg), 위의 책, 35, 179쪽.
40) Safranski, 위의 책, 304쪽.

다. 1934년 2월 총장에 취임한 지 1년도 안 되어 하이데거는 총장직을 사임했고 이는 즉시 수리되었다.

하이데거는 자신의 퇴임을 당과 반나치적인 교수들의 합작품으로 보고 있다. 하이데거는 반나치적인 교수들 역시 자신을 총장직에서 몰아내기 위해 당과 공모했다고 보는 것이다.[41] 반나치적인 정교수들은 하이데거의 대학 개혁으로 자신들의 권한이 박탈된 데 대해서 큰 불만을 가졌으며 노동 봉사와 국방 봉사 때문에 강의나 세미나를 하지 못하게 되는 것에 대해서도 비판적이었다. 나치당 역시 이러한 보수적인 교수들과의 불화를 더이상 바라지 않았다. 당은 정권이 안정된 상황에서 대학도 정상을 회복하기를 바랐으며, 대학이 산업 기술의 개발을 통해 국력 강화에 기여하기를 원했다.

하이데거에 의하면 그의 후임 총장은 바덴주의 당 기관지인 『독일인(*Der Allemanne*)』에서 '프라이부르크대 최초의 나치 총장'이자 '참전 용사'로서 프라이부르크대를 투쟁적인 군인 정신으로 채울 사람으로서 대대적인 환영을 받았다고 말하고 있다. 이에 대해서 오트는 '바덴주의 당 기관지가 후임 총장을 프라이부르크대 최초의 나치 총장이라고 환영했다'는 사실을 부인하고 있다. 다만 그 신문은 '프라이부르크대에서의 총장 교체'라는 제하의 교육부 공문을 싣고 있을 뿐이며 거기서 교육부는 그동안의 직무 수행에 대해서 하이데거에게 감사를 표하고 있다는 것이다.[42]

하이데거는 전임 총장으로서 으레 신임 총장의 취임식에 참석해야만 했으나 저항의 표시로 참석하지 않았다. 이 해 여름부터

---

41) Bernd Martin(hrsg), 위의 책, 38쪽.
42) Hugo Ott, 위의 책, 357쪽.

나치의 교육학자인 프랑크푸르트대의 총장 크리크(Ernst Krieck)
가 주관하는 저널 『생성하는 민족』과 알프레드 보이믈러(Alfred
Bäumler)가 나치의 대표적인 이데올로그인 로젠베르크의 위촉
아래에서 발행하는 교육 관계 저널에서 하이데거에 대한 격렬한
비판이 시작된다.[43] 총장 취임 연설인 「독일 대학의 자기 주장」은
당시 2판이 출간된 지 얼마 되지 않았는데도, 하이데거의 사임 직후
당의 명령으로 서점에서 수거된다.[44] 아울러 하이데거는 자신의 논
문 「플라톤의 진리설(Platons Lehre von der Wahrheit)」에 대한
언급이나 논의는 당에 의해서 금지되었으며 그것을 별쇄본으로
간행하거나 판매하는 것 역시 금지되었다고 말하고 있다.[45] 막
스 뮐러에 의하면 하이데거는 1934/35년부터는 강의에서 정치와
관련된 말은 한마디도 하지 않았다고 말하고 있다.

6. 하이데거의 나치 참여가 갖는 성격

하이데거가 대학에 도입한 정책들 중 중요한 것들은 지도자 원
리와 노동 봉사 그리고 국방 봉사라고 할 수 있다. 그런데 지도자
원리뿐 아니라 하이데거가 대학에 도입한 노동 봉사나 국방 봉사
도 하이데거 특유의 정책이 아니라 나치당이 추진한 대학 정책에
속하는 것이었다. 나치는 모든 남학생들은 4학기 동안 군사 교육
을 받아야 한다고 의무화했다. 그리고 나치가 추진한 노동 봉사

---

43) 위의 책, 40쪽.
44) 「총장직 1933/34」, 5쪽.
45) 같은 글, 22쪽. 「플라톤의 진리설」은 1942년에 『정신적인 전승을 위한 연보
II(*Jahrbuch für die geistige Überlieferung II*)』에 실렸다.

와 비슷한 것이 바이마르공화국 시대에도 있었지만 강제성은 없었는데, 나치는 1933년 8월의 법령으로 이를 의무화시켰다.

"노동 봉사는 18세 이상의 청년이 토지 개발, 토목 사업 등에 참가하는 제도며, 1935년부터는 모든 청년에게, 1939년부터는 여자들에게도 의무가 되었다. 그리고 6개월간의 노동 봉사에 참가하는 것이 상급 학교 진학의 조건이 되기도 했다. 이를 위해 전국에 1300개의 노동 봉사숙사가 설립되었다."[46]

단적으로 말해서 하이데거가 추진한 중요한 대학 정책들은 기본적으로 나치의 대학 정책에 속하는 것들이었다. 나치 역시 하이데거와 마찬가지로 대학생들이 특권 의식을 버리고 인민 대중과 일체감을 가질 것을 촉구했으며, 이를 위해서 대학생들에게 노동 봉사와 국방 봉사를 의무화한 것이다. 흔히 나치의 민족공동체 이념을 당시의 독일 사회에 존재하는 실질적인 계급 차별을 은폐하고 피지배 계급의 투쟁 의식을 마비시키기 위한 기만적인 슬로건으로 간주하는 경향이 있다. 그러한 견해가 전적으로 틀린 것은 아닐 것이지만, 나치가 민족공동체의 실현을 위해서 구체적인 정책들을 개발하고 그것들을 시행했다는 사실은 부인할 수 없는 것 같다. 홍사중은 나치는 사회적 계급의 철폐를 약속했으며 실제로 나치당은 지구당 위원장 자리에 아파트 수위를 앉히기도 했다고 말하면서 이렇게 쓰고 있다.[47]

"나치스당은 대학생들이 노동자들의 모임에 참가해서 노동자를 계

---

46) 홍사중, 『히틀러』, 한길사, 1997, 173-174쪽.
47) 같은 책, 346쪽.

몽해야 하며, 여학생들은 학생 식당에서 급사 일을 해야 하고, 공무원은 절대로 민간인보다는 높지 않으며 어디까지나 공복에 지나지 않는다고 철저한 훈령을 내렸다. 식모는 언제든지 노동 조건에 대한 불만을 제소할 수 있으며, 주인 마나님은 일이 끝난 식모가 퇴근할 때 그녀 집까지 차로 태워다주는 것을 민족공동체의 의무로 알도록 특별교육을 받았다. 법률상으로도 블루칼라와 화이트칼라의 구별이 없어지고, 장교와 하사관의 급료상의 차별도 없어졌다."[48]

홍사중은 나치스의 사회 정책 중에서 가장 성공적이었던 것은 사회적 평등의 정서를 국민들 사이에 퍼뜨린 것이었다고 말하고 있다. 특히 기업주나 직공이나 똑같은 작업복을 입고 등급이 없는 기차를 타고 여행을 한다는 것은 국민 총화를 증진시키는 데도 크게 도움이 되었다는 것이다. 앙리 미셸 역시 노동자들을 보호하기 위한 많은 법률들이 많이 제정되었고 그것들이 실제로 발동되고 있었다고 쓰고 있다. 그러한 법률에 따라 비용이 적게 드는 야유 행사, 외국 여행(이것들은 실제와는 다르게 대대적으로 선전되었다)이 추진되기도 하고, 노동자들에게 쾌적한 숙박 시설을 제공하는 등 여러 가지 편익이 주어졌다는 것이다.[49]

이런 맥락에서 랄프 다렌도르프(Ralf Dahrendorf) 같은 사람은 나치가, 독일이 융커 계급이 지배하는 봉건적 사회 질서를 탈피하고 근대적인 사회로 나아가는 데에 크게 기여했다고 보고 있다. 나치는 지방 사회, 정치 단체, 가족, 대학, 교회 등의 전통적인 조직과 그것들에 대한 독일인들의 전통적인 충성심을 파괴함으로써 낡은 사회 관계를 붕괴시키고, 하층 계급 출신을 대량으로 엘리트

---

48) 같은 책, 397쪽.
49) Henri Michel(앙리 미셸): 『세계의 파시즘(Les Fascismes)』, 청사, 1979, 94쪽.

자리에 앉힘으로써 사회적 유동성을 확대했다. 요컨대 나치의 정치 권력은 융커 지배 체제를 바탕으로 한 후진적 사회 구조를 제거하는 사회적 정치적 바탕을 마련했다는 것이다.

이런 맥락에서 다렌도르프는 나치의 지배는 의도적인 것은 아니었어도 필연적인 귀결로서 독일 사회의 근대화를 촉진한 사회 혁명이었으며 따라서 나치의 지배는 일반 민중 사이에서 비록 도덕적인 정당성은 아니라 하더라도 사실상의 정통성을 획득할 수 있었다고 보고 있다.[50] 다렌도르프처럼 나치스를 근대화의 추진자라 규정하지는 않았지만 쇤바움도 제2차 세계대전 후에 성립하게 된 '자본주의적이며 산업화되고 기본적으로 민주주의적인 독일연방공화국'의 존재는 나치스의 혁명성에 대한 '사후 증거'가 된다며 독일의 근대화에 나치가 기여한 점들이 있다고 보았다.[51]

어떻든 하이데거가 추진한 대학 정책들이 나치가 민족공동체의 건설을 위해서 추진한 대학 정책들의 일환이었기 때문에, 보수적인 교수들이 하이데거가 도입한 정책들을 친나치적인 것으로 보면서 하이데거에 대해서 크게 실망을 느낀 것은 당연하다고 볼 수 있다. 이들 보수적인 교수들은 원래 하이데거가 나치에 의한 대학의 급격한 변혁과 유태인들 교수들의 해직에 대해서 대처할 수 있는 최적의 인물이라고 보면서 하이데거를 선출했기 때문이다.

그런데 위에서 보았듯이 하이데거는 자신이 나치의 꼭두각시가 아니라 총장으로 재임하던 기간 동안 줄곧 나치당에 대해서

---

50) Ralf Dahrendorf, *Gesellschaft und Demokratie in Deutschland*, München, 1965, 40쪽. 홍사중, 위의 책, 394-395쪽에 의거했음.

51) David Schönbaum, *Hitler's Social Revolution 1933-1939*, London, 1967, 16쪽. 홍사중 394-396쪽에 의거했음.

비판적인 입장을 취했으며 당과 마찰을 빚었다고 주장하고 있다. 하이데거는 어떤 의미에서 자신이 나치당에 저항했다고 주장하는가? 우리는 위에서 하이데거가 다음 두 가지를 자신이 추진하던 대학 개혁에 대한 최대의 위협이라고 생각했다는 사실을 보았다. 그 하나는 당이 교직원들과 학장들을 당원으로 교체하라고 요구했다는 것이며, 다른 하나는 당이 보수적인 교수들과 타협하면서 대학이 전문적인 지식과 기술을 가리키는 전문 학원으로 전락할 가능성이 커졌다는 것이다.

하이데거는 유태인이거나 나치 당원이 아닌 사람이라도 '유능하면서도 민족공동체의 수립을 위해서 진지하게 노력하는 사람'은 나치 운동이 포용해야 한다고 보았다. 이와 관련하여 우리는 하이데거가 대학 안에서 유태인 교수들을 추방하려는 당의 정책에 대해서 무조건적으로 고분고분하지는 않았다는 사실을 보았다. 적어도 하이데거가 총장으로 재직하는 기간 동안에는 하이데거가 변호한 폰 헤베시(Georg von Hevesy)와 탄하우저(Thannhauser) 같은 유태인 교수들은 자리를 유지할 수 있었다. 다시 말해서 하이데거는 당을 구성하는 사람들 중에는 불순한 인간들이 많다고 생각했으며 나치 운동의 주체는 당이 아니라 진지하고 양심적인 사람들이라고 본 것이다. 특히 하이데거는 대학생들을 중심으로 한 청년들 중에 그러한 사람들이 많다고 생각했기 때문에 독일 대학을 민족 혁명의 진원지로 보았다.

아울러 하이데거는 당이 체제의 안정을 위해서 보수적인 교수들과 타협을 하면서 민족공동체와 새로운 인간을 형성하려는 노력에서 후퇴한다고 생각했던 것 같다. 이런 맥락에서 하이데거는, 히틀러와 나치당은 혁명이 끝났다고 주장한 반면에 혁명은 계속되어야 한다고 주장했던 것이다. 당은 당과 국가 권력의 안정과 강화를 제일의 목표로 했다. 따라서 히틀러와 당은 보수적인 교수들과 타협하면서 대학이 산업 기술의 개발을 통해서 국력의 강화에 기여하기를 바랐던 것이다. 이에 반해서 하이데거는 대학이 민족 전체와 조국의 산하와 하나가 되는 새로운 인간을 형성하는 장이 되기를 바랐다. 하이데거는 당의 명령에 무조건적으로 추종한 것이 아니라 자신이 생각하는 진정한 나치즘을 실현하려고 했다. 이 점에서 우리는 하이데거의 나치 참여를 '비판적 동조'라고 규정할 수 있을 것이다.

이와 관련하여 하이데거는 나치 운동에 올바른 방향을 부여하기 위해서 총장 재직 중에 운동 내의 긍정적인 가능성들을 강화하기 위해서 노력했다고 말하고 있다. 아울러 하이데거는 나치 정권의 초기에는 나치 운동 내의 세력 관계가 유동적이어서 나치 운동에 올바른 방향을 부여하는 것이 가능했다고 주장한다. 이런 맥락에서 그는 당시의 나치 '운동'에 대한 전면적인 반대나 부정은 그 당시의 자신의 확신과 부합되지 않았을 뿐 아니라 현명하지 못한 처사였다고 그는 말하고 있다. 운동을 전면적으로 부정할 경우 이는 운동 내에 있는 긍정적인 가능성들을 살려서 운동을 올바른 방향으로 유도하는 것을 포기하는 것을 의미했다는 것이다. 하이데거는 총장으로 재직하는 기간 동안 자신이 행한 연설이나 글들에 나타나는 나치 '운동'에 대한 열렬한 지지나 발언 등이 위와 같은 맥락에서 이해되기를 바랐다. 히틀러에 대한지지 표명이나 나치 운동에 대한 찬양 등은 나치 '운동' 내의 긍정적 가능성들을 살리고 양심적인 세력들이 운동에 참여하여 주도권을 장악하도록 독려하기 위해서였다는 것이다.[52]

---

52) 「총장직 1933/34」, 22쪽.

사람들은 하이데거의 말에 대해서 두 가지 면에서 의문을 제기할 수 있을 것이다. 첫째로 하이데거는 '나치즘 안의 세력 관계가 나치 정권의 초기에는 아직 유동적이어서 양심적인 세력이 일치단결했을 경우 운동을 올바른 방향으로 이끌 수도 있었다'고 보고 있는데, 당시의 상황이 과연 그렇게 유동적이었는지에 대해서 의문을 제기할 수 있다. 앙리 미셸의 다음과 같은 말을 보면, 당시의 상황에 대한 하이데거의 판단이 전혀 터무니없는 것은 아니었던 것 같다.

"원칙적으로는 <지도자 원리>가 철저하게 관철되어 있어 모두가 확고한 계급 질서 안에 편입되어 있었을 것 같지만, 당의 기구는 사실은 무질서, 미완성의 상태였고 히틀러의 명령이 전혀 미치지 않는 부분이 매우 많았다. 당내에는 무능력자, 탐욕스러운 인간, 야심가 등이 발호하였고, 게다가 당의 직책은 더욱더 증가할 뿐이었으므로 그렇지 않아도 무질서했던 당내 사정은 극도로 혼란하였다. 이러한 실정에서 히틀러가 정권을 장악했을 때 그는 아마도 나치당의 내정을 매우 못마땅하게 생각했을 것이다."[53]

둘째로 '나치당에 반항하면서까지 진정한 나치 운동을 실현하기 위해서 노력했다'는 하이데거의 말을 액면 그대로 수용해야 할 것인지에 대해서 사람들은 의문을 제기할 수 있다. 이러한 의문에 대해서 하이데거의 제자였던 게오르그 피히트(Georg Picht)는 당시 하이데거를 추종했던 학생들의 예를 통해서 하이데거의 말을 뒷받침하고 있다고 볼 수 있다. 이 학생들은 혁명을 주도하던 당을 범죄자 집단으로 볼 정도로 당시의 집권 세력에 대해서 강한 반감

53) 앙리 미셸, 위의 책, 81쪽(번역을 약간 손질했다).

을 가지고 있었으며, 하이데거와 마찬가지로 진정한 나치 혁명은 당이 아니라 대학에서부터 시작된다고 믿었다는 것이다.[54]

하이데거가 진정한 나치 운동과 거짓된 나치 운동을 구별하면서 진정한 나치 운동의 실현을 위해서 진력했다는 사실은 게오르그 피히트가 소개하는 다음과 같은 일화에서도 나타나고 있다. 1933년 당시의 프라이부르크대에서는 매달 전교생을 대상으로 한 정치 강연이 개최되었다. 이 강연을 위한 첫 번째 연사로 하이데거는 나치가 아니었던 빅토르 폰 바이체커(Victor von Weizsäcker)를 초빙했다. 강연이 시작되기 전에 당시의 철학부 학생회장은 관례에 따라서 나치 혁명에 대한 의례적인 연설을 했다. 연설이 시작된 지 몇 분이 지나지 않아서 하이데거는 "그 따위 잡설(雜說)은 이제 집어치우시오!(Dieses Geschwätz hört jetzt auf!)"라고 날카로운 목소리로 연설을 중단시켰다고 한다.[55]

피히트는 정신적인 혼돈이 극심했던 시절에 하이데거가 집권 세력에 대해서 취했던 비판적 태도는 그의 정치적 오류에도 불구하고 참으로 인상적이었다고 말하고 있다. 아울러 그는 하이데거가 총장직에서 사퇴한 한 후 했던 첫 번째 강의는 잊을 수 없는 체험이었다고 쓰고 있다. 하이데거는 정치에 대해서는 한마디도 하지 않으면서 철학의 사태에 대해서는 그 전보다도 훨씬 엄격하면서도 간결하게 말했다는 것이다. 하이데거의 그러한 태도에서 피히트는 나치에 대한 정신적인 저항을 볼 수 있었다고 말하고 있다.[56]

54) Georg Picht, Die Macht des Denkens, in: Neske, Günter(hrsg): *Erinnerung an Martin Heidegger*, Pfullingen 1977, 198쪽.
55) 같은 책, 199쪽.
56) 같은 책, 200쪽.

제2장
하이데거가 나치에 참여하게 된 동기

하이데거가 나치에 참여하게 된 가장 근본적인 동기는, 우리가 나중에 살펴보겠지만 하이데거의 사상과 나치가 표방한 이념 사이에 근친성이 있었기 때문이다. 하이데거든 나치즘이든 민족공동체의 건설과 유럽을 미국과 러시아의 위협으로부터 구하고 그리스 정신을 계승해야 할 독일 민족의 역사적 사명을 주창했다. 따라서 하이데거는 나치 운동을 통해서 자신의 이념을 실현할 수 있다고 기대했을 것이다.

물론 하이데거는 자신의 이념과 나치즘이 전적으로 동일하다고 생각하지는 않았다. 우리가 앞에서 보았지만 그는 총장 재직 시에도 당에 대해서 상당한 거리를 두고 있었으며 오히려 자신이야말로 나치 운동에 올바른 방향을 부여해야 하는 사람으로 생각했다. 그럼에도 그는 자신의 이념과 나치즘 사이에는 근친성이 있다고 보았을 것이며 바로 그러한 이유로 나치 운동을 통해서 자신의 이념을 구현할 수 있다고 생각했을 것이다. 하이데거의 이념과 나치즘 사이에 존재하는 근친성과 차이가 어떠한 것이고 그러한 근친성이 어디서 비롯되는지에 대해서는 제3장에서 다룰 것이다.

그러나 어떤 정당의 이념이 자신의 이념과 가깝다는 이유 하나만으로 하나의 정당을 지지하고 그 정당이 이끄는 운동에 적극 참여하기는 힘들다. 많은 경우 정당이란 현실적인 정치 세력으로서 권력의 장악에만 관심이 있을 뿐이고 자신들이 표방하는 이념도 권력 획득을 위한 수단으로 간주하는 경향이 있기 때문이다. 따라서 하이데거가 나치에 참여하게 되는 것은 자신의 사상과 나치즘 사이에 근친성이 있다는 것 이외에 나치 운동과 히틀러에 상당한 기대를 걸었다는 이유 때문에 가능하다. 하이데거는 나치 운동과 히틀러가 자신들이 표방하는 이념을 진정으로 구현하려고 한다고 믿었던 것이다.

그런데 하이데거는 어떻게 해서 이렇게 믿게 되었을까? 하이데거가 그렇게 믿었던 데에는 당시의 특수한 역사적 상황이 상당히 크게 작용하고 있다고 생각된다. 당시의 많은 독일인들처럼 하이데거는 연합국에 대해서 굴욕적인 태도로 일관했던 바이마르 정권에 대해서 순식간에 독일의 자존심을 회복한 히틀러에 대해서 열광했을 것이다. 따라서 하이데거가 나치 운동과 히틀러를 지지하게 된 이유를 이해하기 위해서는 그의 이념과 나치즘 사이에 존재하는 근친성에 대한 탐구 이외에 당시의 특수한 역사적 상황과 하이데거가 개인적으로 나치 운동과 히틀러를 어떻게 보았는지에 대한 탐구가 필요하다.

하이데거가 나치에 참여할 당시에 나치와 유사한 이념을 주창한 모든 사람들이 나치에 참여한 것은 아니었다. 예를 들어서 슈펭글러가 주창하는 프러시아적인 사회주의는 우리가 나중에 볼 것이지만 나치즘이 표방하는 권위주의적인 사회주의와 유사한 면이 많았음에도 불구하고, 슈펭글러는 나치에 대해서 거리를 취했다. 그러나 하이데거는 슈펭글러와는 달리 나치를 통해서 자신의 이념을 실현할 수 있다고 생각했다. 하이데거도 슈펭글러와 마찬가지로 자신의 정치 이념과 나치당의 이데올로기를 전적으로 동일시하지는 않았다. 그럼에도 하이데거가 슈펭글러와 같은 사람과는 달리 나치에 참여하게 된 것은 당시의 역사적 상황에 대한 인식과 히틀러와 나치 운동의 성격에 대한 인식이 달랐기 때문이라고 생각한다. 하이데거는 당시 바이마르체제 하의 혼란과 분열상은 나치만이 극복할 수 있다고 보았으며 히틀러와 나치 운동에서 일종의 민족 갱생의 기회를 본 것이다. 그리고 그는 당시 나치 운동의 성격은 유동적이었기에 양심적인 세력들이 운동에 참여하여 그것을 바람직한 방향으로 이끌 수 있다고 생각했다.

　단적으로 말해서 하이데거는 나치 운동과 히틀러가 자신들이 표방하는 이념을 진정으로 구현하려 한다고 믿었던 것이다. 하이데거는 어떻게 해서 그렇게 믿게 되었을까? 하이데거가 그렇게 믿었던 데에는 당시의 특수한 역사적 상황이 상당히 크게 작용했다고 생각된다. 당시의 많은 독일인들처럼 하이데거도 제1차 세계대전에서 패배한 후 시종일관 연합국에 대해서 굴욕적인 태도로 일관했던 바이마르 정권과는 달리 순식간에 독일의 자존심을 회복한 히틀러에 대해서 열광했을 것이다. 따라서 하이데거가 나치 운동과 히틀러를 지지하게 된 이유를 이해하기 위해서는, 그의 이념과 나치즘 사이에 존재하는 근친성에 대한 탐구 이외에 당시의 특수한 역사적 상황과 하이데거가 개인적으로 나치 운동과 히틀러를 어떻게 보았는지에 대한 탐구가 필요하다.

1. 하이데거와 독일 국민들이 나치를 지지하게 된 원인을 심리적 요인에서 찾는 해석들에 대해서

히틀러가 권력을 잡은 지 얼마 안 되어 독일 민족은 히틀러에 대해서 열광적인 지지를 보내게 된다. 노이로르는 이렇게 쓰고 있다.

> "… 그해(1933년) 봄 수개월 동안에 전개된 히틀러의 정권 장악만큼, 하나의 총체적 운동이 그토록 강력하게 독일 국민을 휘어잡은 일은 독일 역사에 일찍이 보기 드문 일이었다는 일은 틀림없는 사실이다. … 민주주의의 미래를 위해서라기보다는 전래의 관습에서 가톨릭 중앙당이나 사회민주당에 동조해온 모든 계층의 국민들은 결판이 내려지자마자 주저 없이 새로운 체제에 참여했다. 기회주의적인 심리에서 그런 것만도 아니었다. 그 같은 대전환이 … 독일 국민의 미래에 새로운 여명을 의미한다는 확신에 의해서 이루어진 것이다."[1]

독일 국민들, 특히 하이데거와 같은 대철학자가 나치와 히틀러를 선택하고 열렬하게 지지했었다는 사실은, 나치의 잔악한 범죄 행위가 백일하게 드러나 있고 사람들이 자유민주주의를 자명하게 생각하는 현재의 입장에서는 분명히 이해하기 어려운 것

---

1) J. F. Neurohr: 『제3제국의 신화—나치즘의 정신사(*Der Mythos vom Dritten Reich: Zur Geistesgeschichte des Nationalsozialismus*)』, 전남석 역, 한길사, 1986, 15쪽.

이다. 현재의 입장에서 볼 때 당시의 사람들의 선택은 합리적으로 이해될 수 없기 때문에, 그러한 선택은 허무주의적인 결단주의나 독일 민족 특유의 권위주의적 성격에서 비롯된 것으로 해석되는 경향이 있었다. 특히 하이데거가 나치에 가담하게 된 원인을 그의 사상의 결단주의적 성격에서 찾는 해석은 하이데거의 나치 참여에 대한 해석에서 긴 역사와 큰 영향력을 갖고 있다.

결단주의란 어떤 보편적인 가치와 규범이 아니라 결단의 심각성과 진지함이 행위를 평가하는 기준이라고 보는 입장을 의미한다. 이러한 결단주의는 흔히 '나는 결단한다. 그러나 무엇을 결단해야 할지 모르겠다'는 식의 무책임하고 허무주의적인 입장으로 비판을 받아왔다. 특히 하이데거의 『존재와 시간』은 이러한 결단주의(Dezisionismus)를 설파하는 철학으로 평가되어 왔다. 『존재와 시간』을 중심으로 한 하이데거의 초기 철학은 이러한 결단주의에 입각하고 있기에 하이데거는 『존재와 시간』의 연장선상에서 나치에 가담할 수 있었다고 해석되고는 했다. 이러한 해석은 폰 크록코프(Christian Graf von Krockow)의 『결단(Die Entscheidung)』(1958년)이란 책에서 시작하여 프란젠(Winfried Franzen), 에벨링(Hans Ebeling) 그리고 하버마스(Jürgen Habermas) 같은 사람들에 의해서 지속적으로 제기되어 왔다.[2]

예를 들어서 역사가인 이 광주는 이렇게 말하고 있다.

"하이데거의 변혁(Um-bruch), 궐기(Aufbruch), 침입(Ein-bruch) 등의 용어는 나치스 이래 새로운 의미를 지닌 용어로서 <-bruch>는 과거와의 단절, 과거의 파괴를 의미하며 나치스의 세계관과 하이데거

---

2) Christian Graf von Krockow: *Die Entscheidung - Eine Untersuchung über Ernst Jünger, Carl Schmitt, Martin Heidegger*, Frankfurt-New York 1990.

의 철학이 꼭 같이 '무에서 이루어진', 즉 니힐리즘적인 극한 상황 위에서 이루어졌음을 다시 한 번 말하여 준다."[3]

이 광주는 더 나아가 나치와 하이데거의 철학뿐 아니라 당시의 독일 국민들도 객관적인 가치척도를 상실하고 허무주의적 결단주의에 빠져 있었기에 히틀러와 나치를 선택하게 되었다고 말하고 있다.

"특히 초연 속에서 돌아온 제대 장병과 전쟁의 기억 속에서 자란 청소년들은 이유 없이 증오하고 반항하였으며 모든 시민적 질서를 부정하였다. 그들은 좌절감과 고독을 몰아내기 위하여 모험 속에 뛰어들었다. 니힐리즘에 병든 시대는 모험주의자 · 행동주의자들의 시대다. 히틀러 운동은 바로 이 전후의 무정부 상태 속에서 대두하였다."[4]

그리고 이 광주는 우리가 나중에 살펴보겠지만 하이데거가 총장에 취임하기 직전에 추도 연설을 통해서 기렸던 레오 슐라게터(Leo Schlageter)에 대해서도 이렇게 평하고 있다.

"프라이부르크대의 학생으로서 전후에 프랑스 점령군에 대한 반란에 가담하고 1923년에 사보타지로 인하여 사살된 후 뒷날 나치스 정권으로부터 '독일의 자유의 영웅', '성자'라고 불린 슐라게터도 실은 전후의 혼란 속에서 거리를 방황하다가 결국 의용군에 들어간 무기력한 청년들 중의 한 사나이에 불과하였다."[5]

---

3) 이광주, 『역사 속에 선 인간 — 독일 근대사론』, 문학과지성사, 1979, 114쪽.
4) 같은 책, 77쪽.
5) 같은 책, 107쪽.

그러나 나는 하이데거와 독일 국민들이 폰 크록코프나 헤르만 라우쉬닝이 주장하는 것처럼 '나는 결단한다. 그러나 나는 어떻게 결단해야 할지를 모르겠다'는 식의 맹목적인 결단주의에 사로잡혀서 나치를 선택했다고 생각하지 않는다. 아울러 나는 독일 국민들이 히틀러의 간교하고 최면적인 선전에 놀아나서 히틀러를 지지하게 되었다고 생각하지 않는다. 독일 국민들이 어떠한 합리적인 근거 없이 나치와 히틀러를 지지하게 되었다는 근거로 자주 히틀러의 다음과 같은 말이 인용되고 한다.

"대중이란 본능이 이끄는 대로 행동하는 동물과도 같은 것이다. 나는 대중을 열광시켰다. 그것은 대중을 정치의 도구로 삼기 위해서였다. 나는 대중 속에 정치에서 필요한 감정을 항상 움트게 하고 있으며, 그렇게 하면 대중은 내가 말하는 모토에 즉시 동조해오는 것이다. 사람들은 대중 집회 장소에서는 무엇을 생각할 여유를 가질 리가 없다."[6]

히틀러의 이러한 말에도 불구하고 나는 아래에서 보겠지만 당시의 독일인들이 나치를 선택한 것은 나름대로 합리적인 근거가 있다고 생각한다.

그리고 나는 에리히 프롬이 그의 유명한 책『자유로부터의 도피』에서 분석하는 것처럼 독일의 소시민들 특유의 권위주의적 성격이 당시의 독일인들이 나치즘을 선택한 결정적인 원인이라고 생각하지는 않는다. 프롬은 독일인들이 바이마르 체제에서 갖게 된 자유와 이에 따른 책임 의식의 중압감에서 벗어나기 위해 모든 결정을 히틀러에게 내맡기게 되었다고 주장하고 있다. 그러나 과

6) 앙리 미셸, 위의 책, 99쪽.

연 바이마르 체제가 제대로 운영되었어도 독일인들이 단지 권위주의적인 성격 때문에 히틀러를 택했을지 의문이다.

그리고 히틀러를 지지한 사람들은 프롬이 권위주의적인 성격을 전형적으로 갖추고 있다고 본 소시민들만은 아니었다. 오히려 히틀러를 지지한 사람들의 31.5퍼센트가 노동자였다.[7] 앙리 미셸 역시 나치의 당 간부 4000명 가운데 귀족 계급에 속한 자가 670명, 박사 학위를 가진 자가 1050명, 대학 교수가 340명이었다는 사실을 근거로 하여 나치당에는 당시의 독일 사회의 모든 계층이 망라되어 있었다고 말하고 있다.[8]

빈프리드 프란젠(Winfried Franzen) 같은 사람은 1929/30년 겨울 학기에 하이데거가 행한 강의 「형이상학의 근본 개념(Grundbegriffe der Metaphysik)」을 규정하고 있다고 보는 근본 기분인 '고난과 험난함을 향한 열정(die Sehnsucht nach Härte und Schwere)'에서 하이데거가 나치즘에 경도될 수 있었던 정신적 소지를 찾고 있다.[9] 그러나 나는 빈프리드 프란젠이 말하는 '고난과 험난함을 향한 열정'과 같은 심리적인 상태도 그 자체만으로는 나치즘과 직접적으로 연결된다고 보지 않는다. 그것은 오히려 불안과 절망을 강조한 키에르케고르와 통할 수도 있으며 게르하르트 쉬미트(Gerhart Schmitt)가 말하는 대로 사르트르와도 통할 수 있는 기분이다.[10]

---

7) 홍사중, 위의 책, 335쪽.

8) 앙리 미셸, 위의 책, 79쪽.

9) Winfried Franzen, Die Sehnsucht nach Härte und Schwere. Über ein zm NS-Engagement disponierendes Motiv in Heideggers Vorlesung >>Die Grundbegriffe der Metaphysik<< von 1929/30, in: *Heidegger und die praktische Philosophie*, hrsg. A. Gethmann-Siefert und O. Pöggeler, Frankfurt a.M., 1988, 78쪽.

마지막으로 나는 하이데거에 대한 악의적인 비판가들이 주장하는 것처럼 그가 정치적 야심이나 직위욕 때문에 총장이 되고 나치에 가담했다고 보지 않는다. 하이데거가 정치적 야심이나 총장직에 대한 욕심 때문에 나치 운동에 가담했다면 그는 자신의 정치 이념과 대학 개혁을 고집하기보다는 자신에 적대적이었던 나치당과 대학 안의 보수적인 인사들 양자와 적당히 타협하는 것이 좋았을 것이다. 또한 그가 정치적 야심이나 직위욕 때문에 나치 운동에 참여했다면 그렇게 쉽게 총장직도 사퇴하지 않았을 것이다. 나는 하이데거의 야심은 정치적인 야심이나 직위에 대한 야심이 아니라 주로 서양 철학사에 플라톤에 비견되는 대가로서 이름을 남기겠다는 것이었다고 생각한다.

　나는 하이데거는 천성적으로 학자적인 인간이었으며 정치에는 원래 소극적이었으리라고 생각한다. 하이데거는 바이마르 체제가 난맥상에 빠지고 나치 운동이 득세하기 전에는 정치에 대한 어떠한 이야기도 학생들에게 하지 않았다. 그는 자신의 길을 정치라고 생각하지 않았던 것이다. 바로 이 때문에 가다머나 막스 뮐러, 헤르만 뫼르헨(Hermann Mörchen), 칼 뢰비트, 허버트 마르쿠제(Herbert Marcuse)를 비롯하여 그와 가까웠던 학생들이 그가 나치에 참여했을 때 모두 다 당혹을 금하지 못했다. 학생들은 그의 주저인 『존재와 시간』이 도대체 나치 운동과 어떠한 관련이 있는지 이해할 수 없었다.

---

10) Gerhart Schmitt: Heideggers philosophische Politik, in: (hrsg) Bernd Martin, *Martin Heidegger und das 'Dritte' Reich*, Darmstadt, 1989, 56쪽.

2. 하이데거의 나치 참여에 대한 역사적 설명

이러한 해석들에 반해서 나치즘과 파시즘에 대한 수정주의적 역사학자인 에른스트 놀테는 1930년대 초의 독일 현실에서 독일인들이 나치를 선택한 것은 최선의 선택이었다고 주장한다. 나는 당시의 독일인들이 나치를 선택한 것이 과연 최선의 선택이었는지에 대해서 자신 있게 말할 수는 없다. 그러나 나는 당시의 독일인들이 아직 나치의 실체가 드러나지 않은 상태에서 나치를 선택하고 나치에 기대를 건 것은 납득할 만한 이유가 있다고 생각한다. 하이데거 역시 자신이 아무런 합리적 근거 없이 나치를 선택한 것은 분명히 말하고 있다. 따라서 하이데거와 당시의 독일인들이 나치를 선택한 것은 폰 크롤코프와 같은 사람이 말하는 것처럼 허무주의적인 결단주의나 프롬과 같은 사람이 말하는 것처럼 성격적인 요인이나 심리적인 요인에서 비롯된 것으로서만 해석될 수 있다고 생각하지는 않는다. 그것은 역사적으로 설명될 수 있다고 나는 생각한다. 다시 말해서 나는 특정한 역사적 상황에서 가능한 한 합리적인 해결책을 찾는 인간들을 범형으로 하여 하이데거를 비롯한 독일인들이 나치를 선택한 행위를 설명할 수 있다고 본다.

당시 독일의 상황은 제1차 세계대전의 패배 후 민족적 자존심의 추락, 연합국의 엄청난 배상금 요구, 1929년의 경제 공황에 따른 경제 파탄, 32개에 달하는 정당의 난립과 혼란, 극좌와 극우의 득세 등의 총체적 난국으로 특징지을 수 있을 것이다. 이러한 현실에서 자유주의적인 바이마르 정권에 대해서는 나치즘을 추종하는 사람들뿐 아니라 대부분의 사람들이 희망을 갖기 어려웠다. 나치즘이나 볼셰비즘의 폐단이 아직 명확하게 드러나지 않은 상황에서 사람들은 오히려 나치즘이나 볼셰비즘과 같은 극단적인 해결책을 생각하게 되었다.

이에 따라서 바이마르 정부가 무너지고 히틀러가 전권을 잡자 독일 국민들은 정쟁과 집단이기주의가 난무하던 민주주의로부터 '해방되었다'(!?)고 생각했다. 바이마르공화국에 대한 적대자들만이 이러한 해방감을 느꼈던 것은 아니다. 공화국을 지지했던 대부분의 사람들도 바이마르공화국이 위기를 극복할 수 있다고 이미 믿지 않았다.[11) 그러한 역사적 상황에 비추어볼 때 하이데거와 독일 국민들이 나치와 히틀러를 선택하고 루카치나 블로흐와 같은 공산주의자들이 스탈린주의를 선택한 것은 불가피하고 최선의 선택은 아니었더라도 '있을 수 있는' 선택으로 보인다.

3. 하이데거가 나치에 참여하게 된 동기

하이데거의 나치 참여는 총장직을 수행하는 형태로 행해졌다. 따라서 하이데거가 나치에 가담하게 된 동기는 그가 나치 체제 아래에서 총장직을 맡게 된 동기가 된다. 하이데거는 「총장직 1933/34」에서 자신이 총장직을 인수하기로 결심하게 된 세 가지 동기에 대해서 말하고 있다.

"첫째로, 하이데거는 당시의 많은 독일인들과 마찬가지로 바이마르공화국에 대해서 환멸을 느끼고 있었다. 하이데거는 한 학생에게

---

11) Safranski, 위의 책, 260쪽.

보내는 편지에서 당시의 독일 상황을 이렇게 묘사하고 있다. '1930년 초에 독일 국민들 사이의 계급 격차 내지 빈부 격차는 사회적인 책임감을 느끼는 모든 사람들이 도저히 용인할 수 없을 정도로 컸다. 베르사이유 조약은 독일 경제에 족쇄로서 작용하고 있었고, 1932년에는 700만의 실업자가 자신의 가족과 함께 궁핍에 시달리고 있었다.'[12]

하이데거는 당시의 상황은 민주주의적인 이상론으로는 해결될 수 없다고 보았으며 극단적인 해결책도 불가피하다고 생각했다. 그러한 극단적인 해결책에는 볼셰비즘과 나치즘이 있었으나 그는 볼셰비즘을 극단적인 니힐리즘의 한 형태로 보았으며 바이마르 체제보다도 더 왜곡된 체제로 간주했다. 따라서 그는 극좌 세력의 대두를 막고 독일의 안정과 국민적 통일을 가져올 세력은 나치밖에 없다고 생각했다.

---

12) Safranski, 위의 책, 259쪽.
베르사이유 조약에 따른 연합국들의 배상금 요구에 대해서 홍사중은 이렇게 말하고 있다.
"여기에 따르면 독일은 모든 식민지를 포기하고, 본국 영토의 13퍼센트에 이르는 영토를 나누어주어야 했다. 상선(商船)의 90퍼센트를 연합군에 넘겨주고, 향후 5년 동안 매년 20만 톤에 이르는 배를 무상으로 만들어주고, 배상금을 1000억 마르크나 갚아야 했다. 그뿐 아니라, 군대는 3개월 이내에 10만 명으로 감축시켜야 하고, 비행기와 전차, 기타 공격용 무기는 모두 금지되고, 참모본부는 해산하며, 육군대학은 폐쇄되고 군수품 공장은 파괴되어야 했다. 또한 독일은 제1차 세계대전 책임을 시인하고 빌헬름 2세를 비롯한 전쟁 범죄자를 모두 재판에 회부하기 위해 연합군에 인도하여야 했다. 이와 같이 견딜 수 없이 굴욕적인 강화 조약이 히틀러의 등장을 방조했다고 볼 수도 있다." 홍사중, 위의 책, 54쪽.
홍사중에 의하면 영국 측의 책임자였던 경제학자 케인즈도 이러한 배상금 지불이 실행 불가능하다고 반대했다고 한다. 같은 책, 51쪽. 아울러 하이데거가 문제 삼는 빈부 격차와 관련해서는 다음과 같은 노이로르의 말을 인용하려고 한다.
"그렇게 두드러지지는 않았지만 이미 전쟁 전부터 은행과 대기업이 국가 정책에 미치는 영향력은 대단했다. 이젠(바이마르 민주주의 체제 아래에서는) 은행과 대기업이 의회와 정당, 그리고 경제평의회에 대표자를 보내고 있다. 겉으로 보기엔 공화국이 빌헬름제국 시대보다 더 자본주의적이었다. 이 체제의 적들은 소렐의 유명한 공식을 재연하기 시작했다. '의회주의와 민주주의는 양심 없는 금권가(金權家)들의 천국이다'." J. F. 노이로르, 위의 책, 62쪽.

그는 당시 권력을 잡게 된 나치 '운동'에서 민족을 내적으로 통일하고 혁신할 수 있는 가능성을 보았으며 독일 민족에게 부과된 역사적인 사명을 실현할 수 있는 길을 보았다. 그리고 그는 독일 대학이 자신을 혁신함으로써 민족의 정신적 통일과 갱생을 위한 운동의 중핵이 될 수 있다고 믿었다.

둘째로, 하이데거는 총장의 권한을 이용하여 정파나 이념에 상관없이 능력 있는 모든 사람들을 대학의 혁신에 기여하도록 하고 그들의 힘을 강화할 수 있을 것이라고 생각했다.

셋째로, 이를 통하여 하이데거는 대학 안에 대학의 혁신에 부적절한 사람들이 득세하거나 당이 대학에 개입하는 것을 막을 수 있다고 생각했다."13)

이상 세 가지 동기를 우리는 결국은 한 가지로 요약할 수 있을 것이다. 당시의 사회와 대학은 자유주의적인 바이마르 체제로 도저히 해결할 수 없었던 심각한 위기에 직면하고 있었으며 하이데거는 나치 운동에서 그러한 위기를 극복하고 이를 넘어서 민족을 갱생시킬 수 있는 가능성을 보았다는 것이다. 그리고 그는 독일 민족을 이끌어갈 엘리트를 배출하는 대학이야말로 민족 갱생을 위한 이러한 운동의 중핵이라고 생각했다. 따라서 그는 독일의 대학을 변혁하여 민족의 혁신에 기여하려고 했다. 이러한 의도 아래 그는 총장이 되었으며 총장의 권한을 이용하여 부적절한 사람들을 운동에서 배제하고 양심적인 세력이 주도권을 잡도록 하려고 했다는 것이다. 단적으로 말해서 하이데거가 나치에 가담하게 된 첫 번째 동기는 그가 나치 운동을 민족 갱생의 호기를 볼 정도로 히틀러와 나치에 매료되었다는 데에 있다.

---

13) 「총장직 1933/34」, 23-24쪽.

그러나 이상에서는 하이데거가 나치 운동에 가담하게 된 동기만이 제시되어 있을 뿐 하이데거가 대학 총장으로서 대학 개혁에 나서게 된 동기는 제시되고 있지 않다. 하이데거가 대학 총장직을 인수한 데는 나치 운동에 대한 매료 이외에 당시의 독일 대학의 현실에 대한 강한 불만이 있었다. 우리는 그것을 하이데거가 나치에 가담하게 된 두 번째 동기라고 볼 수 있다.

아울러 하이데거는 「총장직 1933/34」에서 자신이 나치를 선택하게 된 동기로 공산 혁명의 가능성에 대한 두려움을 들고 있다.14) 하이데거에게 독일의 공산화는 단순히 사유 재산의 몰수라는 차원을 넘어서 유럽 문화의 파괴와 야만의 지배를 의미했다. 그리고 하이데거는 당시 나치를 지지했던 많은 사람들과 마찬가지로 독일의 공산화를 막을 수 있는 세력은 나치밖에 없다고 생각했다.15)

우리는 하이데거가 나치에 참여하게 되는 역사적 동기들인 '히틀러와 나치 운동에 대한 매료와 당시의 대학 현실에 대한 불만 그리고 공산 혁명의 가능성에 대한 공포'라는 동기들을 아래에서 하나씩 살펴볼 것이다.

1) 히틀러와 나치 운동에 대한 매료

하이데거가 총장직을 맡게 된 첫 번째 동기는 그가 히틀러와 나치 운동에 대해서 매료되었다는 것이다. 우리가 나중에 살펴볼 것이지만 하이데거는 총장직을 사퇴하고 나치와 결별 후

---

14) 「총장직 1933/34」, 21-43쪽.
15) Ernst Jünger: *Der Arbeiter. Herrschaft und Gestalt*. Stuttgart: Klett-Cota 1982.

1936년부터는, 나치 운동을 현대 기술 문명을 본질적으로 지배하는 니힐리즘의 한 현상으로 보게 된다. 그러나 나치 참여 당시의 하이데거는 나치 운동을 그러한 니힐리즘에 대한 저항으로 보았다. 다시 말해서 그는 나치 운동에서 인간을 비롯한 모든 존재자들에게서 고유한 존재를 박탈하면서 그것들을 소모품으로 전락시키는 현실을 극복할 수 있는 가능성을 보았다.16) 따라서 하이데거에게 나치 혁명은 하나의 정치적 사건 이상의 의미를 가지고 있었다. 그것은 후기 하이데거 식으로 말하자면 서구의 역사에서 새로운 시대가 개막되는 것을 의미했다.17) 그는 히틀러를 무솔리니와 아울러 현대의 니힐리즘에 대해서 본격적으로 저항한 최초의 정치가들로 보았다.

"더 나아가 두 사람(무솔리니와 히틀러)은 국가 및 민족의 정치적 형성을 통하여 유럽에 각자 상이한 방식으로 (니힐리즘에 대한) 대항 운동(Gegenbewegung)을 시작했다 …."18)

이 구절은 1936년에 행해진 셸링에 대한 강의에 나오는 것이다. 1936년에 하이데거는 이미 실제의 나치즘에 대해서 거리를 취하게 되며 실제의 나치즘을 니힐리즘의 극복이 아니라 미국식 자유주의나 볼셰비즘과 마찬가지로 니힐리즘의 한 형태로 보게 되지만, 히틀러와 무솔리니가 원래는 니힐리즘을 극복하려고 했다는 사실은 인정하고 있다. 이들은 니힐리즘을 극복하기 위

---

16) Spiegel-Gespräch mit Martin Heidegger, in: *Antwort, Martin Heidegger im Gespräch*, hrsg. Günther Neske/Emil Kettering, Pfullingen 1988, 105쪽.
17) Safranski, 위의 책, 259쪽.
18) 하이데거 전집 42권 *Schelling. Vom Wesen der menschlichen Freiheit*, 40-41쪽.

한 정치적 대항 운동을 개시했다는 것이다. 물론 하이데거는 니힐리즘을 극복하려고 한 이들의 시도는 니체의 시도와 마찬가지로 니힐리즘의 극단이자 완성으로 끝난다고 보지만 말이다. 그러나 하이데거는 히틀러와 무솔리니가 전개한 나치 운동과 파시즘 운동의 동기는 어떻든 긍정적으로 보고 있다.[19] 하이데거가 나치즘에 대해서 거리를 취하게 되는 1936년에도 나치 운동을 니힐리즘을 극복하려는 동기에서 비롯된 것으로 보았을 경우, 나치에 참여했을 당시의 하이데거가 그것을 어떻게 보았을 것인지는 말할 나위가 없다.

이런 의미에서 히틀러와 그에 의해서 영도되는 나치 운동에 대해서 가졌던 환상이 하이데거가 나치에 참여하게 되는 하나의 중요한 원인이라고 볼 수 있다. 이러한 환상은 하이데거뿐 아니라 대다수의 독일 국민들이 가졌던 환상이라고 볼 수 있다. 1932년 11월 6일에 실시된 마지막 자유 선거에서 나치의 득표율은 33.5퍼센트에 지나지 않았다. 그러나 1933년 11월 히틀러가 정권을 잡고 국제연맹으로부터 탈퇴를 선언했을 때 독일 전역은 히틀러에 대한 열광의 도가니에 빠졌다. 이 당시 독일 국민들은 좌우를 가리지 않고, 독일 민족의 자존심을 회복한 히틀러를 찬양했다. 이렇게 전 민족이 하나가 된 분위기에서 하이데거는 히틀러를 중심으로 한 독일 국민 전체의 정신적 각성과 변화가 가능하다고 생각했을 것이다. 하이데거는 독일 패전 후 프라이부르크대 나치정화위원회 의장인 디이체(Dietze)에게 보낸 1945년 12월 15일의 서한에서 '자신은 1933년에 민족 전체에 대해서 책임을 지게 된 히틀러가 당과 당의 이념 위에 서서 민족의 혁신과

19) Nicolas Tertulian, Seinsgeschichte als Legitimation der Politik, in: *Martin Heidegger - Faszination und Erschrecken*, 53-54쪽.

단결을 실현할 것이라고 믿었다'고 말하고 있다.[20]

하이데거가 히틀러에 대해서 품었던 환상은 야스퍼스와의 대화에서도 나타난다. 야스퍼스가 히틀러를 교양 없는 인간으로 폄하했을 때, 하이데거는 교양은 중요하지 않다고 말하면서 '우아하기 그지없는 그의 손을 보라'고 말했다고 한다.[21] 하이데거가 히틀러에 대해서 가졌던 환상은 그가 1933년 11월 3일에 행한 악명 높은 연설인 「독일 학생들에게 고함」에서도 극명하게 나타나고 있다. 그는 이렇게 말하고 있다.

"'교설'이나 '이념'을 여러분의 존재의 규칙으로 삼지 마십시오. 오직 총통만이 오늘날과 미래의 독일 현실이자 그것의 법칙입니다."[22]

물론 하이데거는 「슈피겔 인터뷰」에서 이 말은 자신의 진심에서 우러난 것이 아니라 일종의 전략적 타협에서 비롯된 것으로 말하고 있다. 그는 당시의 상황에서 당과 어느 정도 타협하지 않고서는 자신의 대학 이념을 구현할 수 없었다는 것이다. 그러나 나는 하이데거의 이러한 말은 자기 변명에 가깝다고 생각한다. 국제연맹에서 탈퇴하기로 한 히틀러의 결정에 대한 국민투표 실시 이틀 전에 행해진 1933년 11월 10일의 연설 「투표 참여에의 호소(Aufruf zur Wahl)」에서도 하이데거는 학생들과 국민들에게 히틀러의 결단에 찬성표를 던질 것을 촉구한다. 그러한 연설에서도 우리는 하이데거가 그러한 결단을 내린 히틀러에 깊이 매료되어 있었다는 것을 간취할 수 있다. 하이데거는 이렇게 말

---

20) Bernd Martin(hrsg), 위의 책, 210쪽.
21) K. Jaspers, *Philosophische Autobiographie*, München 1977, 101쪽
22) Bernd Martin(hrsg), 177쪽.

하고 있다.

"독일 민족은 총통에 의해서 선택할 것을 호소한다. 그러나 총통은 우리에게 아무것도 간청하지 않는다. 그는 오히려 민족에게 최고의 자유로운 결단, 즉 민족 전체가 자신의 고유한 현존재를 의욕할 것인지 아닐 것인지에 대한 최고의 결단을 내릴 수 있는 가능성을 부여한다 …."[23]

히틀러에 대한 하이데거의 환상과 관련해 푀겔러는 당시의 사람들이 나치와 히틀러의 본질을 꿰뚫어보기 힘들었다는 사실을 지적한다. 히틀러가 1933년 5월의 소위 평화 연설(die Friedensrede)에서 민족자결권을 수용하면서 '자신의 민족에 대한 무한한 사랑과 충성은 다른 민족들의 권리에 대한 존중을 포함한다'고 말했을 때, 하이데거는 그것이 히틀러의 진실이라고 믿었다.[24] 그러나 하이데거만이 히틀러에 의해서 기만당한 것은 아니었다. 루스벨트 대통령은 히틀러의 출현을 열광적으로 환영했다. 아울러 히틀러가 권력을 잡을 당시 거의 대부분의 신문들이 그의 본색을 드러내지 못했다. 홍사중은 이렇게 말하고 있다.

"1930년 9월 14일 국회의원 선거에서 나치스당이 12석에서 일약 107석이나 차지하여 제2당이 되었을 때 런던의 『데일리 메일』은 이 나치스당의 대승리를 독일 국민의 재생이라 높이 평가하고 '독일 청년은 영국 청년이 똑같은 상황에서 했으리라 짐작되는 것을 했다'고 논평했다. 곧 그들은 정치를 '낡은 정치가에게 맡길 수 없다'는 사실을

---

23) 하이데거 전집 16권, *Reden und andere Zeugnisse*, 188쪽.
24) Safranski, 위의 책, 261쪽.

발견했다는 것이다."25)

아울러 『런던타임즈』는 히틀러의 요구를 지지했으며, 런던의
영화관에서는 관람객들이 뉴스에서 히틀러의 얼굴이 나왔을 때
박수를 쳤다.26) 하이데거뿐 아니라 나중에 히틀러에 대해서 저
항하게 되는 많은 사람들도 당시의 열광적 분위기에 사로잡혀서
히틀러를 중심으로 독일의 새로운 중흥이 가능하다고 생각했다.
많은 유명한 지식인들이 나치 혁명을 횔덜린의 꿈을 실현할 수 있
는 호기로 보았다.27) 1933년 당시의 히틀러에 대한 독일 국민들의
열광은 독일 안의 유태인들조차 히틀러를 구세주로 생각할 정도였
다. 게오르그 피히트는 위대한 학자이자 흠잡을 데 없는 인격을
소유하고 있었던 유태인 교수 펠릭스 야코비(Felix Jacoby)가 호
라즈(Horaz)에 대한 강의에서 한 말을 회상하고 있다.

"유태인으로서 나는 현재 곤란한 상황에 처해 있다. 그러나 역사가
로서 나는 역사적인 사건들을 사적인 관점에서 보아서는 안 된다는
것을 배워왔다. 나는 1927년 이래 히틀러를 선택했다. 그리고 민족적
고양의 해에 아우구스투스 황제 치세의 시인에 대해서 강연할 수 있
게 되어 행복하다. 아우구스투스는 히틀러와 비교할 수 있는 유일한
세계사적인 인물이기 때문이다."28)

---

25) 홍사중, 위의 책, 110쪽.
26) O. Pöggeler: 'Den Führer führen? Heidegger und kein Ende', Philoso-
phische Rundschau 32, 1985, 63쪽.
27) 같은 글, 28쪽.
28) Georg Picht, Die Macht des Denkens, in: *Erinnerung an Martin Heidegger*,
Günter Neske(hrsg), Pfullingen 1977, 199-200쪽.

그는 나중에 옥스퍼드로 망명했다. 제2차 세계대전 후에 그를 방문했던 피히트의 친구의 전언에 의하면 그의 독일민족주의는 당시에도 여전했다고 한다.

세계적인 역사학자 토인비가 히틀러에 매료되었던 것 역시 유명한 일이다.

"독일군이 라인란트에 쳐들어간 1936년 3월의 어느 날, 영국의 역사학자 아놀드 토인비가 히틀러와 단독 대담을 한 적이 있다. 토인비는 베를린정치대학 벨벳 교수의 초청으로 독일 법학 아카데미에서 강연을 하기 위해 베를린에 왔다. 그러나 뜻하지 않게도 토인비가 히틀러를 비판한 글을 쓴 적이 있다는 사실을 뒤늦게야 나치스당 간부가 발견했다.

깜짝 놀란 벨벳 교수는 이 사실을 황급히 히틀러의 측근에게 알렸다. 크게 화를 낼 줄 알았던 히틀러는 뜻밖에도 '그의 비판은 공정하지가 않다. 그의 생각을 바로 잡아주기 위해서 내가 한번 만나보아야겠다'며 토인비를 불러오도록 일렀다. 이리하여 마련된 대담에서 히틀러는 두 시간 이상을 논리정연하게 자기 의견을 피력했다. 토인비는 단 5분밖에 말할 기회가 없었다. 회견 후에 토인비는「히틀러 회견기」에서 이렇게 썼다.

'나의 눈은 히틀러의 손동작을 좇았다. 그는 아름다운 손을 언어의 반주로 썼는데 그 제스처는 우아했으며 음성도 인간적으로 매우 듣기좋았다. 두 시간 15분 동안 히틀러는 논리정연하고 명쾌하게 논리를 전개시켰다. 학술 강연자 중에서도 그처럼 오랜 시간 동안 단 한 번도 이론의 갈피를 잃지 않고 말한 사람을 나는 본 적이 없었다.'

이때 토인비와 히틀러는 46세의 동갑이었다."[29]

하이데거 역시 히틀러에 열광했고 그를 믿었기에, 나치에 참여함으로써 대학을 혁신하고 이를 통해서 민족의 혁신에도 기여할 수 있다고 믿었을 것이다. 하이데거는 대학 개혁의 좌절과 함께 나치당에 대해서 환멸을 품게 된 후에도 오랫동안 히틀러와 나치 '운동'에 대한 미련은 저버리지 못했다.[30] 하이데거는 1934년부터 히틀러에 대해서 환멸을 느끼고 있다고 말하고 있다. 이에 대해서 뢰비트는 하이데거가 1934년에 총장직에서 물러난 후에도 최소한 1936년까지는 히틀러에 대한 환상을 가지고 있었다고 말하고 있다. 막스 뮐러 역시 하이데거가 1934년부터 이미 당에 대해서는 환멸을 느꼈지만, 히틀러에 대한 환상은 하이데거보다 고백했던 시점보다도 훨씬 더 오랫동안 갖고 있었다고 말하고 있다.[31]

더 나아가 하이데거는 죽을 때까지, 1933년을 독일 민족과 서구 전체의 정신을 혁신할 수 있었던 기회로 보았으며 그러한 절호의 기회를 살리지 못했다는 사실을 항상 아쉬워했다. 하이데거는 히틀러가 제국 수상이 된 지 4개월 후에 '이러한 민족적 각성의 위대함과 영광(Größe und Herrlichkeit dieses Aufbruchs)'에 대해서 말하고 있다.[32] 그리고 그는 독일 패전 직후에 쓴 「총장직 1933/34」과 심지어 1969년에 행해진 「슈피겔 인터뷰」에서도 모든 진정한 세력들이 나치 '운동'을 정화하고 그것에 올바른 방향을 부여하기 위해서 일치단결했더라면 어떻게 되었을까라

---

29) 홍사중, 위의 책, 63쪽.

30) Max Müller: Ein Gespräch mit Max Müller, in: *Martin Heidegger und das 'Dritte Reich'*, Bernd Martin(hrsg), Darmstadt, 1989, 101쪽.

31) 같은 글, 101쪽.

32) Spiegel-Gespräch, 위의 책, 84쪽.

고 묻고 있는 것이다.33)

하이데거는 이와 관련하여 나치 운동이 재앙이 될 것이라고 예견하면서 그 당시 방관적인 태도를 취하던 사람들 역시 책임을 피할 수 없다고 말하고 있다. 그렇게 미래를 정확하게 내다볼 정도로 현명한 사람들 모두가 나치 '운동'의 성격이 아직 유동적이었던 상황에서 '나치 운동'에 참여하여 그것을 올바른 방향으로 이끌기 위해서 노력했더라면, 나치 운동은 전혀 다른 양상을 띠게 되었을 것이라는 것이다.34) 물론 하이데거는 모든 양심적인 세력들의 단결이라는 것이 분명히 어려운 과제였으며 더구나 나치 '운동'에 올바른 방향을 부여한다는 것은 더욱더 어려웠을 것이라는 사실을 인정하고 있다. 그러나 그는 그러한 어려움은 그러한 노력을 하지 않은 결과 독일 민족이 나중에 겪게 될 고통에 비하면 충분히 감내할 수 있는 것이었다고 주장한다.

당시의 상황을 민족을 혁신할 수 있는 절호의 기회로 본 사람은 하이데거만이 아니었다. 예를 들어서 에릭 볼프(Erik Wolf)와 같은 저명한 법학자는 교회법 학자로서 원래 나치즘에 동조하지 않았으며 궁극적으로는 고백 교회의 일원으로서 나치에 대해서 저항하게 되지만, 1933년 당시의 역사적 상황에서 민족을 혁신할 수 있는 커다란 가능성을 보았다. 이에 따라서 에릭 볼프는 하이데거와 함께 프라이부르크대의 개혁에 참여하게 되었다. 볼프에 의하면 많은 청년 학생들이 청년다운 진지한 열정으로 하이데거와 자신이 추진한 대학 개혁과 나치 운동을 지지했다고 말하고 있다. 그들은 돌격대(SA)와 같은 나치의 군사 조직체에

_____

33) 같은 글, 25쪽.
34) 같은 글, 26쪽.

가입해서 군사 교육을 받았다. 그들은 군사 교육을 '끝없는 병정 놀이(das ewige Soldatenspielen)'라고 조소하곤 했지만, 노동자들과 농민들 그리고 수공업자들과 진지하게 대화를 나누었고 그들과 진심으로 하나가 되고자 했다고 말한다. 젊은 사람들뿐 아니라 나이든 사람들 중에서도 민족공동체에 대한 순수한 열정으로 나치 운동에 가담한 사람들이 많았음을 볼프는 지적하고 있다.[35]

2) 대학 현실에 대한 불만과 대학 개혁을 향한 열정

하이데거의 나치 참여는 대학 총장으로서 대학을 혁신하는 방식으로 행해졌다. 따라서 그의 나치 참여는 당시의 정치적 사회적 상황뿐 아니라 당시의 교육 상황에 대한 그의 문제 의식에서 비롯된다고 볼 수 있다. 그가 당시의 대학을 어떻게 보았는지는 1929년에 프라이부르크대 교수로 취임할 때 한 강연인 「형이상학이란 무엇인가?」에서부터 이미 나타나고 있다.

"우리는 여기서 지금 우리 자신을 위하여 물음을 제기하고 있다. 연구원, 교수 및 대학생들로 구성된 대학이라는 공동체에서 우리의 현존재는 학문(Wissenschaft)에 의해서 규정되고 있다. 학문이 우리의 정열이 되었을 때, 우리 현존재의 근거에서는 어떠한 본질적인 사건이 일어나고 있는가? (현재) 학문 영역들은 서로 무관하게 분리되어 있다. 대상을 다루는 취급 양식들도 근본적으로 서로 다르다. 이렇듯 산만하게 분산된 다양한 학문들은 오늘날 대학 또는 학부의 기술

---

35) Hollerbach Alexander: Im Schatten des Jahres 1933: Erik Wolf und Martin Heidegger, in: *Heidegger und das 'Dritte' Reich*, 130쪽 이하.

적인 조직에 의해서만 그리고 전공 영역들이 갖는 실용적인 목적을 통해서만 결합되고 있다. 이에 반해서 학문들이 공통적으로 뿌리를 내리고 있는 본질 근거는 사멸해버렸다."[36]

하이데거는 동일한 견해를 총장 취임 강연인 「독일 대학의 자기주장」에서도 개진하고 있다. 그는 당시의 독일 대학이 '조직적이고 제도적으로만' 결합되어 있다고 보았다. 그는 그렇게 단순히 기술적으로 결합되어 있는 상태를 '사이비 통일(Scheineinheit)'이라고 보았다. 그는 따라서 독일 대학을 학문들의 본질 근거인 진리의 본질로부터 혁신하려고 했으며, 묻고 인식하는 자들의 근원적인 살아 있는 통일을 다시 회복하려고 한다.

마르틴은 대학 개혁을 위한 하이데거의 노력을 당시 독일 대학과 대학 교수들이 직면했던 위기로부터 이해하려고 한다. 독일 대학과 대학 교수들은 제1차 세계대전 전까지만 해도 자신들을 미성숙한 민족의 지도자로 자처할 수 있었다. 그러나 제1차 세계대전의 패전과 민주주의의 도입과 함께 대학과 대학 교수진은 그러한 특권적인 지위를 상실했다. 학문의 통일이란 이념은 갈수록 의문에 부쳐지게 되는 것과 동시에 대학의 각 분야는 전문화되어 갔으며, 대학은 전문 기술을 가르치는 직업 학원으로 전락하고 있었다. 더 나아가 대학은 고등 실업자들을 양산하고 있었다.[37] 이러한 상황에서 하이데거에게 총장직은 자신의 대학 이념을 실현할 수 있는 기회로서 나타났다. 아울러 하이데거는

---

36) M. Heidegger 지음, 이 기상 옮김, 「형이상학이란 무엇인가?」, 서광사, 1994, 61쪽 (괄호 안은 필자에 의한 주). 하이데거 전집 40권 *Einführung in die Metaphysik*, 51쪽 참조.
37) Bernd Martin(hrsg), 위의 책, 16쪽.

대학을 혁신하고, 이렇게 혁신된 대학에서 길러진 엘리트들을 통해서 나치 치하의 독일에 방향을 제시할 수 있다고 생각했다.

이와 관련하여 하이데거는 자신이 생각한 대학 개혁은 나치즘과는 무관하게 독자적으로 형성된 것이라고 말하고 있다. 그는 대학의 사명에 대한 자신의 견해는 이미 우리가 앞에서 언급한 1929년의 교수 취임 강연인 「형이상학이란 무엇인가?」에서 표명되었으며 나치 참여와 상관없이 형성되었다고 말하고 있다. 우리가 서론에서 언급한 것처럼 막스 뮐러에 의하면 하이데거는 1922년 이래 그의 제자들에게 "훔볼트 식 대학은 부르주아 시대에 속한다. 그것의 구상은 본래 훌륭하다. 그러나 오늘날 그것은 더 이상 가능하지 않다"고 거듭해서 말했다는 것이다. 뮐러에 의하면 그는 지금까지의 대학을 전복시키려고 했다(auf den Kopf stellen).[38]

하이데거는 자신이 「독일 대학의 자기 주장」에서 지식 봉사와 아울러 언급하고 있는 노동 봉사라는 이념도 나치와 상관없이 형성되었다고 주장하고 있다. 그것은 나치가 정권을 잡기 이전에 독일이 처한 경제적인 난관을 극복하기 위해서 나선 청년들의 자발적인 의지에서 비롯된 것이라는 것이다. 그는 자신이 말하는 국방 봉사 역시 군국주의적이거나 제국주의적인 의미가 아니라 단순히 조국을 수호한다는 의미만 갖고 있다고 말한다.[39]

마르틴도 하이데거의 이러한 견해를 대체로 시인하고 있다. 마르틴은 당시의 나치들은 대학 개혁에 대한 어떠한 정리된 입장을 가지고 있지 않았다고 말하고 있다. 히틀러는 지식인들을

---

38) 같은 책, 101쪽.
39) 「총장직 1933/34」, 29쪽.

'왜소한 육체에 거대한 머리를 갖고 있는 불평분자들'로 간주하면서 경멸했다. 그는 학문을 단지 민족의 영광을 드높이기 위한 수단으로 생각했다. 나치들이 생각한 교육이란 일차적으로 체육과 이데올로기 교육을 통하여 남성적인 투사를 양성하는 정도였다. 따라서 정권을 장악한 당시의 나치들은 아직 대학 개혁에 대한 상세한 구상을 갖지 못하고 있었다.40) 어떠한 공식적인 교육 이론가도 갖지 못하고 있었기 때문에 나치 지도부는 다른 분야에서와 마찬가지로 교육 분야에서도 전통적인 엘리트 중에서 자신들의 이념에 가까운 것처럼 보이는 사람들을 발탁할 수밖에 없었다.

그런데 우리가 나중에 볼 것이지만 나치의 이념이란 것 자체가 상당히 애매하고 혼란스러웠기 때문에, 어떤 면에서 서로 모순될 정도로 다양한 생각의 소유자들이 나치의 대학 정책에서 주도권을 잡으려고 노력했다. 그러한 사람들 중 대표적인 사람들로 마르틴은 에른스트 크리크(Ernst Krieck), 알프레드 보임러(Alfred Bäumler) 같은 교육학자들, 프리드리히 나우만(Friedrich Naumann) 같은 독문학자들, 하이제나 하이데거 같은 철학자들을 들고 있다. 이들은 한편으로는 나치들이 자신들의 교육 이념을 정립하는 데 이용되었다고 볼 수 있다. 그러나 다른 한편으로는 이들은 자신들의 이념을 실현하기 위해서 나치를 이용했다고 볼 수 있다.41)

이렇게 볼 때 하이데거가 총장직을 인수한 것은 총장이 되겠다는 단순한 야심 때문이 아니었으며 대학이 당에 의해서 지배

---

40) Bernd Martin(hrsg.), 위의 책, 18쪽.
41) 위의 책, 19쪽.

되는 것을 막는다는 수동적인 이유 때문만도 아니었다. 하이데 거는 「슈피겔 인터뷰」에서 자신이 총장직을 맡게 된 동기로서 특히 이러한 수동적인 이유를 강조하고 있다. 그러나 우리가 「총 장직 1933/34」를 자세하게 읽어볼 경우 오히려 그러한 수동적인 동기는 자신의 대학 이념을 실현하겠다는 적극적인 동기에 부수 적으로 수반되는 동기라고 할 수 있다. 그가 자신의 대학 개혁의 이념을 실현하려고 할 경우에는 당과 마찰을 빚을 수밖에 없는 것이다. 우리가 나중에 볼 것이지만 사실상 하이데거는 대학 개 혁을 추진하는 과정에서 당과 보수적인 교수들의 심각한 반발에 부딪히게 된다. 따라서 하이데거는 자신의 총장직 인수를 일종 의 자기 희생으로까지 생각하고 있다. 사실 그는 당의 '썩은 사람 들'을 경멸하면서 방관하고만 있었더라면 자신은 훨씬 편했을 것이라고 말하고 있다.[42]

파리아스나 후고 오트 같은 사람들은 대학을 당으로부터 수호 하기 위해서 총장직을 맡게 되었다는 하이데거의 말을 기만적인 자기 변명으로 보고 있다. 특히 파리아스는 그 당시 하이데거가 이미 골수 나치인 것처럼 서술하고 있으며 골수 나치로서 나치 의 정책을 대학에 강요하기 위해서 총장이 된 것처럼 생각하고 있다. 물론 하이데거가 당의 대학 개입을 막기 위하여 자신이 총 장이 될 수밖에 없었다고 말할 경우 그것은 분명히 사실과 부합 되지 않는다. 우리가 위에서 본 것처럼 하이데거의 총장 취임은 분명히 자신의 대학 개혁 이념을 적극적으로 구현하기 위한 것 이었다. 그럼에도 하이데거가 나치의 단순한 하수인이 아니라 독자적인 사상가로서 대학 개혁과 나치 운동을 추진하려고 했다

---

42) 「총장직 1933/34」, 24쪽.

는 것은 분명하다.

3) 공산주의의 대두에 대한 공포

하이데거는 자신이 나치를 선택하게 된 동기 중 하나로 독일의 공산화 가능성에 대한 두려움을 들고 있다. 하이데거에게 독일의 공산화는 니힐리즘과 야만의 지배를 의미했다. 하이데거는 당시의 많은 사람들과 마찬가지로 독일의 공산화를 막을 수 있는 세력은 나치밖에 없다고 생각했다. 독일 패전 후 프라이부르크대의 나치정화위원회가 하이데거의 나치 참여에 대한 조사 결과를 발표한 문건에서도 하이데거가 나치에 가담하게 된 동기 중의 하나로서 공산주의의 위협이 강조되고 있다.

"철학 교수 마르틴 하이데거는 1933년의 대변혁 이전에는 전적으로 비정치적인 정신 세계에서 살았다. … 그는 나치 혁명을 통해서 독일 민족의 삶을 민족적인 기초 위에서 정신적으로 혁신할 수 있다고 기대했다. 동시에 그는 당시의 많은 독일 지식인들과 마찬가지로 나치 혁명을 통해서 사회적 대립을 극복하고 서구 문화를 공산주의의 위협으로부터 구원할 수 있다고 기대했다."[43]

그런데 독일의 공산화 가능성에 대한 하이데거의 우려는 과연 현실에 바탕을 둔 것이었는가? 이에 대해서 나치즘의 생성과 대두를 볼셰비즘에 대한 반동으로 보는 수정주의 역사학자인 에른스트 놀테는 긍정적으로 답하고 있다.

---

43) Hugo Ott: Martin Heidegger. *Unterwegs zu seiner Biographie*, Frankfurt New York 1988, 305쪽에서 재인용.

에른스트 놀테는 나치즘의 대두와 승리를 설명하기 위해서는 독일의 상황뿐 아니라 무엇보다도 유럽에 대한 소련 공산주의의 위협을 고려해야만 한다고 본다.[44] 제1차 세계대전에서의 패전과 러시아 혁명의 영향으로 혁명적 마르크스주의자들의 세력은 독일에서 급격하게 성장하게 되었다. 연합국의 봉쇄와 연합국의 도움을 받던 백군에 시달리던 레닌은 독일의 혁명이야말로 유럽 전역에 혁명의 불길을 당길 것이라고 생각했기에 독일 혁명에 사활을 걸었고 독일 혁명에 대한 지원을 아끼지 않았다. 1919년 가을만 해도 레닌의 정권은 내전에서 패전할 것처럼 보였다. 그러나 1920년 가을에 적군(赤軍)은 바르샤바를 목전에 두고 있었고 폴란드의 장군 필수두스키가 사태를 전환하기까지 서구는 공포에 사로잡혔다.

놀테는 바이마르 정권 아래에서 가장 눈에 띄는 현상으로 공산당의 지속적인 세력 증대를 들고 있다. 그에 의하면 독일 공산당은 1928년 이래 줄기차게 세력을 늘려왔던 유일한 정당이었다. 1932년 11월에 공산당은 득표에서 사회민주당을 거의 따라잡았다. 베를린을 비롯한 중요 산업 지역에서 공산당은 가장 강한 정당이 되었고 베를린에서는 사회민주당과 나치를 합한 수보다 더 많은 득표를 했다.[45]

그리고 놀테에 의하면 독일의 대도시에서 벌어진 내전에서 공산주의자들은 나치 못지않게 전투적이었다. 1931년 가을에 사회

---

44) Ernst Nolte: *Martin Heidegger – Politik und Geschichte im Leben und Denken*, Berlin, Frankfurt a.M. 1992, 110쪽.

45) 같은 책, 112쪽. Ernst Nolte, Philosophisches im politischen Irrtum?, in: Martin Heidegger – *Faszination und Erschrecken*, Frankfurt/New York, 1990, 34쪽.

민주주의자였던 프로이센 주 내무부장관은 나치보다는 공산주의자들에 의해서 더 많은 사람들이 살해되었다고 말했다.46) 공산주의의 세력이 급증하고 소련에서 자행되고 있던 잔악한 전체주의적인 지배에 대한 소문이 유럽에 퍼지면서 유럽의 장교들이나 기업가 그리고 부농들은 엄청난 공포에 사로잡혔다.

이런 맥락에서 놀테는 독일에서 나치가 득세한 가장 큰 원인을 공산주의 세력의 급격한 증대와 과격함에서 찾고 있다. 앙리 미셸 역시 나치당이 쉽게 뿌리를 내린 지역이 프로테스탄트 특히 루터파가 강했던 지역과 총선거에서 공산당의 득표율이 높은 지역이었다고 말하고 있는 바, 이러한 사실 역시 공산당에 대한 두려움이 당시의 독일인들이 나치를 지지하게 된 강력한 원인들 중의 하나라는 것을 시사한다.47) 이러한 사실과 관련하여 놀테는 공산주의자들이야말로 나치가 권력을 잡는 데 가장 크게 기여한 세력이기 때문에 공산주의자들은 나치를 비판할 권리는 없다고 단정하고 있다.48)

그런데 패전 후의 독일에서는 극좌 세력 못지않게 극우 세력

---

46) Ernst Nolte: *Martin Heidegger - Politik und Geschichte im Leben und Denken*, Berlin, Frankfurt a.M. 1992, 112쪽.

47) 앙리 미셸, 위의 책, 81쪽. 루터파를 비롯한 프로테스탄트들이 나치를 지지하게 되고 나치 체제 아래에서 히틀러에 복종하게 되는 이유를 앙리 미셸은 루터 이래 프로테스탄트 교회는 속세의 권력을 인정하고 그것에 순종하는 데 익숙해 있었다는 데서 찾고 있다. 같은 책, 98쪽. 나치의 주선으로 설립된 <독일기독교협회>는 '아돌프 히틀러의 덕택으로 그리스도는 우리들에게 가까운 존재가 되었다'고 주장했다고 한다. 같은 곳. 공산주의에 대한 공포가 독일인들이 나치를 지지하게 된 중요한 이유들 중의 하나라는 것은 놀테나 미셸 이외에 요아힘 페스트와 하랄드 슈테판과 같은 사람들도 인정하고 있다. Joachim C. Fest,:『히틀러 평전(*Hitler*)』, 푸른숲, 1977년 서문. 하랄드 슈테판, 위의 책, 148-149쪽.

48) E. Nolte, 위의 책, 151쪽.

역시 여전히 강력했다. 제2차 세계대전에서 독일은 전 국토가 초토화될 정도로 철저하게 파괴되었다. 이와 아울러 나치의 잔악한 죄악상이 드러나면서 독일 국민은 연합국에 대한 복수심보다는 절망과 죄의식에 사로잡혔다. 이에 반해서 제1차 세계대전에서 독일의 패전은 제2차 세계대전에서처럼 철저한 것이 아니었다. 독일 국내는 전혀 피해를 입지 않았다. 독일은 연합국이 부과한 엄청난 액수의 배상금과 인플레와 실업에 시달리고 있었지만 여전히 강대국이었다. 따라서 제1차 세계대전에서 살아 돌아온 군인들을 중심으로 연합국에 대한 설욕을 노리던 극우 집단은 강력한 세력을 유지할 수 있었다.

이러한 극우 세력은 제1차 세계대전 당시와 마찬가지로 조국 독일을 맹목적으로 찬양하고 독일이 세계를 지도해야 한다고 주장하는 한편 적의 위협을 강조하면서 민족의 단결을 호소한다. 이에 대해서 마르크스주의는 '전 세계 노동자들의 대동단결'을 외치면서 민족과 조국이란 관념을 부르주아 계급의 이데올로기로 공격한다. 따라서 극우 세력에게 마르크스주의는 '민족의 분열을 꾀하고' '조국 독일의 등 뒤에서 칼을 찌르는' 매국적인 이데올로기로 간주된다.

놀테는 극우 파시즘과 공산주의의 지속적인 세력 증대와 아울러 극좌와 극우의 극심한 대립은 이 시대에는 비단 독일에만 한정된 것은 아니었다고 말하고 있다. 마르크스주의 못지않게 파시즘은 독일과 이탈리아뿐 아니라 전 유럽적인 현상이었다. 각국의 파시스트들은 마르크스주의자들 못지않게 서로간에 동지의식을 느꼈다. 이런 의미에서 놀테는 마르크스주의와 파시즘의 대립을 세계적인 규모의 내전(Weltbürgerkrieg)이라고 부르고 있다. 그러나 제1차 세계대전에서 패했고 소련에 근접해 있던 독일에서는 좌익 세력이 특히 강력했다. 그리고 독일 특유의 역사적 전통 때문에 극우 세력도 만만치 않았기 때문에 독일에서는 좌우 대립도 가장 극렬한 양상을 띨 수밖에 없었다.

그 시대 독일의 불행은 사람들이 극우와 극좌로 나뉘어져 바이마르 정권을 지키려는 자유민주주의자들은 소수에 불과했다는 것이다. 이런 의미에서 바이마르 정권은 민주주의자 없는 민주주의 체제라고 불릴 정도다.[49] 극좌나 극우에 속하지 않았더라도 그 당시 많은 사람들이 바이마르 정권의 자유민주주의 체제가 내세우는 타협과 관용의 정치로는 극심한 사회적 혼란과 분열을 극복할 수 없다고 생각했다. 사람들은 이러한 혼란과 분열은 결국은 극좌 정당 아니면 극우 정당이 정권을 잡는 것을 통해서 극복될 것이라고 생각했다.

그러나 극우파가 아니었더라도 많은 사람들이 스탈린 체제에서 자행된 이른바 반동 계급의 숙청으로 인해서 볼셰비키 혁명에 대해서 공포감을 갖고 있었다. 놀테는 당시의 나치당은 극좌 정당보다도 덜 과격했으며 반유태주의와 세계 정복 정책을 전면에 내세우는 것을 삼가고 있었다고 말하고 있다. 따라서 이 당시에는 트로츠키조차도 히틀러를 반유태주의자라기보다는 일차적으로는 세계부르주아의 첨병으로 보았다는 것이다.[50] 따라서 나치에 찬동하지 않았던 많은 사람들도 바이마르 체제에 대한 대안을 개인과 반동 계급 전체를 말살하려고 하는 스탈린 식의 사회주의에서가 아니라 그보다는 온건한 나치즘에서 찾게 되었다.

민주주의적인 입장에 서 있는 사람들마저도 바이마르 체제에

---

49) Spiegel-Gespräch, 위의 책, 84쪽.

50) Ernst Nolte, 위의 책, 115쪽.

대해서 희망을 상실했을 정도라면, 하이데거와 같은 보수적인 사상가가 바이마르 체제로는 당시의 사회적 혼란과 볼셰비키 혁명을 막을 수 없다고 생각한 것은 당연할 것이다.

하이데거는 에른스트 융거나 슈펭글러처럼 당시에 보수 혁명을 주창한 사상가들에 속한다고 볼 수 있다. 이들 보수 혁명적인 사상가들은 자유민주주의적인 현실을 비판하면서 민족공동체의 수립을 주창했다. 이들은 바이마르' 체제가 자유의 이름 아래 민족적인 분열을 가속화하고 실질적으로 대부르주아 계급의 금권적인 지배를 강화한다고 보았다. 이들은 좌파 못지않게 부르주아 계급에 대해서 적대적이었다. 이들은 볼셰비키 혁명의 충격을 프롤레타리아 계급을 억압하고 부르주아 계급을 옹호하는 것을 통해서가 아니라 새로운 민족 혁명을 통해서 극복하려고 했다.51) 나치는 보수 혁명의 사상가들이 내세우는 민족 혁명의 이념을 수용했기 때문에, 이들 중의 많은 사람들이 나치에 대해서 우호적이었다.

하이데거는 당시 대다수의 보수 혁명가들과 마찬가지로 볼셰비키와 자유주의 체제를 본질적으로 동일한 것으로 보았다. 그는 볼셰비즘과 자유주의는 인간을 비롯한 존재자 전체를 계산할 수 있는 에너지 자원으로 이용하고 지배하려는 근대 기술 문명의 두 가지 형태로 보았다. 하이데거에게 볼셰비키 체제란 모든 토착적인 전통을 파괴하면서 국가 자원뿐 아니라 국민 전체를 기술적으로 총동원하는 체제다. 하이데거는 볼셰비즘의 본질이 '소비에트와 전 소련에 전력을 공급하는 것'이라는 레닌의 말에 집약되어

---

51) Ernst Nolte, Philosophie und Nationalsozialismus, in: *Heidegger und die praktische Philosophie*, hrsg. Annemarie Gethmann-Siefert und Otto Pöggeler, Frankfurt a.M. 1988. 354쪽.

있다고 보았다. 다시 말해서 하이데거는 볼셰비즘을 근대적인 기술 지배의 원리를 가장 극단적으로 구현하고 있는 체제로 보았던 것이다. 따라서 그는 볼셰비즘에서 서구 문명의 사멸을 보았다. 하이데거는 엘리자베트 블로흐만(Elizabeth Blochmann)에게 보낸 한 편지에서 1928년 10월에 강연 차 방문한 발틱 지역의 리가에 대해서 이렇게 쓰고 있다.

"도시는 전쟁과 볼셰비키에 의한 지배를 아직 극복하지 못했다. … 발틱인들이 처한 운명은 가공스런 것이었다."52)

그러나 하이데거는 자유주의적인 바이마르 체제 역시 볼셰비즘과 마찬가지로 근대 기술 문명의 한 형태로 보았기에 그것에서 볼셰비즘을 극복할 수 있는 대안을 발견할 수 없었다.53) 하이데거에게는 자유민주주의적인 바이마르 체제가 내세우는 자유란 마르크스가 말한 바와 같이 자신의 노동력을 팔 자유에 지나지 않는 것이었다. 자유주의적인 바이마르 체제는 자유 시장 경제를 이용하여 인간들을 사고 팔리는 노동력으로 전락시키면서 시장 법칙을 통해서 그러한 노동력을 최대한 쥐어짜는 체제다. 하이데거가 보기에는 바이마르 체제에서도 볼셰비키 체제에서와 마찬가지로 대다수 인간은 노동력의 담지자로 전락하고 있었고 인간으로서의 품위를 상실하고 있었다.

아울러 하이데거는 바이마르 체제가 의거하고 있는 기독교적인 휴머니즘은 역사를 형성할 수 있는 힘을 이미 상실했다고 보

---

52) Martin Heidegger/Elisabeth Blochmann: *Briefwechsel*. hrsg. Joachim Storck. Marbach 1989, 27쪽.
53) 하이데거 전집 8권, *Was heißt Denken?*, 65쪽.

았다. 하이데거는 각 국가가 서로 '신, 자유 그리고 조국'의 이름을 내세우면서 자신들의 승리를 정당화하려고 했던 제1차 세계대전에서 이미 기독교의 사멸이 확인되었다고 보았다. 기독교는 국가 간의 권력 투쟁을 위한 세계관으로 전락했다는 것이다. 하이데거가 자신의 총장 취임 연설에서 니체의 '신은 죽었다'는 말을 수용하고 있는 것은 이 시대의 허무주의적인 상황을 드러내기 위한 것이었을 뿐 아니라 기독교와 그것에 입각한 인도주의적인 이념들이 이제 더 이상 새로운 역사를 건립할 힘을 상실했다는 것을 강조하기 위해서였다.[54]

이러한 현실에서 하이데거는 공산주의를 막기 위해서 나치즘을 선택할 수밖에 없었다고 말하고 있다. 이는 아직 나치즘의 실체가 드러나지 않은 상태에서 나치즘이 하이데거 못지않게 공산주의와 자유주의 그리고 기독교를 비판하고 있었기 때문이다. 하이데거는 죽기 10년 전인 「슈피겔 인터뷰」에서도 1933년 당시에는 나치 이외에 어떠한 대안도 없었다고 말하고 있다. 그리고 이에 대해서는 우리가 보았듯이 자유민주주의자인 에른스트 놀테 같은 역사학자도 동의하고 있는 것이다.

---

54) 「총장직 1933/34」, 13, 25쪽.

제3장
실제의 나치즘과 하이데거의 나치즘의 차이

1. 하이데거는 어떤 의미에서 나치이고
어떤 의미에서 나치가 아닌가?

　우리는 이상에서 하이데거가 총장이 되기 이전의 이력과 총장으로 선출되는 경위와 하이데거가 나치에 참여하게 되는 역사적인 동기를 살펴보았다. 그런데 대사상가를 자부하는 하이데거는 단순히 나치에 추종하는 것이 아니라 오히려 나치에 올바른 정신적 방향을 제시하려고 한다. 따라서 하이데거의 나치 참여를 제대로 이해하기 위해서는 하이데거가 나치 참여를 통해서 구현하려고 한 사상을 무엇보다도 파악하지 않으면 안 된다. 이를 위해서 우리는 무엇보다도 그의 대학 개혁 이념과 그것의 근저에 깔려 있는 정치 이념을 고찰하려고 한다. 이러한 고찰은 실제의 나치즘과 하이데거의 나치즘을 비교하는 식으로 진행될 것이다.

하이데거는 나치 운동에 단순히 추종하는 것이 아니라 나치 운동에 올바른 방향을 부여하려고 한 이상, 하이데거의 나치즘과 실제의 나치즘 간에는 무시할 수 없는 차이가 존재한다. 사람들은 나치의 철저한 전체주의적 지배 아래에서 히틀러의 나치즘 이외에 다른 나치즘이 과연 허용될 수 있는지에 대해서 의문을 가질 것이다. 그러나 많은 역사가들이 나치즘에는 다양한 흐름이 있다는 사실을 인정하고 있다. 마르크시즘이나 볼셰비즘 안에서도 다양한 흐름이 있겠지만, 나치즘 안에 오히려 훨씬 더 많은 사상적 분파들이 존재했다는 것이다.

많은 철학자들이 본질적으로 성질을 달리하는 철학 사조의 이름으로 나치를 지지했다. 칸트주의자들은 칸트 철학의 이름 아래, 피히테주의자들은 피히테 철학의 이름 아래, 헤겔주의자들은 헤겔 철학의 이름 아래, 니체주의자들은 니체 철학의 이름 아래, 횔덜린주의자들은 횔덜린의 이름 아래, 그리고 실존 철학자들은 실존 철학의 이름 아래 나치를 지지했다.[1] 이와 같은 사태는 히틀러 자신이 나치즘의 사상적 내용을 어느 정도 애매한 상태로 두고자 한 것과 관련이 있다고 볼 수 있다. 이는 그 경우에만 다양한 정파들을 나치즘의 대열에 끌어들일 수 있었기 때문이다. 그 결과 서로 모순되는 집단들마저도 나치즘을 지지하게 되었다. 즉, 보수 반동 세력과 급진주의자들, 사회주의자들과 자유주의자들, 반(反)기독교인들과 기독교인들이 동일하게 나치를 지지했다. 이 중의 한 파벌은 가톨릭인들이었으며 이들은 자유주의와 마르크스주의세력을 제거한 후, 히틀러의 영도 아래 독일을 기독교 국가로 만들고자 했다.

---

1) Schneeberger, *Nachlese zur Heidegger, Dokumente zu seinem Leben und Denken*, Bern, 1962, 264쪽에 실린 Werner Rings의 글을 참조.

퓌겔러 역시 나치즘에는 다양한 흐름이 있었다고 말하고 있다. 예를 들어서 로젠베르크(Rosenberg) 같은 사람은 게르만인들을 나치가 추구해야 할 인간의 범형(Vorbild)으로 본 반면에, 히틀러는 그리스인들을 독일인들이 계승해야 인간상으로 생각했다는 것이다.[2] 슬러거도 나치는 하나의 통일된 나치 철학을 형성하려는 어떠한 공식적인 시도도 하지 않았으며, 전쟁이 끝날 무렵까지도 히틀러는 다양한 철학들이 공존하는 것을 다음과 같이 정당화했다고 말하고 있다.

"나는 탐구의 자유가 자연과학의 영역에서만 허용되어야 한다고 생각하지 않는다. 그것은 인간과학에까지도 확대되어야만 한다."

슬러거는 히틀러의 이러한 태도는 예술 분야에 대한 히틀러의 엄격한 통제와는 대조되는 것이라고 지적하고 있다. 히틀러는 자신이 예술적 소양을 가지고 있었다고 생각했기에 예술 분야에 대해서는 자신의 개인적 취향을 강요했다고 한다.[3]

이러한 사실을 고려할 경우에 나치즘이란 용어는 사실은 지극히 다의적인 용어라는 사실을 알 수 있다. 약간 과장되게 말하자면, 모든 나치들은 각자의 나치즘을 가지고 있었다고 말할 수 있을 정도로 나치즘은 사상적으로 그 성격이 극히 불분명한 애매한 잡탕과 같은 것이었다.[4] 그러나 각각의 나치가 어떠한 이념

---

2) Otto Pöggeler: 'Den Führer führen? Heidegger und kein Ende', *Philosophische Rundschau* 32, 1985, 45쪽.

3) Hans Sluga: *Heidegger's Crisis - Philosophy and Politics in Nazi Germany*, Harvard University Press 1993, 14쪽.

4) Julian Young, *Heidegger, Philosophy, Nazism*, Cambridge, 1997, 6쪽.

124 하이데거는 나치였는가?

을 가지고 있었던 간에 실제의 나치즘에는 뚜렷한 특성이 존재한다. 그러한 특성이란 바로 우리가 나치즘이란 말을 들을 때 쉽게 연상하게 되는 인종 청소와 제국주의 전쟁 그리고 전체주의적인 지배다. 하이데거가 반유태주의자이자 제국주의자라는 사실을 입증하려는 파리아스의 노력에도 불구하고 대다수의 연구가들이 하이데거는 적어도 유태인의 박멸을 주장하는 극렬한 반유태주의자는 아니었으며 제국주의적 정복이나 전체주의적인 지배에 찬동하지도 않았다는 데 의견의 일치를 보는 것 같다.

독일의 진보적인 잡지 『슈피겔』지의 편집장인 아우크슈타인(Augstein) 역시 하이데거에 대해서 철저하게 비판적인 입장을 취하면서도 하이데거를 나치즘의 주요한 사상가로 보는 앙드레 글룩크스만(André Glucksmann)의 견해에 대해서 거리를 두고 있다. 그는 나치 지배 아래에서는 총통의 사상과 결정이 모든 것을 좌우하는 한 오직 히틀러만이 진정한 나치였다는 사실을 지적하고 있다. 이러한 체제에서는 하이데거도 독자적인 사상가로서 곤란에 봉착하고 있었다는 것이다. 아우크슈타인은 하이데거는 친구 이외에 적도 가지고 있었으며, 나치즘을 인종주의적으로 해석한 나치즘의 공식 이론가 로젠베르크야말로 그를 가장 적대시한 사람이었다고 말하고 있다.5)

이런 맥락에서 우리는 실제의 나치즘과 하이데거가 지향한 나치즘을 구별하지 않으면 안 된다.6) 루카치와 에른스트 블로흐가

---

5) Rudolf Augstein: "Aber bitte nicht philosophieren!" - Rudolf Augstein über das Buch *"Heidegger und der Nationalsozialismus"* von Victor Farias, Der Spiegel, Nr.48/1987, 215-216쪽.

6) 이러한 구별은 하이데거의 나치 참여에 대해서 면죄부를 주려는 시도는 아니다. 앞으로 보겠지만 하이데거가 지향한 나치즘이 실제의 나치즘과 다르다고 해서 나치 참여에 대한 하이데거의 책임이 사라지는 것은 아니다.

스탈린주의에 동참했음에도 양자가 지향한 스탈린주의와 실제의 스탈린주의 사이에는 차이가 존재하는 것처럼, 하이데거가 생각한 나치즘과 실제의 나치즘 사이에는 상당한 차이가 존재한다. 실제의 나치즘과 하이데거의 나치즘을 구별하는 것은 하이데거 자신이, 나치에 참여할 때부터 자신이 지향하는 나치즘과 실제의 공식적인 나치즘을 구별하기 때문에 더욱 요청되는 과제다. 하이데거는 나치즘의 '내적인 위대성과 진리'에 대해서 말하면서 그것을 실제의 나치즘과 구별하고 있거니와 정작 하이데거 자신이 추구하는 것은 그러한 나치의 내적인 위대성과 진리라고 할 것이다.

하이데거는 그러한 내적인 위대성과 진리가 나치당보다는 총통과 그에 의해서 영도되는 나치 '운동'(Nazibewegung)에 의해서 체현되고 있다고 보았다. 이런 맥락에서 하이데거는 총통이야말로 독일 민족의 현실이자 법이라고 말했다. 그러나 이는 하이데거가 총통을 어떠한 오류도 가지고 있지 않는 진리의 구현자로 본다는 것을 의미하지는 않는다. 그는 총통보다도 독일 민족이 추구할 역사적 사명이 더 위에 있다고 보고 있으며 총통도 그러한 역사적 사명에 복종해야 한다고 말하고 있다. 그리고 아마 하이데거는 독일 민족이 추구할 역사적 사명에 대해서는 자신이야말로 독일인들 중에서 가장 잘 통찰하고 있다고 생각했을 것이다. 따라서 그는 자신의 사상을 총통이 수용하리라고 생각했으며 이를 통해서 자신의 생각을 정치적으로 구현할 수 있다고 생각했을 것이다. 플라톤이 시라큐스의 왕이었던 디오니소스를 지도하여 자신의 이상 국가를 구현하고 싶어했던 것과 마찬가지로 하이데거는 자신의 철학적인 이념을 히틀러를 통하여 구현하고 싶어했다고 볼 수 있다. 이런 맥락에서 하이데거가 나치 총장직에서 물러났을 때, 하이데거의 한 지기(知己)는 하이데거에게 '이제야 시라큐스에서 돌아왔느냐'고 인사했다고 한다.[7]

루시엔 골드만(Lucien Goldmann)도 하이데거를 루카치에 비교하면서 이들은 자신들이 택한 정치 지도자들을 정신적으로 영도하려고 했다고 말하고 있다. 골드만에 의하면 하이데거는 존재의 사상가였고 루카치는 총체성의 사상가였기에 정치 지도자들보다 정치적인 것의 본질을 더 잘 이해한다고 생각했다는 것이다. 이런 맥락에서 골드만은 하이데거의 나치즘과 공식적인 나치즘 그리고 루카치의 스탈린주의와 공식적인 스탈린주의 사이에는 근본적인 차이가 존재한다고 말하고 있다.

"하이데거에게는 반유태주의는 물론 심각하고 유감스러운 오류였다. 왜냐하면 생물학적인 것은 존재론에서는 어떠한 의미도 갖지 못하며, 현존재가 본래적인 것과 비본래적인 것 사이에서 선택하는 것을 규정하거나 그것에 도움을 줄 수도 없기 때문이다. … 루카치에게 스탈린과 스탈린주의는 필연적이었으나 일시적인 혁명 단계였을 뿐이며, 그동안 성취된 것을 강력한 적들의 위협으로부터 수호하는 데에 의의가 있었던 보나파르트적인 단계였을 뿐이다."[8]

그럼에도 우리는 하이데거의 나치즘과 실제의 나치즘 사이에는 근친성이 존재한다는 사실을 부인할 수 없을 것이다. 하이데

---

7) Carl Friedrich von Weizsäcker, Begegnungen in vier Jahrzehnten, in: Erinnerung an Martin Heidegger, 246쪽. 그러나 가다머가 전하는 이러한 일화는 그것의 진실성이 의문시된다. 하이데거에게 그렇게 말할 수 있는 사람은 적어도 그 자신은 나치와는 무관한 사람이어야 할 것이다. 그러나 가다머가 하이데거에게 그렇게 인사한 사람으로 거명하고 있는 볼프강 샤데발트는 나치에 가담했던 사람이었다.

8) Lukács und Heidegger. Darmstadt und Neuwied 1975, S.102쪽 이하.

거 자신이 나치즘과 자신의 이념 사이에 이러한 근친성이 있다고 보았기에, 나치즘이란 권력 기구를 통하여 자신의 철학과 정치적 이념을 실현할 수 있다고 생각했을 것이다. 따라서 우리는 하이데거의 나치즘이 실제의 나치즘에 대해서 갖는 동일성과 차이를 명확히 드러내지 않으면 안 된다. 이를 통해서 우리는 하이데거의 나치즘의 실체를 파악할 수 있을 것이다.

만약에 우리가 나치즘의 본질적 특성들 중의 하나로 유태인의 박멸을 주장하는 반유태주의와 제국주의를 필히 포함시켜야 한다면 하이데거는 나치가 아니었다고 보아야 할 것이다. 적어도 하이데거는 그러한 야만적인 반유태주의자는 아니었으며 아울러 다른 모든 나라들을 무력을 통해서 나치즘의 지배 아래 두어야 된다고 생각하는 제국주의자도 아니었다. 그러나 히틀러라는 개인을 영웅시하고 그렇게 영웅시된 총통의 지도 아래에서 민족 구성원들을 하나의 공동체로 형성하는 것을 나치즘의 본질로 본다면 하이데거는 나치였다고 보아야 할 것이다. 물론 이 경우에도 하이데거의 나치즘은 총통에 대한 비판을 필수적인 것으로 본다는 점에서 실제의 전체주의적 나치즘과는 구별된다.

우리는 하이데거가 실현하려고 한 나치즘의 실체를 파악하기 위해서 그의 총장 취임 연설인 「독일 대학의 자기 주장」을 검토해보고자 한다. 이 연설은 하이데거가 대학의 총장으로서 앞으로 구현해나갈 대학 개혁의 이념과 아울러 그것의 전제가 되는 정치 사상을 포함하고 있지만 여기서는 그의 정치 사상만을 살펴보기로 한다.

2.「독일 대학의 자기 주장」에 나타난 하이데거의 정치 사상

1) 민족적 공동체주의

　마르크스주의가 국제적 사회주의(der internationale Sozialismus)를 표방했던 반면에, 나치즘은 Nationalsozialismus, 즉 민족적 사회주의를 표방한다. 민족적 사회주의란 민족 차원에서 모든 종류의 계급 지배와 계급 대립을 극복하고 민족이 하나의 공동체가 되자는 이념일 것이다. 하이데거가 지향한 나치즘 역시 민족적 공동체주의를 자신의 본질적 내용으로 갖는다.

　하이데거에게 근대의 자유주의와 민주주의에서 비롯되는 개인주의와 물질주의는 민족공동체를 파괴하는 것이었다. 하이데거는 민족 구성원 전체가 하나의 형제 의식을 가지고 단결할 것을 주장한다. 모든 신분 차별과 대립을 제거하는 것을 통해서 민족공동체를 수립하려는 하이데거의 의도는 노동자라는 하나의 신분만을 인정하고자 하는 데서 가장 극명하게 나타난다. 그에 따르면 "민족적 사회주의 국가는 노동자들의 국가다(Der national-sozialistische Staat ist der Arbeiterstaat)."[9]

　이러한 노동자는 단순히 육체 노동자를 의미하는 것이 아니라 일종의 새로운 인간, 즉 독일 민족의 정신적 사명에 입각하여 구체적으로 인식하고 행위하는 자(der Konkret-wissend-handelnde)다. 이와 함께 노동은 새로운 의미를 얻는다. 그것은 마르크스주의자들이 주장하는 것처럼 자본가들을 위해서 상품을 생산하거나

---

9) M. Heidegger, Rede zur Immatrikulationsfeier am 25. November 1933 (1933년 11월 25일에 행해진 입학식을 위한 연설), Freiburger Zeitung, 150.Jg. 323쪽, 1933, 하이데거 전집 16권 *Reden und andere Zeugnisse*, 196쪽 이하.

돈을 벌기 위한 행위가 아니다. 그것은 개인과 집단 그리고 국가에 대한 책임감에 의해서 수행되고 민족에게 봉사하는 모든 행위를 의미한다.

대학에서 이루어지는 학문 활동도 공동체에 뿌리를 박고 있어야 하며 노동 봉사와 국방 봉사와 밀접하게 결합되어야 한다.[10] 이에 따라서 하이데거는 대학생들로 하여금 노동에 참여하도록 하고자 하였으며 노동자들에게는 대학을 개방하고자 하였다. 하이데거는 대학생들이 노동 현장을 체험하는 것을 통해서 자신들의 특권 의식을 버리고 일반 국민과 하나가 되기를 바랐으며, 노동자들에게는 대학에 와서 배울 기회를 제공하고자 했던 것이다.

2) 작품공동체(Werk-Gemeinschaft)로서의 민족공동체
— 권위주의적 민족공동체

하이데거는 민족공동체를 주장하지만 그렇다고 하여 모든 것이 평등하게 되어야 한다고 생각하던 평등주의자는 아니었다. 하이데거는 속류 마르크스주의처럼 사유 재산의 박탈과 평등한 분배를 주장하지는 않는다. 아울러 그는 그 모든 종류의 위계 질서를 부정하려는 무정부주의적 공동체주의자도 아니다. 그는 인간들 간에는 수준(Rang)의 차이가 존재한다고 생각하며 이에 따라서 지도자와 복종하는 자들 사이에는 위계가 존재해야 한다고 생각한다. 물론 이러한 위계 질서에서 지도자가 행하는 지도는 복종하는 자들에 대한 자의적인 지배가 아니다. 지도자는 자신

---

10) Alexander Hollerbach: Im Schatten des Jahres 1933: Erik Wolf und Martin Heidegger, in: *Martin Heidegger und das 'Dritte' Reich*, 129쪽.

의 자의에 따르는 것이 아니라 독일 민족의 역사적 사명과 과제에 따른다. 따라서 복종하는 자들은 그러한 역사적 사명과 과제에 비추어 지도자에게 저항할 권리가 있다.

하이데거가 생각하는 민족공동체는 이러한 의미에서 지도자와 복종하는 자들이 일체가 되어서 독일 민족의 역사적 사명을 실현해나가는 공동체다. 그러한 공동체는 일단의 오케스트라가 하나의 지휘자 아래 작품을 완성하는 것에 비교될 수 있다. 오케스트라의 지휘자가 다른 단원들보다도 작품에 대해서 더 명확하게 통찰해야 되고 그러한 작품의 본질을 실현하기 위해서 더 노력해야 하는 것처럼, 하이데거가 생각하는 민족공동체에서도 지도자들은 그 민족의 역사적 사명과 방향에 대해서 더 명확한 자각을 가져야 하며 복종하는 사람들보다도 그러한 역사적 사명의 실현을 위해서 헌신하지 않으면 안 된다.

3) 문화적 국수주의

하이데거는 독일어야말로 영어나 프랑스어와는 달리 로마 제국의 라틴어에 의해서 침해되지 않은 순수한 언어라고 보며 따라서 그러한 언어를 보존하고 있는 독일 민족이야말로 그리스 철학의 진정한 정신을 계승할 수 있다고 본다. 하이데거는 로마 제국의 정신과 그리스 철학의 정신을 서로 대립되는 것으로 보는 것이다. 그리스 철학에서는 존재자에게 고유한 진리와 본질을 드러내는 것이 문제가 되는 반면에, 로마 제국의 정신에서는 존재자들을 교묘한 술책에 의해서 지배하는 것이 문제가 된다는 것이다. 영어나 프랑스어는 라틴어를 도입하는 것을 통하여 로마

제국의 정신에 의해서 오염되었다. 이에 대해서 독일어와 독일
민족은 라틴어와 로마 제국의 정신에 의해서 오염되지 않았으며
이러한 독일어를 보존하고 있는 독일인이야말로 유럽 문명을 정
신적인 퇴폐에서 구원할 수 있는 유일한 민족이라는 것이다.

　하이데거는 죽기 10년 전에 행해진 「슈피겔 인터뷰」에서도 여
전히 독일인들에게 특별한 사명이 주어져 있다고 생각한다. 그
는 그 근거로서 역시 1930년대와 마찬가지로 독일어는 그리스의
언어와 사유와 내적인 근친성을 갖는 유일한 철학적인 언어라는
사실을 들고 있다. 그러한 사실을 입증하는 예로서 그는 '프랑스
인들은 사유하기 시작하자마자 독일어로 말하기 시작한다'는 사
실을 들고 있다.[11]

3. 하이데거의 사상과 실제 나치즘의 공통된 정신적
　　기원으로서의 1914년의 이념

　우리는 앞에서 하이데거의 「독일 대학의 자기 주장」을 검토하
는 것을 통해서 그가 지향하는 나치즘의 본질이 무엇인지를 간
취하고자 했다. 그의 나치즘은 모든 계층과 신분이 하나가 되는
민족공동체를 지향해야 할 사회 체제로 생각했으며 그리스 정신
의 계승이라는 독일 민족의 역사적 사명을 강조하고 있다. 그러
나 이러한 이념들은 실제의 나치즘에 의해서도 표명된 것이고
하이데거 특유의 것은 아니다.

　물론 하이데거의 나치즘은 복종하는 자들의 저항권을 인정하

---

11) Spiegel-Gespräch, 위의 책, 107쪽 이하.

며 모든 종류의 인종주의와 제국주의를 배격한다는 점에서 실제
의 나치즘과 구별된다. 이러한 차이에도 불구하고 하이데거의
정치 이념은 나치즘의 이념과 상당 부분 공통점이 있다는 사실
을 부인할 수는 없다. 그리고 하이데거 사상에서 나치즘에 통할
수 있는 요소들은 나치에 동조했던 모든 철학자들에게 공통되었
던 요소다. 하이데거의 정치 사상은 하이데거에만 고유한 것이
아니라 당시의 우파 지성계를 지배하던 특정한 담론에 뿌리박고
있는 것이다.[12]

   그런데 하이데거와 일단의 우파 사상가들의 사상과 실제의 나
치즘 사이에 존재하는 이러한 공통성은 어디서 비롯되는 것인
가? 나는 이러한 공통성은 그것들이 공통된 뿌리를 갖는다는 데
서 비롯된다고 생각한다. 민족공동체의 이념과 독일 민족의 역
사적 사명에 대한 이념을 비롯하여 하이데거와 나치즘이 공유하
고 있는 이념들은 '1914년의 이념'이라고 불리는 보수 혁명적인
이념에 뿌리를 두고 있다.[13] 이렇게 양자가 근거하고 있는 뿌리
가 동일했기 때문에 하이데거는 나치즘에서 자신의 사상과의 근
친성을 발견할 수 있었고 더 나아가 나치 운동을 통해서 자신의
철학적 이념을 구현할 수 있다고 생각하게 되었던 것이다.

   1914년의 이념은 제1차 세계대전을 전후로 하여 독일의 우파
지성계에 나타난 특정한 사상적 조류를 의미한다. 제1차 세계대
전은 독일 국민의 삶뿐 아니라 독일의 정신계에도 지대한 영향을
끼쳤고 독일의 우파 사상가들은 자신들의 사상적 작업을 통해서
전쟁에 기여하고자 했다. 이들은 제1차 세계대전에서 독일이 승리

---

12) Hans Sluga, 위의 책, 8쪽.
13) J. Young, 위의 책, 15쪽.

해야만 하는 필연성과 정당성을 철학적으로 증시하는 것을 통해서 독일의 정신적 무기가 되고자 했다. 그러한 사람들로 우리는 특히 루돌프 오이켄(Rudolf Euken), 막스 쉘러(Max Scheler), 베르너 좀바르트(Werner Sombart), 빌헬름 분트(Wilhelm Wundt)와 막스 분트(Max Wundt) 같은 사람들을 들 수 있을 것이다.

1914년의 이념은 사상가들마다 뉘앙스의 차이는 있어도 국수주의적인 민족주의와 민족공동체주의 그리고 현대 기술 문명의 물질주의와 개인주의 그리고 자유주의에 대한 비판을 본질적인 내용으로 갖는다고 볼 수 있다. 이렇게 1914년의 이념은 근대의 자유주의적인 사유와 문화 그리고 제도에 대해서 부정적이고 대립적인 입장을 취한다는 점에서 보수적인 성격을 갖는다. 그러나 그것은 전근대적인 신분 사회로 회귀하려고 하는 것이 아니라 모든 사람들이 동등한 인격으로 대우받는 민족공동체의 건립을 지향한다는 점에서 혁명적인 성격을 갖는다고 볼 수 있다. 아울러 그것은 그러한 민족공동체의 건설을 위해서 철저한 정신 혁명을 통한 인간의 변혁이 필요하다고 본다. 단적으로 말해서 1914년의 이념은 보수적 혁명의 이념이다.

물론 1914년의 이념은 제1차 세계대전에서 돌발적으로 나타난 것은 아니다. 1914년의 이념이 표방하는 국수주의적 태도는 이미 피히테에서 그리고 반근대주의적 태도는 낭만주의와 바그너와 니체 같은 사람들에서 이미 강력하게 나타나고 있다. 그것들은 독일의 역사에서 강력한 영향력을 가져왔던 것이며 제1차 세계대전이라는 비상 시기를 맞아서 독일의 우파 사상계와 당시 우파에 의해서 지배되던 대학가를 석권했다고 볼 수 있다.

1914년의 이념은 제1차 세계대전에서 독일이 패한 후에도 독일 국민과 지성계에 지대한 영향력을 가지고 있었다. 나치즘은

1914년의 이념을 상당 부분 수용했으며 바로 그 때문에 이미 1914년의 이념의 지배 아래 있던 독일 국민들 사이에 급속하게 뿌리를 내릴 수 있었다. 물론 1914년의 이념을 주창했던 사상가들 중 오스발트 쉬펭글러 같은 사람들은 나치에 대해서 비판적인 입장을 취하지만, 그럼에도 불구하고 1914년의 이념을 근저에서 규정하고 있는 민족주의적이고 반자유주의적인 정신이 나치의 대두를 용이하게 했다는 사실을 우리는 부정할 수 없을 것이다.

하이데거는 자기 시대와의 대결을 내세우며 자신의 시대에 대해서 비판적 거리를 유지한다고 자처하나, 하이데거 역시 시대의 아들인 이상 그 시대를 지배하는 정신적 분위기에서 자유롭지 못했다. 그러한 정신적 분위기란 1914년의 이념에서 보는 바와 같이 국수주의적 민족주의와 반자유주의가 지배하는 분위기다. 하이데거는 그러한 정신적 분위기의 영향 아래에서 나치와 히틀러를 선택하게 되는 것이다.

4. 「독일 대학의 자기 주장」과 실제 나치즘 사이의 관계

1) 「독일 대학의 자기 주장」에 대한 나치당의 입장

파리아스는 하이데거의 총장 취임 연설이 다른 총장들의 취임 연설보다도 당의 기관지를 비롯한 당시의 나치 신문들과 나치의 골수 추종자들에 의해서 호의적으로 받아들여졌다는 사실을 여러 자료들을 통해서 입증하려고 하고 있다.[14] 그러나 우리가 하이데거의 총장 취임 연설에서 반유태주의적이고 제국주의적인 실제의 나치즘과 직접적인 연관을 발견해기는 힘들다. 하이데거의 연설은 오히려 피히테가 했을 법한 연설이며 우리가 나중에 볼 것이지만 1914년의 이념과 연관되어 있을 뿐이다. 한스 슬러거 역시 하이데거의 「독일 대학의 자기 주장」이 무엇보다도 피히테의 『독일 국민에게 고함』과 사상적 경향 면에서 근친성을 갖고 있음을 지적하고 있다. 즉, 양자는 자신의 시대를 혁명적인 위기 상황으로 보는 의식, 국수주의적인 민족주의, 지도자와 공동체주의적 사회 질서에 대한 강조에서 공통점을 갖고 있다는 것이다.15) 슬러거는 피히테를 위의 네 가지 사상적 요소를 하나의 통일된 입장으로 결합하여 하이데거뿐 아니라 후대의 독일 철학자들에게 남겨준 사상가로 보고 있다.16)

하이데거는 오히려 자신의 총장 취임 연설이 실제의 나치즘에 대한 하나의 반항(Opposition)이었다는 사실을 입증하기 위해서 당시 바덴 주 교육부 장관이었던 박커(Wacker)가 총장 취임 연설에 대해서 가했던 비난을 거론하고 있다. 박커는 이렇게 비난했다는 것이다.

"1. 그것은 당 강령에 표명된 관점과 무관한 일종의 사적인 나치즘이다.
2. 더욱 심각한 문제는 연설 전체가 인종 사상에 입각하고 있지 않다는 것이다.
3. '정치적 학문'의 이념이 공식적으로 아직 충분히 정초되어 있지 않더라도 그러한 이념을 거부하는 것은 인정될 수 없다."17)

---

14) Farias, 위의 책, 164쪽 이하 참조.
15) Hans Sluga, 위의 책, 31쪽.
16) 같은 책, 32쪽.

2) 「독일 대학의 자기 주장」에 대한 비나치 학자들의 입장

나치당뿐 아니라 나치에 의해서 박해받는 입장에 있던 학자들도 하이데거의 총장 취임 연설을 나치즘과 무관한 것으로 받아들였다. 유태인에 대한 박해 때문에 그 당시 곧 망명해야만 했던 베르너 예거(Werner Jäger)마저도 하이데거의 총장 취임 연설을 나치즘에 대한 정당화라기보다는 고대의 유산을 계승하려는 시도로 평가했다. 그는 그것을 자신이 편집하는 『고대의 세계(Die Antike)』라는 학술지에 발행하기를 원했다. 하이데거 자신도 자신의 총장 취임 연설을 실제의 나치즘에 대한 정당화로 생각하지 않았기에 그것을 유태계 철학자인 리하르트 크로너(Richard Kroner)에게 정성어린 헌사와 함께 보냈을 것이다.[18] 이상으로 미루어보아 하이데거의 대학 개혁 이념과 그것의 기초가 되는 정치 사상은 당시에는 하이데거에게만 고유한 것은 아니고 유태 출신의 교수들을 포함하여 나치즘에 우호적이지 않았던 사람들도 가졌던 생각이었던 것 같다.

야스퍼스 역시 하이데거의 총장 취임 연설을 실제의 나치즘과 무관하다고 생각했기에 그의 총장 취임 연설을 "상아탑을 지배해야 할 의지에 관한 유일한 문건"이라고 격찬해마지 않았다.[19] 야스퍼스는 1933년까지만 해도 하이데거와 자신을 당시의 독일 대학에 대한 투쟁공동체(Kampfgemeinschaft)로 이해했다. 물론

---

17) 같은 책, 31쪽.
18) O. Pöggeler, 위의 글, 44쪽 이하.
19) 1933년 8월 23일에 야스퍼스가 하이데거에게 보낸 편지, Karsten Harries, Shame, Guilt, Responsibility, in: *Heidegger & Jaspers*, edit., Alan M. Olson, Philadelphia, 1993, 55쪽에서 재인용.

야스퍼스는 사적인 메모에서는 하이데거의 연설에 대한 자신의 찬양은 하이데거와의 원만한 관계를 계속 유지하기 위한 것이었다고 쓰고 있다. 그는 사실상은 하이데거의 연설과 하이데거가 추진한 대학 개혁의 저열한 수준에 대해서 혐오를 느꼈다는 것이다.

그러나 야스퍼스도 하이데거와 마찬가지로 당시의 대학이 다양한 학문 이해 집단들의 각축장이 됨으로써 위기에 처해 있다고 생각했다. 그 역시 민족의 정신적 지도자를 양성하는 대학의 위기는 민족의 위기로 보았다. 따라서 야스퍼스도 대학의 철저한 변혁이 필요하다고 확신했으며 그 역시 하이데거와 마찬가지로 탁월한 지도자가 모든 책임을 지고 대학을 변혁해야 한다는 '지도자 원리(Führerprinzip)'를 신봉했다. 이에 따라서 야스퍼스 자신도 사실은 1933년 8월 23일의 편지에서 바덴 주 교육부에 의해서 선포된 대학 입법을 환영하고 있다. 그 대학 입법의 핵심은 지도자 원리를 대학에 도입하는 것이었고 정교수들의 권한을 박탈하는 것이었다.[20] 야스퍼스는 심지어 하이데거가 도입한 노동 봉사와, 국방을 통한 봉사를 위한 교련 수업의 도입에 대해서도 긍정하고 있다.

하이데거가 당시의 상황을 대학 개혁과 민족의 혁신을 실현할 수 있는 기회로 보았던 것처럼 야스퍼스 역시 그것을 두 번 다시 오지 않을 호기로 보았다. 물론 야스퍼스는 그러한 기회는 그에 못지않은 위험에 의해서 수반되고 있다고 보았다.

"독일의 학문을 진정하게 혁신시킬 수 있는 가능성은 동시에 그것

---

20) R. Safranski, 위의 책, 283-284쪽.

이 결정적으로 사멸할 수 있는 위험을 포함하고 있다."[21]

그러나 하이데거 역시 당시의 기회는 대학 안의 보수적인 교수들과 나치당에 의해서 무산될 수 있다고 생각했다. 아울러 야스퍼스는 대학 안에서 정치가 우위를 갖는 것에 대해서는 비판적인 입장을 취하고 있으며, 진리만이 대학 안의 연구 활동의 목적이 될 수 있다고 말하고 있다. 그러나 이것 역시 하이데거의 입장이기도 했으며 하이데거는 학문 활동을 정치에 종속시키려고 했던 당에 대해서 비판적인 자세를 취했다.[22]

야스퍼스는 하이데거 식의 대학 개혁에 적극적으로 동참하고 싶지만 자신의 아내가 유태인이라는 이유로 당에 의해서 불신을 받고 있기 때문에 아무것도 할 수 없다는 데에 대해서 안타까워하고 있다.[23] 이런 맥락에서 볼 때는 야스퍼스도 초기의 나치 운동에 대해서 전적으로 대립적인 입장만을 취했다고 볼 수는 없으며 하이데거의 나치 참여에 대해서 그렇게 부정적이었다고만은 볼 수 없다. 헤르만 하이데거 역시 야스퍼스가 쓴 「대학 개혁을 위한 테제. 1933년 7월(Thesen zur Frage der Hochschulerneuerung. Juli 1933)」을 보면 1933년에 하이데거와 야스퍼스는 대학 개혁에 대해서 내용뿐 아니라 표현에서도 서로 일치를 보이고 있다고 말하고 있다.[24]

---

21) *Martin Heidegger/Karl Jaspers, Briefwechsel 1920-1936*, hrsg. Walter Biemel und Hans Saner, München, 1990, 261쪽, Karsten Harries, 위의 책, 50쪽에서 재인용.

22) R. Safranski, 위의 책, 285쪽.

23) *Martin Heidegger/Karl Jaspers, Briefwechsel 1920-1936*, 260쪽, Karsten Harries, 위의 책, 56쪽.

24) Hermann Heidegger: Bemerkungen zu Rüdiger Safranskis Buch "Ein

3) 하이데거의 나치즘에 대한 놀테의 견해

에른스트 놀테에 의하면 하이데거가 나치에 참여하던 1933년
당시의 바이마르 체제는 빈부 격차, 실업, 물질만능주의의 확산
과 경쟁의 격화에 따른 공동체의 파괴와 같은 자본주의 특유의
병폐들을 극단적으로 드러내고 있었다. 에른스트 놀테는 그러한
병폐들을 근본적으로 치유할 수 있는 대해결 시도(der große
Lösungsversuch)로서 제시된 것이 마르크스주의며 그것을 실행
에 옮긴 것이 볼셰비즘이었다고 본다. 이러한 대해결책은 생산
수단의 완전한 사회화를 추구하며 이러한 정책에 반항하는 자산
계급을 철저하게 제거하려고 한다. 이에 대해서 자본주의의 병
폐들을 치유하는 소해결책(der kleine Lösungsversuch)으로 제
기된 것이 파시즘이라고 놀테는 보고 있다. 그것은 완전한 사회
화가 아니라 대기업들만의 사회화를 추구한다. 아울러 그것은
유산 계급 전체의 파괴가 아니라 정치적 다원주의의 배제만을
목표한다. 다시 말해서 파시즘 내지 나치즘은 볼셰비즘과 마찬
가지로 자본주의의 모순을 극복하기 위한 하나의 방책으로서 나
타났지만 볼셰비즘과는 달리 계급 투쟁이 아니라 민족공동체의
수립을 목표한다는 것이다.[25]

놀테는 나치즘 안에는 다양한 교설들이 서로 통일되지 않은
채 혼합되어 있었다고 보면서 나치즘 안에 존재했던 교설들을
크게 세 가지로 구별하고 있다.

Meister aus Deutschland - Heidegger und seine Zeit", in: *Heidegger Studies*,
Vol. 11, 1995. 231쪽.

25) Ernst Nolte, Philosophisches im politischen Irrtum?, in: *Martin
Heidegger - Faszination und Erschrecken*, Frankfurt/New York, 1990, 45쪽.

첫 번째 교설은 민족공동체의 수립에 관한 교설이며, 이러한 교설을 주창한 나치즘의 흐름을 놀테는 민족적 사회주의로서의 나치즘이라고 부르고 있다.

나치즘의 두 번째 교설은 금권주의적 민족들(die plutokratische Nationen), 즉 영국과 미국 그리고 프랑스에 대한 프롤레타리아 민족들(die proletarischen Nationen)의 투쟁을 내용으로 갖는다. 이러한 교설은 북독일 또는 좌파적인 나치들 중에서 상당히 많은 수의 지지자들을 가지고 있었다. 룀(Ernst Röhm)과 스트라서(Gregor Straßer) 그리고 괴벨스를 비롯한 이들 나치 좌파는 소련과 제국주의에 의해서 억압된 민족들과의 연대를 주장했다.[26] 괴벨스는 이렇게 말했다고 한다.

"나는 공산주의자와 우리가 서로 싸우는 것을 끔찍하게 생각한다고 말했다."[27]

그리고 이들은 재벌이 소유한 대기업의 국유화를 비롯하여 사회주의적인 정책을 주장했다. 슈트라서와 같은 사람은 '자본이 노동력을 산출하는 일은 없으나 노동력은 자본을 산출한다'고 공언하면서 금융 자본을 적대시했다.[28] 자본주의에 대한 이들의 반감 때문에 이들은 '겉은 갈색이지만 속은 붉은 스테이크와 같다'는 농담이 나돌 정도였다.[29] 이렇게 특히 사회주의적인 교설

---

26) 같은 책, 46쪽.
27) 하랄드 슈테판(Harald Steffahn): 『아돌프 히틀러(*Adolf Hitler*)』, 최경은 역, 한길사, 1997, 121쪽.
28) 앙리 미셸, 위의 책, 92쪽.
29) 홍 사중, 위의 책, 300쪽.

을 주창한 나치즘의 흐름을 놀테는 사회적 민족주의로서의 나치즘이라고 부르고 있다.

나치의 세 번째 교설은 유태인 말살과 세계 정복을 내용으로 한 것이었으며 이러한 교설을 주창한 나치즘의 흐름을 놀테는 래디컬파시즘(Radikalfasismus)이라고 부르고 있다. 이러한 교설이야말로 히틀러의 나치즘이었으며 상대적으로 적은 추종자들을 가지고 있었다고 놀테는 주장한다.30) 나는 놀테가 주장하는 대로 히틀러의 래디컬파시즘이 과연 적은 추종자들밖에 갖지 않았는지에 대해서 결정할 능력은 없다. 그러나 히틀러가 별다른 저항 없이 세계대전과 유태인 박해를 추진할 수 있었다는 사실은 히틀러의 이념에 동조한 사람들이 적지 않았다는 사실을 의미한다는 이의가 제기될 수 있을 것이다. 하랄드 슈테판은 이렇게 말하고 있다.

"히틀러는 유태인들이 기댈 곳도 없는 집단이 아니라, 많은 권리와 막강한 영향력을 갖춘 핵심적 민중 집단이었을 때인 1919년을 기점으로 반유태주의를 선동하기 시작했다. 전지전능의 권력자도 혼자 힘으로는 적을 굴복시키거나 죽일 수 없었다는 사실을 사람들은 고려해야 한다. 그는 유태인 학살을 위한 '분위기'와 수많은 동조자들을 필요로 했다."31)

"히틀러는 최후 순간까지도 고위 관리들의 불충성을 경험하지 못했다. … (히틀러가 지배한) 12년 동안 그의 동의 없이 혹은 그의 의지에 반대하는 중대한 사건은 결코 일어나지 않았다."32)

---

30) 같은 책, 47쪽.
31) 같은 책, 31쪽.
32) 같은 책, 158-159쪽.

어떻든 놀테는 하이데거의 나치즘은 민족공동체의 수립을 지향한 민족적 사회주의로서의 나치즘에 속한다고 보고 있다. 하이데거는 정신이 사물들을 지배하는 지성(Intellekt)으로 타락했다고 비판하지만, 히틀러나 철학자 클라게스(Ludwig Klages)처럼 서구 정신이 타락한 원인이나 볼셰비즘의 대두 원인을 유태인에게서 찾지 않는다. 하이데거에게 마르크스주의와 볼셰비즘은 서구 형이상학의 역사에 뿌리를 두고 있는 것이다. 놀테는 하이데거가 아리아인종을 찬양하지도 않고 유태인 말살을 주장하지도 않았을 경우 우리가 과연 그를 엄밀한 의미의 나치로서 비판할 수 있는지 묻고 있다.[33]

놀테가 말하는 것처럼 하이데거의 나치즘은 유태인 말살과 세계 정복을 내세우는 래디컬파시즘은 아니다. 그렇다고 하여 과연 하이데거의 나치즘을 혁신적인 사회 개혁은 배제한 채 단순히 민족공동체의 수립만을 지향한 것으로만 볼 수 있는지는 의문이다. 물론 하이데거는 놀테가 언급하는 룀이나 스트라서처럼 소련 등의 프롤레타리아 민족들의 대동단결을 주창하지는 않는다. 우리가 앞에서 이미 보았지만 하이데거는 오히려 소련의 공산주의에 대해서 공포를 느끼고 있었다. 그럼에도 우리는 하이데거에게는 룀이나 스트라서처럼 민족공동체뿐 아니라 사회의 급진적인 개혁과 사회주의적인 공동체의 건설을 지향했다고 볼 수 있는 요소가 있다.

하이데거의 대학 개혁에 법대 학장으로서 동참했던 법학자 에릭 볼프(Erik Wolf)는 자신과 하이데거의 대학 혁명이 사회주의적인 공동체를 지향했다고 말하고 있다. 이에 대해서 실제의 나

---

33) E. Nolte: Philosophisches im politischen Irrtum?, in: *Martin Heidegger - Faszination und Erschrecken*, Frankfurt/New York, 1990, 39쪽.

치 혁명은 사회주의적이기보다는 민족주의적인 성격을 더 많이 띠었으며 더 나아가 제국주의적 성격을 띠었다는 것이다. 볼프에 의하면 하이데거와 자신은 교수진과 학생들이 민족 전체를 위해서 헌신하려는 의지(Wille zum Einsatz für das Volksganze)로 무장하여 모든 종류의 특권을 포기하고 질소한 삶을 살도록 하려고 했다고 말하고 있다. 이런 의미에서 볼프는 자신들이 당시에 추구한 대학 개혁과 나치 운동의 이념적 기반을 나치즘보다는 1910년대에 청년들이 진정한(echt) 삶을 열망하면서 민족공동체와 조국의 산하와 하나가 되고자 했던 청년 운동(Jugendbewegung)에서 찾고 있다.

하이데거를 반유태주의적인 극렬한 나치로 단정하는 파리아스(Farias)도 하이데거의 나치즘을 히틀러에 의해서 철저하게 제거되는 룀파에 가까운 것으로 보고 있다. 이 점에서는 파리아스마저 하이데거의 나치즘이 나치즘을 주도한 실제 권력층들이 표방한 나치즘과는 다르다는 사실을 인정하고 있는 셈이다. 룀과 그가 이끄는 돌격대는 재벌의 제거를 통한 진정한 민족공동체의 수립을 주창했다. 그리고 룀과 돌격대는 '나치의 권력 장악과 함께 혁명은 끝났다'고 보는 히틀러에 대해서 '나치의 권력 장악은 진정한 혁명의 시작일 뿐'이라고 보았다.

하이데거가 프라이부르크대의 총장으로 재임하고 있던 1933~1934년의 기간 동안에 나치당에는 룀(Ernst Röhm)이 이끄는 돌격대(SA)가 표방하는 혁명적인 노선과 히틀러의 보수적인 노선 사이에 격렬한 대립이 있었다. 파리아스는 하이데거를 룀파가 표방하는 대학 개혁의 가장 유력한 대변인이라고 보고 있다. 그리고 하이데거는 이를 통해서 로젠베르크(Alfred Rosenberg)와 크리크(Ernst Krieck)의 생물학적이고 인종주의적인 노선과 대립하게 되었다는 것이다. 아울러 파리아스는 하이데거의 대학 개혁의 실패를 룀파의 몰락과 연관짓고 있다.

1934년 6월에 룀은 돌격대의 세력이 급격하게 강화되는 것에 위협을 느낀 군부와 손을 잡은 히틀러와 나치 우파에 의해서 제거되었다. 이와 함께 대자본들에 대해서 대립적인 입장을 취하면서 소시민들과 농민들의 이익을 대변했던 나치 좌파들은 권력에서 배제되었다. 나치즘은 초기의 혁명적 입장을 포기하고 대자본과 결탁하게 되며, 이와 동시에 그때까지 당에서 주도적인 역할을 하던 학생 조직들은 주도권을 상실하게 되었다. 파리아스는 이를 하이데거의 대학 개혁을 지지하던 세력이 힘을 상실하는 사건으로 본다. 그리고 이와 아울러 하이데거의 대학 개혁은 실패하게 된다는 것이다. 파리아스에 의하면 하이데거와 당의 공식적 입장 사이에는 이때부터 분열이 존재하게 되었고, 하이데거는 나치당은 1934년부터는 나치 운동의 근원적인 진리와 이념을 배반했다고 믿게 되었다.[34]

그러나 후고 오트는 하이데거가 나치 세력 중 룀의 정치적 이념을 수용했다는 파리아스의 견해를 뒷받침하는 역사적 증거는 존재하지 않는다고 말하고 있다. 하이데거는 총장 재직 시절 말기에는 룀이 이끌었던 돌격대와 오히려 마찰을 빚었다고 한다. 아울러 하이데거의 대학 개혁은 처음부터 당과 마찰을 빚었으며 룀파가 몰락하기 전에 하이데거는 총장직에서 사퇴해야만 했다는 것이다.[35]

그럼에도 히틀러가 권력을 장악한 후 '이제 혁명은 끝났고 진

---

34) V. Farias, 위의 책, 40-41쪽.

35) Hugo Ott, Wege und Abwege - Zu Victor Farias' kritischer Heidegger-Studie, in: Günter Neske und Emil Kettering(hrsg): *Antwort, Martin Heidegger im Gespräch*, Pfullingen 1988, 149쪽.

화만이 있을 뿐이다'고 말한 반면 하이데거와 룀이 '아직 혁명은 시작도 하지 않았다'고 말한 것을 고려할 경우, 하이데거가 룀파와 상통하는 면이 있다고 볼 수 있다. 또한 하이데거는 독일 패전후 프라이부르크대 정화위원회 의장인 디이체(Dietze)에게 보낸 1945년 12월 15일의 서한에서 자신은 1934년 6월 30일에 자행된 '룀파에 대한 숙청'을 계기로 하여 히틀러에 대한 환상을 버리게 되었다고 쓰고 있다.36) 하이데거와 함께 대학 개혁을 추진한 에릭 볼프(Erik Wolf) 역시 자신의 회고에서 룀파의 몰락이야말로 자신이 나치에 대한 환상으로부터 깨어나게 되는 계기였다고 보고 있다.

따라서 우리는 하이데거의 나치즘을 룀파의 나치즘에 가까운 것으로 보는 파리아스의 분석도 일말의 타당성을 갖는다는 사실을 인정할 수 있을 것 같다. 이와 아울러 하이데거가 단순히 민족공동체만을 지향했다고 보는 놀테의 분석은 부분적인 타당성만을 갖는다. 하이데거는 민족공동체뿐 아니라 사회주의적인 체제개혁도 지향했던 것으로 보인다.

---

36) Bernd Martin(hrsg), 위의 책, 199쪽.

제4장

고향과 조국의 철학으로서의 하이데거의 존재 사상

1. 고향 메스키르히에 대한 찬가로서의 하이데거의 존재 사상

우리는 위에서 하이데거의 나치 참여는 제1차 세계대전을 전후하여 독일의 우파 지성계를 광범위하게 지배하던 1914년의 이념의 영향 아래에서 이루어졌다는 사실을 보았다. 그러나 하이데거는 1914년의 이념의 영향을 직접적으로 받기 전에 이미, 1914년의 이념을 규정하는 정신적 분위기 안에서 태어났고 성장했다. 우리가 앞에서 보았듯이 1914년의 이념은 어느 날 갑자기 나타난 이념이 아니고 독일의 정신계에서 독일의 역사에서 지속적인 영향력을 가지고 있던 국수주의적이고 낭만주의적 정신에서 비롯된 것이다. 하이데거는 이미 그러한 정신적 분위기 안에서 자라왔기에 1914년의 이념을 근본적으로 반성하지 않고 수용했으리라고 생각된다.

파리아스에 의하면 하이데거가 태어난 메스키르히에서는 기독교 사회주의적이며, 보수적이고, 반유태주의적인(christlich-sozial, konservativ, antisemistisch) 정신적 분위기가 지배하고 있었다. 그리고 사프란스키 역시 메스키르히가 위치하는 독일 남서부를 지배한 정신 세계를 가톨릭적 인민주의(der katholische Populismus)라고 규정하고 있다.[1] 하이데거는 메스키르히에서 초등학교 교육을 받은 후 콘스탄츠에서 김나지움을 다녔는데, 콘스탄츠를 지배한 정신적 분위기도 메스키르히와 크게 다를 바 없다고 볼 수 있다.

하이데거가 1914년의 이념을 수용할 수 있었던 것도 궁극적으로는 이러한 성장 환경과 연관되어 있다고 볼 수 있다. 하이데거는 자신의 고향에 대해서 일생 동안 각별한 애정을 품어왔던 만큼 하이데거가 자신의 성장기에 당시 자신의 고향을 지배하던 정신적 분위기에 의해서 크게 영향을 받았으리라는 것은 충분히 짐작할 수 있다. 이런 의미에서 나는 하이데거가 농민의 소박성을 가장 소중한 덕으로서 내세우는 인민주의적 성향(Populism)과 반자유주의적이고 민족주의적인 성향을 일생 동안 가지고 있었고 이러한 성향이 어릴 때의 환경에 의해서 크게 영향을 받았다는 파리아스의 분석에 동의한다.[2] 자신의 시대를 극복하려는 하이데거의 시도에도 불구하고 하이데거는 어떤 의미에서는 자신의 시대와 자신이 성장한 환경의 영향을 크게 받고 있는 것이다.[3]

---

1) Safranski, 위의 책, 18쪽.
2) Farias, 위의 책, 40쪽.
3) J. Young, 위의 책, 13쪽. P. Bourdieu, 위의 책, 9쪽. 막스 뮐러 역시 하이데거의 성장 환경이 그의 철학에 미친 영향을 인정하고 있다. 그에 의하면 하이데거

후기의 하이데거는 현대 기술 문명이 부딪히고 있는 모든 위기는 궁극적으로 현대인들이 '고향을 상실했다(Heimatlosigkeit)'는 데서 비롯된다고 보고 있다. 이 경우 고향이란 한 인간이 태어난 곳이라는 장소적인 의미를 넘어서 모든 존재자들과의 참된 친교가 가능한 세계를 의미한다. 하이데거의 철학은 존재자들과의 진정한 만남이 아니라 존재자들에 대한 공격이 지배하는 현대 기술 문명에서 사라져가고 있는 고향과 향토에 대한 연가(戀歌)이자 송가(頌歌)라고 말할 수 있다. 그리고 이 경우 하이데거는 그러한 고향의 전형으로서 메스키르히를 염두에 두었다고 볼 수 있다. 하이데거에게 메스키르히는 단순히 그의 출생지라는 차원을 넘어서 그의 사유 여정 전체를 규정하는 철학적인 의미를 갖는 것이다. 이런 의미에서 우리는 하이데거의 철학을 자신의 고향 메스키르히에 대한 찬가라고 볼 수 있을 것이며, 뿌리를 잃고 방황하는 현대의 기술 문명에 대해서 메스키르히를 대안으로 제시하려는 시도라고 볼 수 있다.

하이데거가 후기에 이르러 인간이 진정하게 거주할 수 있는 세계를 '하늘과 대지 그리고 신적인 존재자들과 죽을 자로서의 인간들의 친교(親交)가 이루어지는 사방(das Gevierte)'으로 보았을 때도 하이데거가 특히 메스키르히를 염두에 두었다고 볼 수 있지 않을까? 하이데거의 아버지가 성당지기(Meßner)로 있었고 하이데거의 집 바로 앞에 있었던 성 마르틴 성당을 중심으로 메스키르히에는 신이 깃들여 있다. 그리고 이 마을에는 하늘을 가리는 고층 빌딩도 없고 밀밭과 들길이 마을을 둘러싸고 있다. 이 마을에서는 신과 하늘과 대지 그리고 죽어야 할 인간들이

철학은 하이데거가 반쯤은 농민이었던 소시민 가족 출신이라는 것에 의해서 크게 각인되고 있다는 것이다.

함께 만나고 있는 것이다.

물론 지금의 메스키르히는 이제 더 이상 하이데거가 찬미하던 메스키르히가 아니다. 이제 메스키르히의 주민들은 트랙터를 이용하여 농사를 짓고 마을 청년들은 저녁이 되면 자가용을 몰고 가까운 도시의 디스코텍으로 몰려간다. 하이데거가 찬미하던 메스키르히는 사실은 산업화 이전의 메스키르히였다고 생각된다. 그것도 어쩌면 상당히 낭만주의적으로 이상화된 메스키르히가 아니었을까? 나는 하이데거의 존재 사상은 본질적으로 메스키르히 찬가라는 사실을 단서로 삼아서 그의 존재 사상을 고찰하고자 한다.

2. 하이데거의 존재 물음과 조국과 고향에 대한 사랑

1) 하이데거의 존재 물음과 현대 기술 문명

하이데거 철학의 근본 물음은 존재 물음이다. 그런데 존재에 대해서 묻는다는 것은 무엇을 의미하는가? 존재하는 모든 것들은 서로간의 차이에도 불구하고 존재한다는 점에서는 동일하다. 그리고 우리는 존재자가 존재한다는 것이 무엇인지를 이미 이해하고 있다. 우리가 존재자가 존재한다는 것의 의미를 이해하지 못한다면 우리는 그것이 존재한다고도 말할 수 없기 때문이다. 하이데거는 각 역사적 시대에서 인간의 모든 행위와 이론적 탐구는 그 시대가 전제하는 존재 이해에 근거하고 있다고 생각한다.

예를 들어서 서양의 중세는 '존재자가 존재하고 있다'는 사실에 대한 특정한 이해에 근거하고 있다. 그 시대에 존재자가 존재하고 있다는 것은 신에 의해서 피조된 것으로서 존재한다는 것을 의미한다. 서양의 중세인들의 모든 행위와 이론적 탐구는 이러한 존재 이해에 입각하고 있다.

그리고 현대 기술 문명에서는 존재자가 존재한다는 것은 '계산 가능한 에너지'로서 존재한다는 것을 의미하며 인간마저도 '계산 가능한 노동력'으로서 간주된다. 현대의 기술 문명에서 인간은 노동력의 담지자로서만 존재하는 것으로 인정되기에 그가 노동력을 상실할 경우에 그는 존재 의미를 상실하는 것이 된다. 아울러 인간 이외의 다른 존재자들도 계산 가능한 에너지로서만 그 존재가 인정받기에, 인간이 이용할 수 있는 에너지를 포함하지 않는 존재자도 존재 의미를 상실한다.

이렇게 각 시대의 존재 이해는 한 시대의 인간의 모든 행위와 이론적 탐구를 근본적으로 규정하는 것이다. 따라서 우리가 어떤 시대를 문제 삼고 그것을 극복하려고 할 경우에는 그 시대를 규정하는 존재 이해를 문제 삼고 극복하지 않으면 안 된다. 하이데거는 현대의 기술 문명의 폐해는 그것을 근저에서 규정하는 왜곡된 존재 이해에서 비롯된다고 본다. 따라서 그는 좀더 근원적인 존재 이해를 통해서 현대 기술 문명의 존재 이해를 극복할 경우에만 현대 기술 문명의 위기를 극복할 수 있다고 본다.

하이데거가 염두에 두고 있는 근원적인 존재 이해를 우리는 영국의 시인이었던 코울리지(Coleridge)의 다음과 같은 경험에서 일어나고 있는 존재 이해와 동일한 것으로 볼 수 있다.

"당신은 일찍이 사물이 존재하고 있다는 단순한 사실 그 자체에 마음을 빼앗긴 적이 있는가? 당신은 당신 자신에게 당신 앞의 한 인간이든 아니면 하나의 꽃이든 아니면 한 알의 모래알이든 '그것이 거기에 존재한다!(It is!)'고 말해본 적이 있는가? 그것들이 어떤 방식으로 있는지 그리고 그것들이 어떤 형태를 갖는지에는 전혀 관심을 갖지 않은 채 말이다…. 당신이 그러한 경험을 가진 적이 있었다면 당신은 당신의 정신을 경외와 경탄으로 사로잡는 어떤 신비의 현존을 느꼈을 것이다."[4]

하이데거에서도 존재자의 존재를 근원적으로 경험한다는 것은 존재자의 신비스런 현존을 경험한다는 것이다. 우리는 우선 대부분의 경우에는 일상적인 이해 관심에 따라서 존재자들을 조종하고 지배하며 존재자들을 자신의 이해 관심을 충족시키기 위해서 이용하는 데에 몰입해 있다. 그리고 이렇게 존재자들을 다루는 데(Betrieb) 몰두하다보면 존재자가 우리의 모든 이해 관심과 상관없이 의연히 존재하며 그러한 존재자들이 자신들의 존재를 신비스럽게 발현하고 있다는 사실을 망각한다. 이것이 바로 하이데거가 말하는 존재 망각이다.

그런데 존재자들이 이렇게 신비스럽게 현존한다는 사실에 대한 경이는 우리가 앞에서 이미 언급한 바와 같이 어떤 하나의 특별한 존재자의 존재에 대한 경이가 아니라 존재하는 모든 것들의 존재에 대한 경이다. 모든 존재자들의 존재 전체가 빛을 발하면서 자신을 드러내고 있는 것이며 이러한 전체를 하이데거는 진정한 의미의 '세계(Welt)' 또는 퓌지스(physis)라고 부르고 있다. 퓌지스란 그리스인들이 존재자 전체의 존재에 대한 경이라는 기분에 사로잡혀서 근원적으로 경험한 자연을 의미한다. 존

---

4) The Friend, in: *S. T. Coleridge: The Complete Works*, Harper, New York, 1868, vol. ii, 463쪽. Mary Warnock, *Existentialism*, 52쪽에서 재인용.

재 망각이란 세계 망각 또는 퓌지스 망각이다. 그리고 존재 망각이란 인간을 비롯한 모든 존재자의 신비하고 성스러운 현존(Anwesen)에 대한 망각이다. 현대의 기술 문명의 위기는 근본적으로 그러한 현존에 대한 망각에서 비롯된다. 그러한 현존에 대한 망각으로부터 존재자에 대한 무분별한 남용과 아울러 개개의 인간을 체제의 유지와 강화를 위한 소모품으로 이용하는 전체주의적 지배가 비롯된다.

2) 존재 경험과 고향과 조국에 대한 사랑

그런데 하이데거에게 모든 존재자들이 자신의 신비한 현존을 드러내면서 하나의 전체를 이루고 있는 이러한 세계란 특정한 역사적 공간과 시간 속의 구체적인 세계다. 그것은 모든 공간적인 시간적인 한계를 넘어서 무한한 우주로 뻗어 있거나 아득한 과거와 아득한 미래로 뻗어 있는 무한한 세계가 아니다. 그것은 역사적이고 유한한 존재자로서 특정한 역사적 공간과 시간 안에서 태어나서 죽는 구체적인 인간에게 드러난 세계다. 고대 그리스인들이 경험한 자연은 고대 그리스인이라는 구체적인 역사적 현존재가 경험한 자연이다.

단적으로 말해서 하이데거에게 존재의 경험이란 인간이 내던져진 자신의 상황을 고향으로서 경험하는 것을 의미한다. 그것은 하늘을 위로 하고 대지의 품안에서 태어난 인간이 하늘과 대지 사이에 존재하는 산하와 다른 인간들과 동물, 식물 그리고 돌과의 친교를 경험하는 것이다. 그 경우의 하늘과 대지는 천문학에서 다루는 무한한 공간으로서의 하늘도 아니며 대지와 산하

또한 현대의 지리학이 다루는 공간과 산하가 아니다. 현대의 천문학과 지리학에서 다루는 하늘과 대지 그리고 산하는 이른바 보편적이고 추상적인 이성의 입장에서 보여준 하늘과 대지 그리고 산하며, 특정한 하늘과 대지 그리고 산하에서 자라고 죽어가는 구체적인 인간의 입장에서 보여준 것이 아니다.

하이데거가 말하는 고향의 세계란 향토적이면서도 종교적인 공동체다. 아테네인들이 아테네 신의 비호 안에서 자신들의 산하와 대지와 하나가 되고 서로가 하나가 되었던 세계가 바로 하이데거가 그리는 세계다. 그것은 하나의 공동체가 동일한 신 앞에서 함께 춤추고 노래하면서 축제를 벌일 수 있는 세계다. 이런 의미에서 푀겔러는 하이데거가 민족의 전 구성원이 동일한 신을 함께 숭배하는 폴리스적인 공동체를 꿈꾸었다고 말하고 있다.5) 하이데거 자신이 자기 사상의 종교적 성격을 인정하고 있다.

"이러한 신학적 기원이 없었더라면 나는 사유의 길로 들어서지 못했을 것이다. 그러나 기원은 항상 미래로 남는다."6)

3) 조국의 철학으로서 하이데거의 존재 사상

그런데 고향과 향토에 대한 애정은 그러한 고향과 향토가 속하는 운명공동체로서의 조국에 대한 애정으로 이어질 수밖에 없다. 하이데거에게는 한 개인의 운명을 결정하는 가장 큰 공간은 그 개인이 속하는 국가다. 민족주의가 여전히 지배하고 있는 상

---

5) Nietzsche, Hölderlin und Heidegger, in: *Martin Heidegger - Faszination und Erschrecken*, Frankfurt/New York, 1990, 202쪽.
6) 하이데거 전집 12권 *Unterwegs zur Sprache*, 91쪽.

황에서 한 인간이 어떠한 국가에 태어났느냐에 따라서 그 인간
의 운명은 완전히 달라진다. 독일을 조국으로 하여 태어난 인간
과 한국을 조국으로 하여 태어난 인간의 운명은 다른 궤적을 그
릴 수밖에 없다. 하이데거가 말하는 존재의 경험은 이런 의미에
서 하나의 인간이 자신의 조국에 대해서 무한한 애정을 갖게 되
는 경험이기도 하다. 그리고 조국에 대해서 무한한 애정을 갖는
다는 것은 고향과 향토에 대해서 애정을 갖는 것과 마찬가지로
조국의 하늘과 대지, 산하와 사물들 그리고 그러한 세계 안에서
살아가는 동료 인간들의 신비스런 현존을 경험하는 것이다.

　이렇게 볼 때 자신의 고향 메스키르히와 조국 독일에 대한 하
이데거의 애정과 자부심은 하이데거의 존재 사상과 무관한 우연
적인 것이 아니라 오히려 그의 철학의 본질에 닿아 있다고 보아
야 할 것이다. 하이데거의 존재 사상은 자신의 고향 메스키르히
와 조국 독일에 대한 찬가다. 우리가 나중에 볼 것이지만 하이데
거의 철학은 이렇게 고향과 조국의 철학이기에 역시 향토와 조
국을 내세우는 나치에 대해서 동질감을 가질 수 있었다. 이런 의
미에서 하이데거의 나치 참여는 그의 존재 사상에 근본적으로
뿌리박고 있다고 볼 수 있는 것이다.

　조국에 대한 애정과 하이데거의 존재 물음 사이에 존재하는
깊은 연관은 하이데거가 총장 취임식 하루 전에 행한 슐라게터
(Albert Leo Schlageter : 1894~1923)에 대한 추도 연설에서 극
명하게 나타난다. 프랑스는 1923년 1월 11일에 독일이 전쟁배상
금을 갚지 않고 있다는 이유로 라인 지방(Rheinland)을 점령했
다. 프랑스의 행위에 대해서 분개하면서 슐라게터는 프랑스 점
령군을 공격하는 의용군(Freikorps)에 가담했다. 그는 프랑스 점
령군에게 폭탄을 투하하다가 체포되었다. 그는 즉결 재판에 회

부되어 총살형에 처해졌다. 그는 그 후 극우 민족주의 세력에 의해서 순교자로 추앙되었고 1933년 이후에는 나치 최초의 전사로 선언되었다. 슐라게터는 하이데거와 마찬가지로 콘스탄츠 김나지움의 학생이었는데, 이 김나지움은 1936년에 슐라게터-김나지움으로 개명되었다.7)

하이데거는 슐라게터에 대한 추도 연설에서 이렇게 말하고 있다.

"가장 진중한 죽음(das Schwerste)을 견뎌낼 수 있었던 이러한 강인한 의지(die Härte des Herzens)는 어디서 비롯되는가? 가장 위대하고 가장 심원한 죽음(das Größte und Fernste)을 자신의 영혼으로 인수하는 이 맑은 마음(die Klarheit des Herzens)은 어디서 비롯되는가?

프라이부르크대의 학생들이여! 독일의 학생들이여! 제군들이 여행할 때나 행군할 때 슈바르츠발트(Schwarzwald, 흑림)의 산과 들 그리고 계곡에 들어설 때, 그대들은 (슐라게터의 강인한 의지와 맑은 마음이 어디서 비롯되었는지를) 경험하고 알게 될 것이다. 젊은 농부의 아들(슐라게터)이 성장한 산들은 원생암석(Urgestein)과 화강암(Granit)으로 이루어져 있다. (슐라게터가 가졌던) 강인한 의지는 옛날부터 그 산들에 의해서 길러져 왔다.

슈바르츠발트의 가을해는 산맥과 숲을 청명하게 비추고 있다. 그 광경은 장엄 그 자체다. (슐라게터가 가졌던) 맑은 마음은 옛날부터 그 햇빛을 통해서 길러진 것이다."

"강인한 의지와 맑은 마음으로 알버트 레오 슐라게터는 자신의 죽음, 즉 가장 진중하고 가장 위대한 죽음을 인수했다.

프라이부르크대의 학생들이여, 이 영웅이 성장한 고향의 산들이 갖는 힘을 그대들의 의지에 스며들게 하라!

---

7) Farias, 142쪽 이하.

프라이부르크대의 학생들이여, 이 영웅이 성장한 고향의 계곡에
비춰드는 가을 해의 힘을 그대들의 마음에 비추게 하라!
강인한 의지와 맑은 마음을 그대 안에 보존하고 그대들의 동료들
에게 전하라."[8]

하이데거는 후기에 '각각의 사물은 하늘과 대지 그리고 불사
의 신과 사멸할 인간이 하나로 어울리는 사방(四方. das Geviert)
으로서의 세계를 집수(集收)하는 것'으로 사유하고 있다. 이러한
사유는 사실은 하이데거가 세계를 사방으로 파악하기 이전에 이
미 「예술 작품의 근원」에서 시도되고 있으며, 「예술 작품의 근원」
이전에 이 슐라게터의 추도사에서 그 단초를 여실히 드러내고
있다. 사방에 관한 하이데거의 사유는 흔히 구체적이고 실존적
인 의미를 결여하고 있는 형이상학적인 추상물로 간주되고 있
다. 그러나 슐라게터에 대한 추도 연설에서는 하이데거의 사방
이론이 갖는 실존적인 의미가 첨예하게 드러나고 있다.

하이데거에서 사물뿐 아니라 하나하나의 인간은 자신이 성장
하는 고향의 하늘과 대지를 집수(集收)하는 존재로 사유되고 있
는 것이다. 인간의 과제는 고향 하늘의 청명함과 대지의 강인함
을 자신 안에 동화하고, 자신의 죽음으로 선구함으로써 자신을
비롯한 고향 안의 존재자 전체의 신비스런 현존을 경험하는 것
이다.

후기 하이데거가 말하는 사방으로서의 고향이 단순한 형이상
학적 추상물이 아니라 한 인간이 역사적인 전통 안에서 태어나
고 죽어가는 구체적인 장소를 의미한다는 사실은 다음 인용문에

---

8) Guido Schneeberger: *Nachlese zur Heidegger, Dokumente zu seinem
Leben und Denken*, Bern 1962. 48쪽.

서도 명확하게 나타난다.

"오늘날 자주 언급되고 잇는 저개발국의 민족들이 근대 기술의 혜
택을 누리게 될 경우, 그것을 통해서 그들의 가장 고유하고 전통적인
것이 박탈되고 파괴되는 것이 아닌지 그리고 그들은 이러한 방식으로
자신의 친숙한 세계로부터 섬뜩한 세계로 추방되는 것은 아닌지라는
물음이 제기된다."9)

"많은 독일인들이 자신들의 마을과 도시를 떠나야만 했고 고향의
대지로부터 추방되었다. 고향이 아직 남아 있던 수많은 다른 사람들
도 방황 끝에 분망한 대도시로 이주하고 삭막한 산업 구역에서 살
자리를 찾아야만 한다. 그들은 오랜 고향에서 소외되었다. 그러면 고
향에 머물러 있는 자들은 어떠한가? 그들이야말로 사실은 고향에서
추방된 자들보다도 훨씬 고향을 상실한 자들이다. 매시간 그리고 매일
그들은 라디오와 텔레비전에 사로잡혀 있다. 매주 영화를 통해서 그들
은 상상의 영역으로 도피한다. 그러한 상상의 세계는 별세계(別世界)
인 것 같지만 사실은 습관적인 영역일 뿐이다. 이러한 영역은 하나의
세계인 것처럼 가장하지만 사실은 어떠한 세계도 아니다 …."10)

하이데거의 시각으로 볼 때 현대인들은 자신들이 태어난 토착
세계로부터 무한한 가상의 세계(eine grenzenlose Scheinwelt)
에로 끌려 들어가고 있다는 것이다. 이러한 세계에는 믿고 의지
할 수 있는 것(verläßlich)은 아무것도 없고, 사람들의 호기심과
흥분을 끊임없이 자극하는 새로운 것들이 명멸할 뿐이다.

---

9) *Martin Heidegger zum 80. Geburtstag von seiner Heimatstadt Meßkirch*,
Frankfurt 1969, 40쪽.
10) 같은 책, 21쪽.

4) 하이데거의 존재 사상은 근대 기술 문명의 제국주의와 전체주의에 대해서 조국과 향토를 수호하기 위한 투쟁이다 — 몰아세움의 세계와 사방으로서의 세계

우리는 하이데거의 기술 문명 비판도 결국은 조국과 향토를 수호하기 위한 투쟁이라고 볼 수 있다. 하이데거는 창조적인 모든 것은 오직 고향의 대지로부터 비롯된다고 생각했다. 하이데거가 1930년과 1933년 두 번에 걸쳐서 베를린대의 교수 초빙을 거부한 것도 모든 창조적인 작업은 향토에 뿌리박는 것에 의해서만 가능하다는 생각에서 비롯된 것이다.

이런 맥락에서 하이데거는 헤벨(Johann Peter Hebel)이 방언으로 쓴 시를 좋아했으며, "나는 나의 조국 안의 형태들이 빚어내는 화음을 사랑한다(Ich liebe den Gestalteneinklang meines Vaterlandes)"고 말한 세잔의 작품을 좋아했다.[11] 하이데거는 헤벨이나 세잔의 작품은 자신들의 향토와 조국에 뿌리박고 있기에 훌륭한 작품이 될 수 있었다고 보는 것이다. 더 나아가 하이데거는 자신의 철학적 작업(die philosophische Arbeit)도 항상 대지와 접촉하고 있는 농부의 노동과 본질적으로 동일한 것으로 본다. 하이데거는 농부의 노동과 마찬가지로 자신의 철학적 작업도 토드나우베르크의 산과 숲에 뿌리박고 있다고 보았다.

그러나 하이데거가 보기에 현대의 기술 문명에게는 고향도 조국도 없다. 현대의 기술 문명에게 인간이란 다른 존재자들과 마찬가지로 계산 가능한 에너지의 집합에 불과하다. 인간은 노동

---

11) Günter Neske(hrsg): *Erinnerung an Martin Heidegger*, Pfullingen 1977, 85쪽.

력의 담지자에 지나지 않으며 노동의 대가로 향락 수단을 얻기에 급급하는 존재에 불과하다. 인간은 노동하고 향락하는 동물이다. 니체가 말세인이라고 불렀고 장차 지상을 뒤덮을 것이라고 보았던 이러한 인간들이 하이데거는 현대의 기술 문명에서 이 지상을 뒤덮고 있다고 본다. 이러한 인간들에게는 '존재자가 존재하고 있다'는 사실에 대한 경이도 자신이 거주하고 있는 향토와 산하에 대한 경이와 사랑도 결여되어 있다. 하이데거에게 인간은 현존재, 즉 존재자 전체의 존재가 그를 통해서 자신을 찬연(燦然)히 드러내 보이는 존재이기에 인간이 존재자 전체의 존재에 대한 경이를 상실했을 경우 그는 비인간이며 동물의 차원으로 전락한 것으로 간주된다.

이러한 인간들에게는 고향과 조국도 그리고 그러한 고향과 조국에 스며들어 있는 역사도 아무런 의미를 갖지 못한다. 현대의 기술 문명은 인간이 그 안에서 거주하는 자연적인 세계 대신에 생산망과 거래망 그리고 정보망을 통해서 철저하게 연결된 인공적인 세계를 건설한다. 현대를 지배하는 언어는 국적 없는 정보 언어며 현대인들은 민족의 시인이나 철학자들의 언어를 배우기 위해서 노력하는 것이 아니라 정보 언어를 습득하기 위해서 진력한다. 현대의 기술 문명은 정보 언어를 매개로 모든 지역적인 차이를 넘어서 기술적으로 조직된 하나의 세계 문명을 지향한다.

물론 이러한 와중에서도 각국 간에는 여전히 민족주의적인 경쟁이 치열하게 전개된다. 그 경우 이러한 경쟁은 조국의 고향과 산하를 보존하기 위한 것이 아니라 오히려 국가의 권력 의지와 국가 구성원들의 이기적인 욕망을 충족시키기 위해서 행해진다. 그리고 이를 위해서 조국의 산하와 대지는 무자비하게 개발된다. 조국의 산하와 대지도 순수한 에너지로 환원되며 국가적인 권력 의지의 강화를 위해서 총동원되는 것이다. 하이데거의 고유한 용어로 말하자면 획일화된 기술적인 세계는 인간을 비롯한 모든 존재자들이 자신들의 에너지를 내놓도록 내몰리는 몰아세움의 세계(Ge-stell)다.

5) 하이데거의 존재 사상은 국수주의적이거나 제국주의적인 귀결을 갖는가?

하이데거가 나치에 가담한 이유 중의 하나는 나치의 '피와 대지'라는 슬로건에서 '토착의 대지로 귀환하는 것을 통하여 기술 문명을 극복하려는 자신의 사상'과 유사한 점을 발견했기 때문일 것이다. 물론 하이데거는 나치가 말하는 '피와 대지'와 자신이 말하는 '민족과 대지' 사이의 본질적인 차이를 의식하고 있다. 나치가 말하는 '피와 대지'가 인종주의적이고 배타적이며 제국주의적인 성격을 띠는 반면에, 하이데거가 말하는 민족은 정신적인 성격이 강하며 대지 역시 배타성이나 제국주의적인 성격을 띠지는 않는다. 하이데거의 존재 사상은 분명히 향토주의적이고 민족주의적 입장으로 통하는 것이지만 그렇다고 하여 그것은 메스키르히와 독일 민족을 우상화하고 절대시하는 방향으로 나가는 것은 아니다.

하이데거와 고향과 조국을 달리 하는 사람들에게 하이데거의 존재 사상은 오히려 그들의 고향과 조국에 대한 애정에 대해서 정당성을 부여하는 역할을 할 수 있다. 이런 의미에서 푀겔러는 하이데거의 존재 사상은 나치의 침략에 대해서 자신의 고향과 조국을 수호하는 파르티잔들의 철학이 될 수 있다고 보았다. 하이데거의 존재 사상은 각각의 민족이 자신의 향토와 조국을 수호하고 그것이 존재가 현현하는 장으로 변화시키라는 요구라고 볼 수 있다. 그것은 모든 형태의 제국주의나 국수주의를 배척하는 철학이다. 따라서 나는 하이데거가 종종 독일어와 독일 민족에 대해서 국수주의적인 태도를 취한 것을 하이데거의 철학 자신에 대한 모순이라고 생각한다.

하이데거의 철학은 타민족을 도와주되 추상적인 인류애의 관점에서가 아니라 그 민족이 자신의 본래적인 존재를 회복하도록 도와주는 관점에서 도와줄 것을 촉구하는 철학이 될 수 있다.[12] 그것은 오히려 추상적인 인류애의 관점 아래에 사실상은 자신들의 종교와 문화를 강요한 서구 제국주의의 입장에 대한 도전이 될 수 있다. 하이데거는 각 민족의 고유성에 입각한 민족주의와 힘과 정복을 목표하는 민족주의를 구별한다.[13]

하이데거가 민족과 민족 간의 정신적인 투쟁을 말할 때, 이는 한 민족이 다른 민족을 정신적으로 지배할 것을 목표해야 한다는 것을 의미하는 것이 아니다. 그것은 두 민족이 상호간의 대화를 통해서 각자의 본질을 구현하도록 서로 돕는 것을 의미한다. 하이데거는 제국주의적 지배 의지는 현대 기술 문명을 근저에서 규정하고 있는 권력에의 의지의 한 형태라고 본다. 하이데거가 말하는 향토와 조국에 대한 애정은 다른 국가들을 지배하려는 권력에의 의지를 낳는 것이 아니라 오히려 다른 국가들에 대한 존중을 수반한다.[14]

---

12) 하이데거의 이러한 입장은 프랑스 철학자들과 독일 철학자들 간의 이상적인 대화에 관한 글인 "Wege der Aussprache", in: Schneeberger, 위의 책, 258-262쪽을 참조할 것.
13) 하이데거 전집 15권 *Heraklit*, 358쪽.

물론 나는 하이데거가 모든 면에서 자신의 존재 사상이 갖는 이러한 귀결을 끌어내었고 그러한 귀결에 따라서 살았다고 생각하지는 않는다. 그는 유태인의 말살을 내세우는 반유태주의자는 아니지만 독일 민족에 대한 지나친 애정 때문에 유태인에 대해서는 무심했던 것처럼 보인다. 그는 유태인인 한나 아렌트나 엘리자베트 블로흐만과 같은 자신의 사적인 지기들이 처한 운명에 대해서는 안타까워하지만, 전체로서의 유태인에 대해서는 별다른 동정심을 보이고 있지 않다.

---

14) 전광식, 위의 책, 32쪽.

제5장
총장 사퇴 후부터 패전까지의
하이데거의 입장과 행적

1. 하이데거와 하이데거에 호의적인 지기(知己)들은
총장직 사퇴 이후의 하이데거의 입장을 어떻게 보는가?

　하이데거는 총장직 사퇴 이후에 나치와 히틀러에 대해서 어떠한 입장을 취하게 되었는가? 그리고 하이데거와 나치당 사이의 관계는 어떠했는가? 이러한 물음에 대해서 먼저 하이데거와 하이데거에 호의적인 지기들의 견해를 소개하려고 한다.

　하이데거는 독일 패전 후 프라이부르크대 정화위원회 의장인 디이체(Dietze)에게 보낸 서한에서 자신이 1934년 6월 30일의 룀-푸취(Röhm Putsch)를 계기로 하여 히틀러에 대한 환상을 버리게 되었다고 쓰고 있다. 아울러 그는 1933년 5월 히틀러가 평화 연설을 할 때만 해도 자신의 입장과 정부의 입장이 동일하다고 확신했으나, 이미 그 해 겨울부터 나치스의 세계관, 특히 로젠베르크와 크리크의 인종주의적 세계관과 첨예하게 대립하게 되었다고 쓰고 있다.[1]

하이데거의 친구였던 역사가 게르하르트 리터(Gerhard Ritter)도 하이데거가 1934년 에른스트 룀에 대한 숙청 이후 나치 체제에 대해서 적대적이 되었으며 히틀러에 대한 믿음도 완전히 상실하게 되었다고 말하고 있다.[2] 게르하르트 리터는 1944년 7월 20일 히틀러에 대한 암살 기도에 가담했다가 암살이 실패한 후 투옥되었던 저항 인사였다. 독일의 패전 후 프라이부르크대의 나치정화위원회도 다음과 같이 결론을 내린다.

"하이데거는 1933년 이전에는 나치스와 아무런 관련이 없었을 뿐 아니라 1934년 4월 이후부터는 나치스라고 간주될 확실한 증거가 없다. 따라서 우리는 만일 하이데거가 1933년에 범한 단기간의 정치적 과오로 인해서 대학을 떠나야만 한다면 이를 극히 중대한 손실이라고 생각한다."

하이데거는 『총장직 1933/34』에서 총장직 사퇴 이후 자신은 당에 의해서 경계와 감시의 대상이 되었다고 쓰고 있으며 그러한 사실을 입증하는 사실들을 거론하고 있다. 이하는 하이데거의 말을 정리한 것이다.

'1937년 여름 학기에 하이데거와 함께 연구하던 항케(Hacke) 박사가 자신은 당의 위촉으로 하이데거를 감시하고 있다고 하이데거에게

---

1) Bernd Martin(hrsg), 위의 책, 210쪽.
2) 같은 책, 160쪽.

고백했다.

당은 총장 재직 당시의 하이데거의 활동이 프라이부르크대에 만연한 비나치적인 분위기의 근원이라고 보았다.

하이데거의 강의나 세미나에는 요한네스 로츠(Jahannes Lotz)나 칼 라너(Karl Rahner) 같은 예수회 수사들이 참여했기 때문에, 당은 하이데거가 예수회원들과 가까운 관계를 맺고 있다고 의심했다.

하이데거는 유태계 학생들에게도 강의에 참여하는 것을 허용했다고 비난받았다.

다른 사람들보다도 훨신 뛰어난 하이데거의 제자들인 가다머(Gadamer)나 게르하르트 크뤼거(G. Krüger) 그리고 발터 브뢱커(W. Bröcker)는 하이데거의 제자란 이유로 오랫동안 교수가 될 수 없었다. 이는 궁극적으로는 당이 하이데거를 경계했기 때문이다.

1938년 이래로 신문이나 저널에서 하이데거의 이름을 언급하거나 그에 대해서 논하는 것은 금지되었다. 『존재와 시간』 그리고 『칸트와 형이상학의 문제』의 신판(新版)도 당의 조치로 출간될 수 없었다.

하이데거는 1935년 프라하에서 열린 국제철학자대회와 1937년에 파리에서 열린 데카르트 학술대회에 파견된 독일 대표단에서도 배제되었다.

전쟁 기간 동안 '독일의 정신과학'을 집대성하는 작업이 진행되고 있었는데, 철학 부분은 니콜라이 하르트만이 주재하였다. 이에 대한 논의를 위해서 모든 철학 교수들이 베를린에 초대되었으나 야스퍼스와 하이데거는 제외되었다. 이 작업에서 사람들은 '실존 철학'을 공격하려고 했기 때문에 야스퍼스와 하이데거는 배제되었던 것이다.[3]

1939년 제2차 세계대전이 발발한다. 1944년 전쟁 말기에 500명의 학자와 예술가가 모든 군무를 면제받았으나 하이데거는 제외되었다. 하이데거는 당시 55세의 나이로 참호 공사를 명령받았다. 프라이부르크대 총장은 당과의 협의 아래 교수들을 '전혀 불필요한 교수', '반쯤

---

3) 같은 책, 43쪽.

불필요한 교수', '불가결한 교수'로 분류했는데, 하이데거는 첫 번째 부류의 맨 앞에 기록되었다. 1944년 11월에 하이데거는 국민돌격대 (Volkssturm)에 소집된다. 소집된 대학 교수 중 하이데거가 최연장자였다.'4)

하이데거는 자신이 1936년부터 1943년까지 행한 니체에 대한 강의는 나치즘에 대한 은밀한 비판과 저항이었다고 주장하며, 당시에 들을 수 있는 귀를 가지고 있던 사람들은 모두 자신의 강의를 그렇게 이해했다고 말하고 있다.5) 하이데거는 전후에 프라이부르크대 총장에게 이렇게 쓰고 있다.

"1936년 이래 나는 니체에 대한 일련의 강의와 강연을 통해서 분명히 (나치즘과) 대결했으며 (나치에 대해서) 정신적으로 저항했다. 물론 니체는 결코 나치즘과 동일시되어서는 안 된다. 근본적인 입장을 도외시할 경우 니체는 반유태주의에 대해서 반대하고 있으며 러시아에 대해서 긍정적인 태도를 취하고 있다. 그러나 더 높은 차원에서 볼 때는 니체의 형이상학과의 대결은 니힐리즘과의 대결이다. 그리고 파시즘은 니힐리즘이 정치적으로 나타난 것이라는 사실이 갈수록 명확하게 되었다."6)

볼노브(Otto Friedrich Bollnow)는 1936년 가을에 하이데거와 나눈 사적인 대화에서, 하이데거가 혹시라도 볼노브가 하이데거

---

4) Spiegel-Gespräch, 위의 책, 95쪽.

5) 같은 책, 93쪽.

6) Otto Pöggeler, Nietzsche, Hölderlin und Heidegger, Philosophisches im politischen Irrtum?, in: *Martin Heidegger - Faszination und Erschrecken*, Frankfurt/New York, 1990, 180쪽.

에게 편지를 할 때는 당시의 시대 상황에 대해서 솔직하게 쓰지 말라고 부탁했다고 회고한다. 하이데거는 당시에 자신의 편지가 감시받고 있다고 말했다고 한다. 아울러 하이데거는 "우리는 카타콤브(Katakomben)로 들어가야 한다. 왜냐하면 그들은 (손으로 제스처를 하면서) 모든 것을 엉망으로 만들고 있기 때문이다"고 말했다고 한다.[7]

하이데거의 제자 발터 비멜(Walter Biemel)은 이렇게 말하고 있다.

'그는 1942년부터 하이데거의 강의와 세미나(Oberseminar)에 참여했다. 그는 하이데거의 세미나나 강의에서 하이데거가 나치 정권에 대해서 부정적인 입장을 취하고 있음을 감지할 수 있었다. 그가 하이데거 집에 초대받았을 때 하이데거는 당 지도부를 범죄자라고 불렀으며 전쟁을 계속하는 것은 무의미하다고 말했다.[8] 그 당시의 교수들 중 하이데거처럼 체제에 대해서 분명하게 부정적인 입장을 취한 사람은 없었다.'

물론 비멜은 강의에서 하이데거가 가끔은 나치즘에 대해서 긍정적으로 들릴 수 있는 말도 했다고 시인하고 있다. 예를 들어서 비멜은 횔덜린의 『이스터-송가(Ister-Hymne)』에 대한 하이데거의 강의에서 한 구절을 인용하고 있다.

---

7) Günter Neske(hrsg): *Erinnerung an Martin Heidegger*, Pfullingen 1977. 28-29쪽.

8) Walter Biemel, Erinnerung an zwei Jahre in Freiburg(1942-1944), in: *Martin Heidegger und das 'Dritte Reich'*, (hrsg) Bernd Martin, Darmstadt, 1989, 119쪽.

"오늘날 그리스 시대에 대해서 쓰여진 대부분의 책들은 그리스인들에게는 '모든 것'이 정치적이었다고 주장하고 있다. 이러한 책들에서 그리스인들은 골수 나치로 나타난다. 이렇게 열성적인 학자들은 그러한 연구를 통해서 나치즘과 그것의 역사적 독자성(Einzigartigkeit)에 자신들이 기여하는 바가 전혀 없다는 사실을 깨닫지 못하고 있다. 더구나 나치즘은 그러한 기여를 전혀 필요로 하지 않는다."[9]

비멜은 이 구절을 두 가지 방식으로 이해할 수 있다고 생각한다. 첫째는 나치즘 자체와 당시의 지배적인 정신적 분위기를 비판하는 것이 하이데거의 주목적이었지만 나치즘의 진정한 이념과 역사적 독자성을 거론한 것은 자신을 보호하기 위한 일종의 연막 전술이었을 뿐이라는 것이다. 두 번째 해석 가능성은 하이데거가 자신이 생각하는 진정한 나치즘을 실제의 나치즘에 대해서 내세우고자 했다는 것이다. 비멜 자신은 그가 하이데거와 나눈 수많은 대화에서 하이데거가 나치즘을 변호하거나 정당화하려고 한 적이 한 번도 없었다는 이유로 첫 번째 해석을 수용하고 있다.[10]

원래 루마니아에서 대학을 다녔던 비멜은 부카레스트의 한 친구와 함께 하이데거의 「형이상학이란 무엇인가?」를 루마니아어로 번역한 후 루마니아의 대형 출판사에 보낸 적이 있었다. 이때 그는 출판사로부터, 당시 루마니아를 지배하고 있던 나치가 출간을 허락하지 않았으며 심지어 그 책을 체제에 대한 모독으로 간주하고 있다는 대답을 들었다.[11] 비멜은 하이데거의 세미나와

---

9) 하이데거 전집 53권, *Hölderlins Hymne >Der Ister<*, 98쪽.
10) Walter Biemel, Erinnerung an zwei Jahre in Freiburg(1942-1944), in: *Martin Heidegger und das 'Dritte Reich'*, (hrsg) Bernd Martin, Darmstadt, 1989, 120쪽.

하이데거의 집에서는 야만이 지배하던 당시의 독일과는 전혀 다른 독일, 즉 횔덜린, 헤겔, 칸트, 아리스토텔레스, 플라톤, 파르메니데스, 헤라클레이토스, 헤벨(Johann Peter Hebel)이 함께 거주했던 독일이 있었다고 회고하고 있다.12)

2. 이상의 견해들에 대한 비판적 검토

이상에서 우리는 하이데거와 하이데거에 가까웠던 사람들의 진술을 토대로 하여 총장직 사퇴부터 패전까지 하이데거와 나치 사이의 관계와 나치에 대한 하이데거의 입장을 살펴보았다. 우리는 하이데거와 그에 호의적이었던 제자나 지기들의 말을 어떻게 받아들여야만 하는가?

오트나 파리아스는 하이데거나 그에게 가까웠던 제자나 지기들의 주장을 상당 부분 반박하고 있다. 이러한 반박을 정리하면 다음과 같다.

첫째로 하이데거는 자신의 강의를 감시한 항케 박사가 보안대(SD) 정보원이었다고 주장하는 반면에, 파리아스는 항케 박사가 보안대 정보원이 아니었다고 주장하고 있다. 이러한 사실은 베를린 문서센터에 보관되어 있는 항케 박사에 관한 당의 문건에서 분명하게 드러나고 있다는 것이다.13) 파리아스는 이렇게 하이데거에 대한 당의 감시가 있었다는 사실 자체를 부인하려고

---

11) 같은 책, 121쪽.
12) 같은 책, 121쪽.
13) Farias, 위의 책, 336쪽.

한다.

이에 대해서 오트는 1936년에 하이데거가 이탈리아를 여행하고 돌아온 이후부터 당이 하이데거를 감시했다는 사실을 인정하고 있다. 그러나 하이데거가 당의 감시는 자신의 총장직 사퇴와 연관이 있다고 보는 반면에, 오트는 그러한 연관을 부인하고 있다. 당이 하이데거를 감시하게 된 것은 하이데거가 예수회 신부들과 함께 작업하고 있다는 소문 때문이었다는 것이다. 오트는 하이데거는 가톨릭에 대해서 이미 적대적인 입장을 취하고 있었기에 그러한 감시는 당의 오해에서 비롯된 것으로 단정하고 있다.14)

아울러 베른트 마르틴은 하이데거의 강의가 감시되고 있었다는 가능성을 인정하면서도 지속적으로 감시되지는 않았을 것이라고 주장하고 있다. 그는 오히려 하이데거가 강의 중에 나치즘을 비판할 수 있었던 것은 그가 정부 관료들과 당과 가까운 관계를 갖고 있었기 때문에 가능할 수 있었다고 말하고 있다.15) 마르틴은 하이데거가 자신의 비판적 자세와 용기를 입증하는 예로 드는 것을 오히려 당과 정부 관료들에 대해서 하이데거가 친밀한 관계를 가지고 있었다는 사실을 입증하는 것으로 해석하고 있는 것이다.

둘째로, 하이데거 철학을 니힐리즘이라고 비판한 에른스트 크리크 등의 공격을 하이데거는 자신에 대한 당의 비판이라고 해석하지만, 마르틴은 그것을 당 차원의 비판이 아니라 나치 운동의 정신적인 헤게모니를 둘러싼 교수들 사이의 싸움에 지나지

---

14) H. Ott, 위의 책, 254쪽.
15) Bernd Martin(hrsg), 위의 책, 37쪽.

않았다고 보고 있다.16) 이와 관련하여 하이데거의 강의에 대한 감시도 슬러거는 나치즘 안의 사상적 파벌들 간의 헤게모니 싸움이란 맥락에서 이해해야 한다고 말하고 있다. 슬러거는 나치체제 아래에서는 나치즘에 대한 정신적 헤게모니를 둘러싸고 여러 가지 사상적인 당파들이 서로 경합을 벌이고 있었음을 지적하고 있다. 이러한 파당들은 서로를 모함하고 중상하는 한편, 서로를 감시하고는 했다는 것이다. 슬러거에 의하면 나치 철학자들은 자신의 경쟁자들을 나치라고 아니라고 비난하곤 했기 때문에, 에른스트 크리크 등이 하이데거를 나치가 아닌 니힐리스트라고 비난했다고 해서 하이데거를 나치가 아니라고는 볼 수 없다는 것이다.17) 그리고 하이데거가 말하는 감시도 사실상은 이러한 사상적 파벌들 중의 하나에 의한 것일 수 있다는 것이다.

셋째로 하이데거는 자신이 프라하에서 열린 국제철학자대회에 참석하지 못한 이유를 당의 개입에 의한 것으로 주장하지만, 마르틴은 그 이유를 오히려 프라이부르크대의 교수진을 비롯하여 독일 철학자들이 하이데거에 대해서 가지고 있었던 반감에서 찾고 있다. 1937년 파리에서 열린 데카르트 국제대회의 경우에도 장관인 루스트(Rust)는 하이데거가 대표단에 포함되도록 애썼으나 동료 철학자들이 수용하지 않았다는 것이다.18)

넷째로 자신에 대한 불만 때문에 당이 자신을 국민돌격대에 편입시켰다는 하이데거의 주장에 대해서도 마르틴은 오히려 그것을 오히려 당에 의한 배려로 보고 있다. 마르틴에 의하면 하이데거는 당시에 스포츠로 단련된 건장한 몸을 갖고 있었기 때문

---

16) Bernd Martin(hrsg), 위의 책, 37쪽.
17) Hans Sluga, 위의 책, 8쪽.
18) B, Martin(hrsg), 위의 책, 39쪽, Farias, 위의 책, 329~335쪽.

에 전선에 투입될 수도 있었다는 것이다. 울린(Richard Wolin)
그리고 오트는 하이데거가 국민돌격대에 편입된 것을 당에 의한
배려나 특혜로 보지는 않는다. 그러나 울린과 오트는 하이데거
가 국민돌격대에 편입되었을 때 하이데거가 전선에 투입되지 않
도록 힘을 썼던 하이데거의 친구 오이겐 퓌셔(Eugen Fischer)의
정체 때문에, 하이데거가 국민돌격대에 편입되었다는 사실은 하
이데거에게 오히려 불리하게 작용할 수 있다고 본다.

오이겐 퓌셔는 정신장애자들을 안락사를 통해서 제거하는 정
책을 입안한 사람이었으며 나치 인종 이론의 주창자 중의 하나
로서 1939년 7월 20일 유태인들의 말살을 요구한 것으로 악명이
높은 자다. 하이데거가 이러한 인간과 친분을 맺고 있었다는 사
실이 하이데거의 사상적 성분을 의심스럽게 만들며, 더 나아가
하이데거가 종전 이전에 나치가 자행한 유태인 대학살을 이미
알고 있었을 가능성을 시사한다는 것이다.[19]

이와 관련하여 마르틴은 전쟁 말기에 자신과 나치의 관계가
최악에 달했다는 하이데거의 주장에 대해서도 이의를 제기하고
있다. 파리아스 역시 하이데거의 대학 개혁에 의해서 자신들의
지위가 위협을 받았던 보수적인 교수들은 하이데거에 대한 적대
의식을 끝까지 누그러뜨리지 않았지만, 하이데거에 대한 당과
정부 관료들의 태도는 하이데거에 대해서 전적으로 대립적인 것
만은 아니었다고 쓰고 있다.[20] 당과 관료들은 그가 체제에서 중
요한 지위를 갖는 것은 저지했지만 전체적으로 볼 때 그를 존중
하는 입장을 취했다는 것이다. 파리아스는 그 증거로 하이데거

19) *The Heidegger Controversy - A Critical Reader*, edit. Richard Wolin,
MIT Press, 282쪽 이하.
20) Farias, 위의 책, 258쪽.

가 독일 패전까지 당으로부터 어떠한 경고나 탄핵도 받은 적이 없었다는 사실을 들고 있다.[21] 아울러 오트는 나치 당국은 하이데거가 해외를 여행하는 것을 거의 예외 없이 허용했으며, 『존재와 시간』도 계속해서 출간될 수 있었다는 사실을 지적하고 있다.[22] 골드쉬미트는 하이데거의 총장 취임 연설이 1937년에 3판을 찍었으며 5000부가 새로 인쇄되었다는 사실을 지적하고 있다.[23] 단적으로 말해서 하이데거는 나치가 패망할 때까지 당에 의해서 나치 편으로 인정받고 있었다는 것이다.[24] 하이데거의 옹호자인 프랑수와 페디에도 하이데거는 총장직 사퇴 후 나치즘에 대해서 비판적인 입장을 취하게 되고 보안대(SD)와 친위대(SS)에 의해서 감시당하지만, 하이데거의 비판을 1940년부터 독일 안팎에서 전개되는 나치에 대한 저항(Widerstand)으로 볼 수는 없다고 말하고 있다.

마지막으로 우리는 히틀러 경례에 대한 하이데거의 태도도 문제 삼아야 할 것이다. 사프란스키는 하이데거가 니체 강의에서 자신이 감시받고 있다는 것을 알면서도 나치의 생물학주의와 인종주의를 비판했다면 그것은 대단한 용기라고 말하고 있다. 하이데거의 제자나 지기 중의 많은 사람들이 하이데거의 강의에 참석하는 것 자체가 용기를 필요로 하는 행위였다고 말하고 있다. 그럼에도 사프란스키는 수강자들은 하이데거가 강의가 시작

---

21) Farias, 위의 책, 41, 335쪽.

22) Hugo Ott, 위의 책, 25, 251쪽.

23) Georges-Arthur Goldschmidt, Ein Lebne, ein Werk im Zeichen des Nationalsozialismus in: *Die Heidegger Kontroverse*, hrsg. Jürg Altwegg, Frankfurt a.M.

24) Hugo Ott, *Heidegger und die praktische Philosophie*, (hrsg) Annemarie Gethmann-Siefert und Otto Pöggeler, Frankfurt a.M. 1988, 74쪽.

하기 전에 히틀러 경례를 할 것을 다른 교수들보다도 더 고집했다는 사실을 의아하게 여겼다고 한다.[25]

파리아스는 히틀러 경례는 하이데거가 총장으로 재직하던 시절에는 의무적인 것이었으나 후임 총장들에서는 구속력을 잃게 되었다고 말하고 있다. 이와 관련하여 파리아스는 1952년 7월 24일 하이데거에게 보낸 야스퍼스의 편지를 인용하고 있다. 야스퍼스는 이 편지에서 이렇게 말하고 있다.

"드레셔(Drescher. 야스퍼스의 박사 과정 학생)는 1937에서 1938년에 당신의 강의를 들었을 때, 당신이 히틀러 경례와 함께 강의를 시작할 것을 고집했다고 알려왔다. 당신의 노력은 허사로 돌아갔다. 당신이 히틀러 경례를 도입했지만, 그 당시의 총장은 그것을 더 이상 필수적인 것으로 간주하지 않았다."[26]

3. 하이데거는 언제 히틀러에 환멸을 느끼게 되었는가?

하이데거나 게르하르트 리터는 1934년 룀파의 숙청 이후 하이데거가 히틀러에 대한 환상을 완전히 버렸다고 말하고 있다. 그러나 여러 가지 정황으로 미루어볼 때 하이데거는 1934년 이후에도 상당히 오랫동안 히틀러에 대한 환상과 기대를 버리지 못했던 같다. 그리고 이는 히틀러에 의해서 영도되는 나치 운동에 대한 기대도 상당 기간 동안 가지고 있었다는 것을 의미한다.[27]

---

25) Safranski, 위의 책, 360쪽.
26) Farias, 위의 책, 335쪽 이하.
27) Bernd Martin(hrsg), 위의 책, 36쪽.

    1930년대 후반에 히틀러는 그동안의 치적을 통해서 전 국민적인 지지를 받았다. 1939년 4월 28일의 한 연설에서 히틀러는 자신의 치적을 이렇게 열거하고 있다.

    '혼란을 극복하고 질서를 회복했다는 점, 급속한 경제 성장을 이룩했다는 점, 실업자를 일소했다는 점, 독일 국민들을 정치적으로 통일시켰을 뿐 아니라 독일을 군사적인 강국으로 만들었다는 점, 418개조로 구성된 굴욕적이고 치욕적인 베르사이유 조약을 폐기했다는 점, 제1차 세계대전에서 빼앗긴 지역을 다시 되찾았다는 점, 독일 영토 밖의 수백만의 독일인들을 다시 고향에 정주시켰다는 점, 그리고 이 모든 업적을 피 한 방울 흘리지 않고 실현했다는 점.'[28]

    히틀러가 이러한 치적을 올렸다는 것은 사실이었던 것 같다. 홍사중은 이렇게 말하고 있다.

    "정권 장악 후의 나치스당은 독일 지배 계급의 엘리트이 협력 아래 실업을 줄이고(군수 산업의 대확장으로), 농업 생산을 증대시키고 국민의 생활 수준을 향상시키는 한편, 도시와 농촌의 하층 중산 계급 출신의 유능한 인재들을 대량으로 권력 기구 속에 흡수함으로써 사회의 폐쇄성을 타파하는 데 성공하였다. 또한 각종 획일화 정책을 단행하고 사회 복지 정책을 확장시켜 나치 정책의 혜택을 받는 국민층을 늘려나갔다.
    히틀러의 외교적인 성과는 그동안 그에게 반대해 오던 사람들까지도 마음을 돌리게 만들 만큼 눈부신 바가 있었다. 그는 자르 지방의 회복, 라인란트의 재무장화, 일반 병역의무제의 도입 등, 베르사유 조약의 차별적인 규제들을 단시일 안에 차례로 무너뜨려나갔다 ….

---

28) Safranski, 위의 책, 327-328쪽.

1928년 국회 선거 때 그의 지지자는 2.5퍼센트에 지나지 않았다. 다음 번 선거에서 그가 40퍼센트를 획득한 것은 1930~1933년의 경제 불황과 이 불황을 앞두고 다른 모든 정부와 정당이 속수무책으로 무능을 폭로한 때문이었다. 나머지 결정적인 50퍼센트는 1933년 이후 주로 그의 업적으로 획득한 것이었다."[29]

하랄드 슈테판 역시 이렇게 쓰고 있다.

"실제로 히틀러는 중요한 약속들을 실행해나갔고, 무수한 예측과는 달리 능력 있는 수상임을 보여주었다. 제바스티안 하프너(Sebastian Haffner)는 1978년에 출간된 『히틀러 주해(Anmerkungen zu Hitler)』에서 전체 텍스트의 3분의 1을 히틀러의 '업적'과 '성공'을 서술하는 데 배당함으로써 이 사실을 강조했다. 이런 서술은 히틀러 전기의 객관화에 이바지하였다. 1938년에 망명해야만 했던 저명한 연대기 저자 하프너는 회고록에서 히틀러가 수백만의 사람들에게 일자리와 빵을 주었던 '그렇게 감사할 만한 일을 도저히 상상할 수 없다'고 말한다."[30]

요아힘 페스트 역시 히틀러가 1938년에 암살되었더라면 오직 극소수의 사람들만이 그를 독일의 가장 위대한 정치가들 중의 한 사람 혹은 독일 역사의 완성자로서 규정하는 것을 망설였을 것이라고 쓰고 있다.[31]

하이데거 역시 히틀러의 업적을 인정했던 것 같다. 하이데거가 1936년에 칼 뢰비트를 로마에서 만났을 때 그는 나치즘은 독

---

29) 홍사중, 위의 책, 370-372쪽.

30) Harald Steffahn(하랄드 슈테판): 『아돌프 히틀러(Adolf Hitler)』, 최경은 역, 한길사, 1997, 20-21쪽.

31) 요아힘 페스트, 위의 책, 47쪽.

일 민족을 위한 길이라고 말했다고 한다.[32] 물론 뢰비트는 당시에 이미 하이데거에 대한 적대감에 사로잡혀 있었기 때문에 뢰비트의 말을 전적으로 신뢰하기는 어려울지도 모른다. 그러나 하이데거를 존경하는 막스 뮐러와 같은 제자도 히틀러에 대한 하이데거의 환상은 총장직 사퇴 이후에도 상당 기간 계속되었다고 보고 있다. 막스 뮐러도 1938년에 와서야 히틀러에 대한 하이데거의 환상이 환멸로 변하게 되었으며, 하이데거는 대학 개혁에 대한 희망을 완전히 버렸다고 보고 있다.[33]

막스 뮐러의 견해는 헤리베르트 하인릭스(Heribert Heinrichs)가 1959년 10월 14일 14시에 하이데거와 나눈 대화를 기록한 일기의 내용과도 일치하기 때문에 상당히 신빙성이 있는 것 같다.

"… 그리고 나서 하이데거는 대부분의 독일인들이 금세기 최대의 강도이자 범죄자인 아돌프 히틀러의 본질을 스탈린그라드에서의 참담한 패배와 연합군의 공습이 있은 후에서야 통찰하게 되었을 것이라고 말했다. 이에 대해서 하이데거 자신은 1938년 이래 히틀러의 체제를 총체적인 재앙으로서 인식했으며 나치에 대한 자신의 관계를 철저하게 수정했다고 자신의 양심을 걸고 말한다고 했다. 사람들은 하이데거의 나치 참여에 대해서 자주 비난하지만 그는 1938년 이래로 나치와의 관계를 완전히 단절했으며, 제3제국 아래에서 자신의 구상에 따라 대학을 혁신하려던 희망도 완전히 포기했다고 말했다. 하이데거는 이렇게 말했다. '1938년은 문자 그대로 나의 인생이 전환되는 해였다. 1938년! 아마 그때는 아직 히틀러가 대승리를 거두기 전이었을 것이다.' (따라서 그때는 1938년 1월이나 2월이었을 것이다. 왜냐하면 히틀러의 대승리는 1938년 3월 16일 오스트리아를 병합하는 것과 함

---

32) Safranski, 위의 책, 328쪽.
33) Bernd Martin(hrsg), 위의 책, 101쪽.

께 시작되기 때문이다.)"[34]

하이데거의 자기 변호에 대해서 제기된 파리아스나 오트 그리고 마르틴의 비판에도 불구하고, 하이데거가 히틀러와 나치 운동에 대해서 1938년 이후에는 환멸을 느꼈다는 사실은 전적으로 부정할 수는 없는 것 같다. 하이데거는 많은 강의에서 나치즘이 주창하는 인종주의나 민족주의 그리고 총통 숭배 등을 근대 니힐리즘의 발현으로서 비판하고 있는 것은 사실이다. 그리고 당과 정부는 하이데거가 나치의 세계관을 전적으로 수용하지는 않는다는 사실을 알게 되었던 바, 하이데거에게 무조건적으로 호의적이지는 않았다.[35]

히틀러 경례만 하더라도 막스 뮐러는 당시의 모든 정교수들은 히틀러 경례(Hitler Gruß)와 함께 강의를 시작해야만 했다고 말하고 있다. 별로 중요하지 않은 사람들만이 그러한 절차를 무시할 수 있었다는 것이다.[36] 아울러 히틀러에 대해서 하이데거가 환멸을 느끼게 된 것은 하이데거가 말하는 1934년이라는 시점보다는 훨씬 뒤이지만 그럼에도 독일의 일반 국민들보다는 훨씬 더 빨리 히틀러에 대해서 환멸을 느꼈던 것 같다. 1938년 1월이나 2월이면 히틀러가 계속해서 자신의 치적을 쌓아가던 때며 독일인들의 대다수가 히틀러를 지지하고 있었다.[37] 사람들은 당과

---

34) Silvio Vietta: Heideggers Kritik am Nationalsozialismus und an der Technik, Tübingen, 1989, 46-47쪽에서 재인용.

35) Safranski, 위의 책, 355쪽.

36) Bernd Martin(hrsg), 위의 책, 109쪽.

37) 더 나아가 하이데거의 아들인 헤르만 하이데거는 하이데거가 총장직을 사퇴한 후부터 자신의 부모들이 나치 운동에 대한 열광적으로 참여했던 자신에 대해서 제동을 걸려고 했다고 한다. Heidegger, Hermann: Bemerkungen zu

히틀러를 구분했으며 체제에 대해서 불만이 있을 경우에도 '총통께서 그것을 알고 계셨다면'이라는 식이었다.38)

4. 막스 뮐러에 대한 평가서 사건

파리아스는 하이데거가 전쟁이 끝날 때까지 골수 나치였다는 증거로서 그가 종전까지 당원이었으며 정기적으로 당비를 납부했다는 사실을 들고 있다. 그러나 가다머가 지적한 대로 나치 체제란 자신이 원한다고 해서 즉시 탈당서를 제출하고 당비 납부를 거부할 수 있는 체제가 아니었다. 따라서 하이데거가 종전까지 나치 당원이었으며 당비를 정기적으로 납부했다는 사실을 그가 본심으로 나치를 지지했다는 증거로 보기는 힘들 것이다.

이에 대해서 나는 막스 뮐러에 대한 하이데거의 평가서 건이야말로 총장직 사퇴 후의 하이데거의 행적 중에서 가장 큰 오점이라고 생각한다. 베른트 마르틴은 하이데거가 1938년까지만 해도 한 학자의 장래를 파괴할 수 있을 정도로 당과 국가의 신임을 받고 있었다는 사실의 증거로 막스 뮐러에 대한 평가서 사건을 들고 있다.39)

1946년 이래 프라이부르크대 교수로 있었던 막스 뮐러는 오이겐 핑크(Eugen Fink)와 발터 브뢰커(Walter Bröcker) 등과 더불어 하이데거의 수제자 중의 하나였다. 막스 뮐러는 1938년에 베

Rüdiger Safranskis Buch "Ein Buch aus Deutschland – Heidegger und seine Zeit", in: *Heidegger Studies*, Vol. 11, 1995, 233쪽.
38) 하랄드 슈테판, 위의 책, 162쪽.
39) Bernd Martin(hrsg), 위의 책, 40쪽.

를린대 교수로 부임할 수 있는 기회를 갖게 된다. 그러나 뮐러는 당시 프라이부르크대 부총장이었던 테오도르 마운츠(Theodor Maunz)로부터 다음과 같은 말을 듣게 된다. 하이데거가 막스 뮐러의 정치적 입장에 대해서 평가해달라는 당국의 요청에 대해서 뮐러를 학자이자 교육자로서는 훌륭하지만 나치 체제에 대해서는 부정적인 태도를 취하고 있다고 썼다는 것이다. 뮐러는 문제되는 구절을 삭제해줄 것을 하이데거에게 간청한다. 그러나 하이데거는 거짓말을 할 수 없다는 이유로 거절한다.

> "자네도 가톨릭 신자로서 잘 알겠지만 우리는 진실만을 말해야 하지 않겠는가? 나는 그 문장을 삭제할 수 없네. … 내가 할 수 있는 것은 아무것도 없네. 나를 비난하지 말게나."

이 말에 대해서 막스 뮐러는 이렇게 대답했다고 한다.

> "중요한 것은 내가 당신을 비난할지도 모른다는 것이 아니라 나의 생존이 당신의 평가서에 달려 있다는 것입니다."

결국 그는 이념적이고 정치적인 이유로 베를린대 교수가 될 수 없었다.[40)]

5. 후설과 하이데거

총장 재직 중이나 사퇴 후에도 나치즘에 대한 하이데거의 태

---

40) 같은 책, 107쪽 이하.

도와 관련하여 하이데거에게 불리하게 작용할 수 있는 또 하나의 사례는 후설과의 관계다. 후설은 유태인이라는 이유로 나치 체제에서 많은 불이익을 받았다.

하이데거는 총장으로 재직하던 시절 후설의 대학 출입과 도서관 이용을 금했다는 소문이 있었다. 그러나 이러한 소문은 하이데거에 대한 악의적인 중상으로 입증되었다. 후설 문고(Husserl-Archiv)에서 일한 적이 있는 발터 비멜은 후설이 죽을 때까지 프라이부르크대 도서관에 새로 도착한 책들의 리스트를 받았다는 사실을 확인하고 있다. 후설은 그 리스트 이면에『유럽 학문의 위기와 초월 철학(Die Krisis der europäischen Wissenschaften und die transzendentale Phänomenologie)』에 관한 착상을 메모했다는 것이다. 발터 비멜은 하이데거가 정치적인 이유로 후설에게서 교수직을 박탈했다는 악성의 소문도 부인하고 있다. 오히려 하이데거가 후설에게 한 학기 더 강의를 해달라고 요청한 편지가 후설 문고에 보관되어 있다는 것이다.41) 헤르만 하이데거 역시 후설은 하이데거가 총장이 되기 전인 1932년에서 1933년 사이에 유태인이라는 이유로 해직되었고 1933년 4월말에 해직이 철회되었으며, 1933년 7월에 강의를 다시 해도 좋다는 공문을 받았다고 말하고 있다.42)

그리고 하이데거는 자신이『존재와 시간』을 후설에게 바친다는 헌사가 1935년에 출간된『존재와 시간』4판에도 여전히 실려

---

41) Walter Biemel, Erinnerungsfragmente, in: *Erinnerung an Martin Heidegger*, Pfullingen, 1977, 23쪽.

42) Hermann Heidegger: "Der Wirtschaftshistoriker und die Wahrheit – Notwendige Bemerkungen zu den Veröffentlichungen Hugo Otts über Martin Heidegger", in: *Heidegger Studies*, Vol. 13, 1997, 178쪽.

있었다는 사실을 지적하고 있다. 1941년의 5판에서 헌사가 빠진 것은 하이데거 자신의 뜻에 의한 것이 아니라, 헌사를 그대로 둘 경우 책이 판금될 것이라는 이유로 출판사가 헌사를 생략할 것을 요청했기 때문이라고 한다. 하이데거는 헌사는 생략했지만 자신이 38쪽의 주, 즉 "『존재와 시간』이 사태 자체를 드러내는 데에서 약간의 진척이라도 있었다면 이는 무엇보다 후설 덕분이다"라는 주는 그대로 둔다는 조건 아래에서 제외시켰음을 밝히고 있다. 발터 옌스와 같이 하이데거에게 호의적인 사람은 하이데거가 후설에 대한 이 감사의 구절을 『존재와 시간』에 계속해서 실은 것을 나치의 혹독한 지배 아래에서는 보기 드물었던 용기 있는 저항으로 보고 있다.[43]

그러나 사프란스키는 하이데거는 갈수록 고립되어가는 후설을 위로하려는 어떠한 노력도 하지 않았다는 사실을 지적하고 있다.[44] 하이데거는 후설의 제자였고 그의 후임자였음에도, 후설이 1938년 4월 27일 세상을 떠났을 때 장례식에 참석하지 않았다. 하이데거는 1969년에 행해진 「슈피겔 인터뷰」에서 자신은 병 때문에 후설의 장례식에 참석하지 못했지만, 어떻든 자신이 참석하지 못한 것은 '자신의 인간적인 잘못'이라고 고백한다. 그는 나중에 후설의 부인에게 편지를 보내 용서를 구했다고 말하고 있다.[45] 그러나 이에 대해서 막스 뮐러는 하이데거가 시민적 용기(Zivilcourage)를 결여하고 있었다고 비판한다. 막스 뮐러는

---

43) 이러한 사실에 입각하여 그는 하이데거를 나치로 보는 모든 혐의와 비난은 근거 없는 것으로 본다. Walter Jens: Nachruf der Akademiker der Künste Berlin, in: *Erinnerung an Martin Heidegger*, 151쪽 이하.

44) Safranski, 위의 책, 291쪽.

45) Spiegel-Gespräch, 위의 책, 91쪽.

자신의 기억에 따르면 하이데거뿐 아니라 게르하르트 리터 (Gerhard Ritter)를 제외한 철학부 교수들 모두가 후설의 장례식에 참여하지 않았다는 사실을 지적하고 있다.46) 야스퍼스는 후설에 대한 하이데거의 태도를 나치에 대한 굴종이라고 비판했다.47)

---

46) Bernd Martin(hrsg), 위의 책, 105쪽.
47) *Arendt/Jaspers Briefwechsel 1926-1969*, hrsg. Lotte Kohler und Hans Saner, München, 1985, 665-666쪽.

제6장
하이데거와 반유태주의

1. 하이데거는 반유태주의자인가?

　하이데거는 나치 참여 이래 악의적인 소문들에 의해서 끊임없이 시달렸다. 제2차 세계대전 직후에 떠돈 소문들 중에서는 하이데거가 프랑스 점령 당국에게 독일 민족의 재교육을 위해서 협조하겠다고 나섰다는 소문마저도 있었다고 한다.[1] 하이데거를 괴롭힌 악성의 소문들 중에서 하이데거를 가장 괴롭힌 소문은 그가 반유태주의자라는 소문이었을 것이다.

　후설의 대학 출입과 도서관 이용을 금지했다는 소문에 대해서는 필자가 위에서 이미 언급했지만, 그러한 소문 역시 결국 하이데거는 반유태주의자라는 사실을 입증하기 위해서 만들어진 소문일 것이다. 그리고 하이데거가 한때는 절친한 친구였던 야스

---

1) Bernd Martin(hrsg), 위의 책, 141쪽.

퍼스의 집을 방문하지 않았던 것에 대해서도 야스퍼스의 아내가 유태인이었기 때문이라는 소문이 있었다. 그러나 야스퍼스는 한나 아렌트에 보내는 편지에서 이러한 소문을 악의적인 것으로서 단호하게 부정하고 있다.

하이데거가 한나 아렌트에게 보낸 1933년의 한 편지에서 하이데거는 자신의 반유태주의가 어떠한 종류의 것인지를 노골적으로 밝히고 있다. 하이데거의 이 편지는 한나 아렌트의 편지에 대한 답장으로 쓰인 것이다. 한나 아렌트가 하이데거에게 보낸 편지에서 그녀는 '하이데거가 자신의 세미나에 유태인 학생들을 받아들이지 않으며 유태인 학생들에게 인사도 하지 않고 유태인 박사 과정 학생들을 지도하지도 않으려 한다'는 소문에 대해서 언급하고 있다. 그리고 그녀는 그 소문에 대한 하이데거의 해명을 듣고자 한다. 하이데거는 자신의 편지에서 그러한 소문을 격렬하게 부정한다. 그는 자신이 유태인 학생들에게 베풀었던 호의들을 하나씩 열거한다. 그는 장학금이나 논문 지도 때문에 자신을 찾아온 학생들 대부분이 유태인이었음을 밝히고 있다. 그의 어조는 상당히 격한 분노를 띠고 있다.

> "자신들이 어려움에 처해 있을 때 찾아오는 학생들은 누구냐? 유태인이다. 자신의 박사 논문에 대해서 긴급하게 논의할 것이 있다고 찾아오는 학생들은 누구냐? 그 역시 유태인이다. 엄청난 양의 논문을 시급하게 평해달라고 보내오는 학생들은 누구냐? 그 역시 유태인이다 ⋯."[2]

하이데거는 이 편지에서 자신이 유태인이라고 해서 지도나 도

---

2) *Hannah Arendt/Martin Heidegger: Briefe 1925 bis 1975 und andere Zeugnisse*, Ursula Ludz(hrsg), Frankfurt a.M. 1998, 68쪽 이하.

움을 게을리 하지 않았음을 밝히고 있다. 물론 그는 대학에서 유태인들이 인구 비례에 비해서 교수직을 상대적으로 더 많이 차지하고 있는 점에 대해서는 불만을 품어왔고 그 점에 대해서는 여전히 불만이라고 말하고 있다. 그 점에서 자신은 반유태주의자일지 모르지만 그렇다고 하여 유태인들을 개인적으로 차별 대우한 적은 없다는 것이다. 그 예로서 그는 자신의 스승인 후설을 들고 있다. 그리고 그는 아마 한나 아렌트를 들 수도 있었을 것이다. 그가 반유태주의자였다면 그녀를 어떻게 사랑할 수 있었을 것인가?

사프란스키는 하이데거의 반유태주의에 대해 세바스찬 하프너(Sebastian Haffner)의 표현을 빌려서 경쟁적 반유태주의(Konkurrenzantisemitismus)로 규정하고 있다. 이러한 경쟁적 반유태주의는 유태인들이 각 분야에서 인구 비례에 비해서 지배적인 지위를 차지하는 것에 대해서 경계하는 입장을 의미한다. 당시에는 독일 국민 가운데 겨우 0.75퍼센트만이 유태인이었지만, 유태인들은 탁월한 재능으로 두각을 나타내었던 같다. 이와 관련하여 노이로르는 이렇게 말하고 있다.

"… 독일에서는 이제 막 해방되었을 뿐인 유태인이 일찍부터 새로운 경제적 비약, 즉 공업화 특히 은행과 금융 기관에 참여하고 있었다. 이들은 선천적인 재능으로 경탄할 만한 성공을 거두었다. 그러나 그것은 지나치게 두드러진 경우가 적지 않았다. 이들은 상업에도 종사하여 많은 백화점이 이들의 손에 의해 세워졌다. 이미 비스마르크 시대에 영세 수공업자와 소규모 상인들은 자신들의 불운한 세상살이를 유태인들의 사업에 원인이 있는 양 생각하기 시작했다."[3]

---

3) J .F. 노이로르, 위의 책, 161쪽.

사프란스키와 영(Young)은 경쟁적 반유태주의가 독일뿐 아니라 영국과 프랑스의 대학가에 광범위하게 만연되어 있었다고 말하고 있다. 막스 뮐러는 1933년 이전에 하이데거와 나눈 한 대화에서 하이데거가 '의과대학의 내과에는 원래 두 명의 유태인 의사만이 있었으나 결국에는 두 명의 독일인 의사만 남게 되었다'고 격앙되어 말했다고 한다.[4]

사프란스키는 물론 하이데거의 반유태주의를 일반적인 경쟁적 유태주의와 동일시하는 것도 사실에 완전히 부합되는 것은 아니라고 말하고 있다. 일반적으로 경쟁적 반유태주의는 특별한 유태적인 정신이 있다고 생각하며 이것이 독일 문화를 지배하게 될 것을 우려하고 있다. 그러나 하이데거는 특별한 유태적인 정신이 존재한다고 생각하지 않는다. 30년대의 한 강의에서 그는 스피노자를 유태인 철학자로서 배격하는 당에 대해서, 스피노자의 철학이 유태적이라면 라이프니츠에서 헤겔에게 이르는 독일 철학 전체는 유태적인 것이라고 비꼬고 있다.

사프란스키는 하이데거의 이러한 입장은 하이데거가 보통 독일적인 정신을 프랑스인들의 합리주의와 영국인들의 공리주의 그리고 미국의 기술 숭배에 대해서 구별하고 있기 때문에 그만큼 놀라운 것이라고 말하고 있다. 하이데거는 독일적인 것(das Deutsche)을 여타의 나치 이론가들과는 달리 유태적인 것과 대조하지는 않았다는 것이다.[5] 그리고 하이데거에게 설혹 반유태적인 감정이 있었거나 유태인들에 대한 어떠한 동정심도 없었다 하더라도, 그는 자신이 서구 니힐리즘의 본질이라고 보는 존재

---

4) Safranski, 위의 책, 289쪽. J. Young, 위의 책, 41쪽.
5) Safranski, 위의 책, 289-290쪽.

망각의 원인을 유태인에게 돌리지 않았다. 이에 대해서 루드비히 클라게스(Ludwig Klages) 같은 사상가들은 히틀러와 마찬가지로 서구 문명의 타락 원인을 유태인에게서 찾았다.6)

　하이데거의 나치 운동은 정신 운동이었고 따라서 그는 동일한 이념을 갖는 사람들은 인종을 불문하고 누구나 나치 운동에 참여하기를 바랐다. 따라서 하이데거는 유태인 교수가 곤경에 처했을 경우 그가 이념적으로 신뢰할 사람이라고 생각되면 기꺼이 돕고자 했다. 예를 들어서 유태인이었던 자신의 조교 베르너 브록(Werner Brock)에 대해서도 하이데거는 케임브리지대의 장학금을 알선해주었다.7) 또한 하이데거의 많은 학생들이 유태인이거나 유태계였다는 것은 주목할 만하다. 허버트 마르쿠제(Herbert Marcuse), 한스 요나스(Hans Jonas), 한나 아렌트(Hannah Arendt), 귄터 스턴(Günther Stern), 헬레네 바이스(Helene Weiß), 칼 뢰비트(Karl Löwith) 같은 제자들이 유태인이었다.8) 이들은 어느 누구도 하이데거가 반유태주의자라고 보지 않았다. 교수였으나 반유태인이라는 이유로 추방당한 하이데거의 친구 엘리자베스 블로흐만도 하이데거를 반유태주의자라고 비난한 적이 없었으며, 1972년에 그녀가 죽을 때까지 하이데거와 계속해서 서신을 교환했다.9)

　하이데거의 반유태주의를 증명하는 대표적인 예로 흔히 거론되는 것은 그가 종종 부정적인 의미로 '유대화(Verjudung)'라는 표현을 쓰고 있다는 것이다. 예를 들어서 하이데거는 교육부의 고위 관리에게 보낸 한 편지에서 독일 대학의 점진적인 '유대화'

---

6) 같은 책, 290쪽.
7) 같은 책, 288쪽.
8) E. Nolte, 위의 책, 61쪽.
9) 같은 책, 145쪽.

에 따라서 대학에서 독일 정신이 소멸될 것을 염려하고 있다.10)
아울러 하이데거는 나중에 자신이 고발하게 되는 에두아르드 바
움가르텐에게 장학금을 알선해주기 위해 쓴 1929년 10월의 편지
에서 다시 유대화라는 표현을 쓰고 있다.

    "우리는 독일의 정신적 삶에 진정한 토착적인 힘을 … 부여하느냐,
아니면 그것을 … 점증하고 있는 유대화(Verjudung)에 내맡기느냐의
기로에 서 있다 …."11)

    그런데 놀테는 에두아르드 바움가르텐을 위한 편지의 수신자
는 반유태주의자가 아니었으며 오히려 반유태주의에 반대한 사
람이라는 사실을 지적하고 있다. 따라서 놀테는 이 경우 유대화
(Vcrjudung)는 토착적인 것(Bodenständigkeit)에 대립되는 국
제화(Internationalisierung)를 의미하는 것으로 보아야 한다고
주장하고 있다.12)

2. 유태인 문제에 대한 하이데거의 침묵과 하이데거의 독일 민족주의

    우리가 위와 같은 놀테의 변호를 인정한다고 하더라도, 나치

---

10) Ulrich Sieg, "Die Verjudung des deutschen Geistes, Ein unbekannter Brief
Heideggers". 1929년 10월 2일, *Die Zeit*, 1989년 12월 29일.
11) E. Nolte, 위의 책, 145쪽.
12) Ernst Nolte: *Martin Heidegger – Politik und Geschichte im Leben und
Denken*, Berlin, Frankfurt a.M. 1992, 145쪽.

혁명의 초기부터 이미 자행되고 있었던 유태인들에 대한 나치들의 잔인한 테러에 대해서 하이데거가 일언반구 말이 없다는 사실을 우리는 어떻게 이해해야 하는가?

사프란스키는 하이데거는 분명히 그러한 폭력을 지지하지는 않았겠지만 혁명을 위해서 감수해야 할 것으로서 생각했을 것이라고 보고 있다.13) 그리고 영은 하이데거는 당시의 다른 많은 사람들과 마찬가지로 나치가 표방하는 반유태주의를 일종의 대중 선전으로 보았으며 나치가 권력을 장악하면 곧 사라질 것으로 보았을 것이라고 말하고 있다.14) 영에 의하면 하이데거뿐 아니라 많은 유태인들이 그렇게 생각했으며, 이 경우에만 많은 유태인들이 1933년에 독일을 자유롭게 떠날 수 있었음에도 불구하고 독일에 남았던 것이 이해될 수 있다는 것이다.

우리가 위의 사실을 인정한다고 하더라도 하이데거의 글에서는 심지어 사적인 편지에서도 유태인에 대한 동정이나 유태인 박해에 대한 분노가 전혀 눈에 띄지 않는다는 사실은 이해하기 어렵다. 물론 편지 검열에 대한 염려 때문일 수도 있으나 베렐 랑(Berel Lang)과 같은 사람은 그러한 태도의 원인을 궁극적으로 하이데거의 국수주의적인 독일 민족주의에서 찾고 있다. 하이데거는 독일 민족만이 존재의 진리를 구현할 수 있다고 보았기에 사실상 유태 민족뿐 아니라 여타의 민족들에게도 관심이 없었다는 것이다.15)

물론 하이데거에게는 사프란스키가 경쟁적 반유태주의라고 부르고 있는 반유태주의적인 정서가 존재하며 그것 역시 하이데

---

13) Safranski, 위의 책, 290쪽.

14) J. Young, 위의 책, 7쪽.

15) Berel Lang: *Heidegger's Silence*, Ithaca and London, 1996, 8-9쪽.

거가 유태인들에 대한 동정이나 관심을 갖는 것을 어렵게 했을 것이다. 그러나 그는 유태인뿐 아니라 독일 안에서 다른 민족들이 억압을 당했어도 관심을 갖기 어려웠을 것이라고 생각된다.

이런 맥락에서 우리는 하이데거는 자신은 나치의 인종 이론을 비판하고 있지만 생물학적인 것은 아니더라도 일종의 정신적 인종주의에 빠져 있는 것은 아닌가라는 의문을 제기할 수 있다. 그리고 그러한 인종의 형이상학은 데리다가 지적하는 대로 자연주의나 인종의 생물학주의 못지않게 위험한 것은 아닐까?[16] 또한 하이데거의 정신적 인종주의는 생물학적 인종주의와 동일시할 수는 없어도 불가피하게 그것과 긴밀한 연관을 가질 수밖에 없는 것은 아닐까?

하이데거는 독일 민족이 서구 문명을 구할 역사적 사명을 가지고 있다는 근거를 독일어의 철학적 성격에서 찾고 있다. 이런 관점에서 보자면 하이데거는 민족을 규정하는 근거를 언어의 동일성에서 찾는 것 같다. 이 경우에는 유태인이라도 독일어를 자신의 모국어로 사용할 경우에는 동일한 독일 민족으로 간주해야 할 것이며 유태인에 대한 나치의 차별은 도저히 용인할 수 없을 것이다. 그러나 하이데거는 사실상 유태인들의 운명에 대해서 큰 관심이 없다. 이에 반하여 그는 '혈통상' 독일 민족이면서도 동부 유럽에 흩어져 박해를 받고 있는 1800만의 독일 민족에 대해서는 깊은 관심을 갖고 있다. 하이데거의 정신적 민족주의 내지 인종주의는 분명히 로젠베르크류의 조잡한 인종주의는 아니다. 그럼에도 그것은 은연중 동일한 피를 어떤 민족이 갖는 동질성의 근본 요소로 보고 있는 것이다.

---

16) Jacques Derrida, *of Spirit: Heidegger and the Question*, trans. Geoffrey Bennington and Rachel Bowlby, Chicago, 1989, 74쪽.

제7장

실제의 나치즘에 대한 하이데거의 사상적 대결

하이데거는 아우슈비츠와 대결하지 않았다는 많은 비난이 있어왔다. 즉, 그는 아우슈비츠와 같은 사태가 일어난 근본적인 원인과 그것을 극복하는 방안에 대해서 탐구하지 않았다는 것이다. 그러나 1936년 이래의 하이데거의 철학 전체는 사실은 아우슈비츠와의 대결이라고 볼 수 있다. 그는 이미 1936년부터 현대 기술 문명의 본질을 아우슈비츠와 같은 것으로 보는 것이며 현대 기술 문명이 그와 같은 성격을 갖는 이유와 그것을 극복하는 방안을 모색하고 있는 것이다. 그의 분석이 옳은지 아닌지는 우리가 따져봐야 할 문제이지만, 그가 아우슈비츠가 일어나기 전부터 이미 어떤 형태로든 아우슈비츠와 대결하고 있다는 것은 사실이다.

하이데거는 1936년 이래로 실제의 나치즘을 자유주의나 볼셰비즘과 마찬가지로 인간을 비롯한 모든 존재자들에게서 고유한 존재와 가치를 박탈하면서 그것들을 소모품으로 전락시키는 니힐리즘의 한 형태로 보고 있다. 우리가 위에서 본 것처럼 하이데거는 「슈피겔 인터뷰」에서 1936년에 시작된 자신의 니체 강의를 나치와의 대결로 보고 있다.[1] 이러한 대결은 1938/39년의 「형이상학의 극복」에서 상당히 명확하게 나타난다. 이수정은 이와 관련하여 다음과 같이 쓰고 있다.

"총장 취임 연설의 기조가 되었던 '본질 의지', '운명', '사명'에 대해서는 1938/39년의 「형이상학의 극복」 23절에서 자기 비판이 이루어지며, 전쟁 중의 하이데거가 자신이 속한 민족과 국가의 현실을 어떻게 파악하고 있었는지는 「형이상학의 극복」 26절에서 읽을 수 있다."[2]

우리는 물론 총장직 사퇴 후 나치와 완전히 결별하고 당에 의해서 감시당할 정도로 당과 적대적인 관계가 되었다는 하이데거의 말을 전적으로 믿기에는 무리가 있다는 사실을 오트와 파리아스 그리고 마르틴의 비판을 통해서 보았다. 그럼에도 하이데거가 1936년 이래로 인종주의적이며 제국주의적인 나치즘과 사상적으로 대결하고 그것을 니힐리즘의 한 형태로 비판하고 있다는 것은 사실이다. 우리는 아래에서 하이데거가 나치를 어떻게 비판하고 있는지 살펴볼 것이다.

---

1) Spiegel-Gespräch, 위의 책, 93쪽.
2) 소광희 · 이수정 · 박찬국 공저, 『하이데거 — 그의 생애와 사상』, 서울대 출판부, 1999, 32쪽.

1. 나치에 대한 비판으로서 현대 기술 문명에 대한 하이데거의 비판

1) 현대 기술 문명의 원리로서의 권력에의 의지

하이데거는 1936년 이래 실제의 나치즘과 사상적으로 대결하기 시작하지만, 그렇다고 하여 이는 그의 사상이 근본적으로 변화되었다는 것을 의미하지는 않는다. 나치에 참여할 당시의 그의 근본 사상에는 변화가 없으며 변화된 것은 실제의 나치즘을 보는 시각뿐이다. 나치에 참여할 당시의 하이데거 역시 실제의 나치즘에 대해서 비판적이었지만, 당시의 하이데거는 실제의 나치즘을 근대적인 니힐리즘의 한 형태로까지는 생각하지는 않았던 것 같다. 그는 실제의 나치즘을 현대 기술 문명과 근대적인 니힐리즘을 극복하려고 하는 것으로 보았던 것 같다. 그러나 1936년 이래의 하이데거는 실제의 나치즘을 현대 기술 문명과 니힐리즘의 극단적인 한 형태로 보게 된다.

이렇게 실제의 나치즘을 평가하는 시각은 변했지만 그것을 비판하는 하이데거의 준거 틀이 변화된 것은 아니다. 하이데거는 나치 참여 당시에 자신이 실현하려고 한 이념, 즉 나치즘의 위대함과 내적인 진리를 준거로 하여 실제의 나치즘을 비판한다. 하이데거는 실제의 나치즘과 결별한 후, 자신이 지향했던 진정한 나치즘과도 결별하는 것이 아니라 그것을 계속해서 견지하고 있는 것이다. 하이데거는 나치 참여 당시에 자신뿐 아니라 실제의 나치즘도 근대 사회의 혁명적 극복을 지향한다고 생각했다. 그러나 1936년부터 하이데거는 실제의 나치즘은 근대의 혁명적 극복이 아니라 근대적인 원리를 철저하게 실현하고 있다고 보게 되는 것이다. 다시 말해서 근대의 혁명적 변혁을 내세운 하이데 거 자신의 진정한 나치즘과는 달리 실제의 나치즘은 전혀 혁명적이지 않았다는 것이다.

그러면 하이데거는 근대의 원리를 무엇으로 보았기에 나치즘이 근대의 원리를 철저하게 구현한 체제라고 간주하게 된 것일까? 하이데거는 근대의 원리를 인간을 비롯한 모든 존재자들을 계산 가능한 에너지로 환원하면서 이용하는 권력에의 의지에서 찾고 있다. 이러한 권력에의 의지가 목표하는 것은 자신의 맹목적인 강화이자 지배 영역의 확장이다. 이러한 의지는 자신의 강화 이외의 어느 것도 의욕하지 않기에 하이데거는 그것을 의지에의 의지라고 부르고 있다.

의지에의 의지는 모든 존재자를 체계적으로 조직하고 그것을 자기 확장의 도구로 삼는 것을 통하여 자신을 강화하고 이를 통하여 지배 영역을 확장하려고 한다. 모든 존재자를 체계적으로 조직하고 이용하는 행위가 바로 기술이라면, 의지에의 의지는 기술을 통하여 자신의 지배 영역을 확장하는 것이다. 기술이 체계적으로 조직하고 이용하는 영역은 자연에 그치지 않고 인간과 문화와 정치 그리고 이상과 가치 등 모든 존재자와 모든 존재 영역을 포괄한다.[3] 즉, 기술은 존재자 전체를 순수한 에너지로 전환하면서 체계적으로 조직하고 이용하는 방식이다. 이러한 체계적인 조직과 이용은 계산을 통해서 수행된다. 그것은 모든 것을 의지에의 의지의 강화를 위한 효과적인 수단으로 환산하는 것이다. 이런 의미에서 기술적 사유란 계산적인 사유다.[4]

---

3) 하이데거 전집 7권 *Vorträge und Aufsätze*, 76쪽.

2) 니체와의 대결을 통한 나치와의 대결

하이데거에 의하면 위대한 철학자는 자신의 시대를 규정하는 존재자의 본질과 진리의 본질을 드러내는 것을 통해서 그 시대를 정초한다.[5] 니체는 존재자의 본질을 권력에 의지라고 보는 한편, 진리의 본질은 권력에의 의지가 자신을 강화하기 위해서 기투한 조작적인 가설로 보고 있다. 하이데거는 존재와 진리의 본질에 대한 니체의 이러한 사상이야말로 현기술 시대를 규정하는 존재와 진리의 본질을 드러낸 것으로 보며 이런 의미에서 그는 니체를 현대 기술 문명의 철학자라고 부르고 있다. 니체는 20세기에 들어와 전 세계적으로 전개되고 있는 기술 문명을 근저에서 추동하는 근본적인 힘을 드러낸 사상가로서, 19세기에 살았지만 사실은 20세기의 사상가라는 것이다.

하이데거도 이 시대를 권력에의 의지가 지배하는 시대로 본다. 그러나 하이데거는 니체처럼 권력에의 의지의 강화에서 구원을 본 게 아니라 오히려 그것에서 인간과 자연이 황폐화되는 현실을 보았다. 따라서 하이데거는 1936년부터 1943년까지 행해진 니체 강의에서 니체를 근대니힐리즘을 극복한 자가 아니라 완성한 자라고 비판하고 있다. 그리고 하이데거는 니체에 대한 이러한 비판은 나치에 대해서도 적용되는 것으로 보았다. 니체는 나치에 의해서 자신들의 선구적인 사상가로 간주되었다. 인종주의적인 나치즘의 대표자인 로젠베르크의 대변인격인 알프레드 보임러 같은 사람은 '히틀러 만세를 외치는 사람은 니체 철

---

4) 같은 책, 84쪽.
5) 하이데거 전집 5권 *Holzwege*, 75쪽.

학을 긍정하는 자다'라고 말하고 있다.6) 이런 의미에서 하이데거는 니체를 니힐리즘의 완성자로 비판하고 있는 자신의 니체 강의를 나치즘에 대한 비판이자 저항으로 보고 있는 것이다.

하이데거는 나치즘을 근대 기술 문명을 근저에서 규정하고 있는 권력에의 의지를 철저하게 구현하고 있는 체제라고 본다. 나치즘은 인간을 비롯한 존재자 전체를 기술적으로 총동원하고 관리하는 체제다. 나치는 심지어 인종의 사육을 시도하는 것을 통하여 인간마저도 기술의 재료로 삼는 근대적인 경향을 극단적으로 밀고 나간다. 하이데거는 "인간은 가장 중요한 재료이기 때문에 오늘날의 화학적인 탐구 경향을 미루어볼 때, 어느 날 인간 물질의 생산을 위한 공장이 세워질 수 있다는 사실을 예견할 수 있다"고 말하거니와, 나치야말로 그러한 인간 물질의 생산을 최초로 시도했다고 본다.7)

우리가 앞에서 보았듯이 나치에 가담할 당시의 하이데거는 러시아의 공산주의가 근대 과학과 기술의 근저에서 작용하고 있는 권력에의 의지를 가장 철저하게 구현한 체제라고 보았고 나치즘이야말로 그러한 공산주의의 위협에서 유럽을 구할 수 있다고 보았다. 그러나 하이데거는 나치 참여가 실패로 끝난 후에는 실제의 나치즘 역시 근대적인 기술 지배의 원리를 극복한 체제가 아니라 그것을 극단적으로 구현한 정치 체제라고 생각하게 된다. 나치즘은 그것이 내세우는 인종주의와 같은 반동적인 이데올로기에도 불구하고 인간들마저도 기술의 재료로 삼는 근대적인 원리를 완벽하게 구현한 체제라는 것이다.8)

---

6) Farias, 위의 책, 338쪽.

7) 하이데거 전집 7권, 95쪽.

8) M. Heidegger, *Nietzsche II*, 309쪽.

2. 실제의 나치즘에 대한 하이데거의 비판이 갖는 성격

우리는 하이데거가 총장직을 사퇴하고 1936년 이후부터는 실제의 나치즘을 근대 니힐리즘의 한 극단적인 표현으로 비판하고 있다는 사실을 보았다. 그런데 이는 하이데거 자신이 주장하는 것처럼 나치가 패망하기 전에 그가 나치즘을 전면적으로 배격하고 그것에 대해서 철저하게 적대적인 입장을 취하게 되었다는 것을 의미하는가?

하이데거는 자신이 나치즘을 비판하기 시작하고 있는 시점으로 잡고 있는 1936년만 해도 이렇게 쓰고 있다.

"오늘날 나치즘의 철학으로서 성행하고 있는 것은 나치즘의 내적인 진리와 위대함(지구라는 행성 전체의 차원에서 규정되고 있는 기술과 근대적인 인간의 만남)과 전혀 상관도 없다. 그것은 '가치'와 '전체성'과 같은 탁류에서 낚시질을 하고 있는 격이다."[9]

위에서 인용한 구절은 『형이상학 입문』이 1953년에 처음으로 간행되었을 때 하버마스의 문제 제기로 큰 논란을 일으켰다. 하버마스는 이 인용구에서 하이데거가 아직도 나치즘의 내적인 진리와 위대성을 신봉하고 있다는 사실이 드러난다고 비판하면서 논쟁의 불씨를 당겼고, 나중에는 하이데거 자신이 직접 나서서 해명하는 데 이르렀다. 하이데거는 자신이 말하고 있는 나치즘의 내적인 진리와 위대성은 나치를 찬양하는 내용을 갖는 것이 아니라 오히려 나치를 비판하는 것이라고 말하고 있다. 그리고

---

9) 하이데거 전집 40권, *Einführung in die Metaphysik*, 208쪽.

그는 그 근거로 괄호 안의 삽입 구절을 들고 있다. 하이데거는 그러한 삽입구를 통해서 자신이 '나치즘의 내적인 진리와 위대성'이란 말로 무엇을 말하려고 했는지를 명확히 하려고 했다는 것이다. 그에 의하면 나치즘이 '기술과 근대적인 인간의 만남'이라는 것은 나치즘의 본질은 모든 존재자들을 한갓 소모품으로 전락시키는 근대 기술 문명의 한 형태라는 것을 의미한다는 것이다. 이런 의미에서 '나치즘의 내적인 진리와 위대성'이라는 말은 나치즘에 대한 찬양이나 변호가 아니라 나치즘에 대한 비판이라는 것이다.

그러나 많은 해석가들이 그 삽입구는 하이데거의 강의 원본에는 없고 1953년에 처음으로 간행된 책에 실렸다고 주장하고 있다.[10] 그리고 하이데거가 다른 강의에서 '나치즘의 내적인 진리와 위대성'에 대해서 말할 경우에는 보통 자신이 지향하는 진정한 나치즘을 염두에 두고 있다. 예를 들어서 후고 오트가 지적하는 것처럼 1942년의 여름 학기 강의인 횔덜린의『이스터-송가』에 대한 강의에서만 해도 하이데거는 그리스를 정치적으로만 보면서 그리스인들을 순수한 나치로서 드러내고자 하는 사람들에 대해서 비판하면서 '이들은 나치즘과 그것의 역사적 독자성 (Enzigartigkeit)에 어떠한 기여도 하지 못한다'고 말하고 있는 것이다. 따라서 위의 인용문의 삽입구는 하이데거가 '나치즘의 내적인 진리와 위대성'이란 구절이 불러일으킬 논란을 미리 막기 위해서 1953년에야 비로소 삽입했을 가능성이 많다.

이러한 해석이 옳다고 할 때 하이데거는 사실은 실제의 나치즘을 비판하고 있다고 하더라도 1936년만 해도 나치즘의 내적인

---

10) Hugo Ott, 위의 책, 276쪽.

진리와 위대성을 믿고 있다. 아울러 방금 언급한 횔덜린의 이스터에 대한 강의의 구절을 고려할 경우, 하이데거는 1942년에도, 다시 말해서 나치가 이미 전쟁을 도발하고 수많은 범죄를 저지른 후에조차도 나치즘의 역사적 유일무이성에 대해서 말하고 있는 것이다.[11]

그리고 하이데거는 1943년에 러시아 전선에서 죽은 제자의 어머니에게 보내는 편지에서 이렇게 쓰고 있다.

"… 우리 뒤에 남은 사람들에게는 오늘날 여전히 진정한 정신과 경외에 가득한 마음으로 자신을 희생하는 많은 청년들 하나하나는 가장 아름다운 역사적 운명을 경험할 것이라는 사실을 깨닫는 것이 어렵습니다 …."[12]

그런데 하이데거 자신이 니체 강의에서 제2차 세계대전은 존재를 망각한 권력에의 의지의 표현이라고 말하지 않았던가? 그럼에도 불구하고 그는 어떻게 해서 이러한 전쟁에서의 죽음을 가장 고귀한 희생이라고 부를 수 있을까? 물론 우리는 하이데거가 내심으로는 제2차 세계대전에서의 죽음을 제2차 세계대전과 마찬가지로 무의미한 것으로 생각했으나 제자의 어머니를 위로하기 위해서 제자의 죽음을 칭송한 것으로 해석할 수도 있다. 아울러 하이데거는 이 편지에서 제자의 죽음을 기리고 있을 뿐 결코 전쟁 자체를 찬양하고 있지는 않다.

그러나 1942년 미국이 전쟁에 개입했을 때 하이데거는 이렇게

---

11) Hugo Ott, 위의 책, 278쪽.

12) Reinhard Mehring: *Heideggers Überlieferungsgeschick - Eine dionysische Sebstinszenierung*, Würzburg 1992, 91쪽.

말하고 있다.

"우리는 오늘 날 아메리카주의(Amerikanismus)에 의해서 지배되는 앵글로색슨 세계가 서구의 고향과 시원인 유럽을 파괴하기로 작정했다는 사실을 알고 있다. 그러나 시원적인 것은 파괴될 수 없다. 이러한 세계적인 규모의 전쟁에 대한 미국의 개입은 역사로의 개입이 아니다. 그것은 미국적인 무역사성(Geschichtlosigkeit)과 자기황폐화(Selbstverwüßtung)에 입각한 최후의 미국적인 행위다. 왜냐하면 이러한 행위는 시원적인 것에 대한 거부며 시원을 상실한 것을 향한 결단이기 때문이다."13)

"자연은 역사를 결여하고(geschichtlos) 있다. 예를 들어서 아메리카주의는 자연과 마찬가지로 비역사적이며(ungeschichtlich)하며, 파멸적(katastrophenhaft)이다."14)

하이데거는 아메리카주의의 본질을 파멸적인 것이라고 단정하고 있다. 하이데거는 아메리카주의의 본질을 볼셰비즘과 마찬가지로 존재자들의 고유한 본질을 파괴하고 그것들을 순수한 에너지 자원으로서 총동원하는 것으로 보고 있다. 이 점에서 그는 미국이 제1차 세계대전에서 승리한 이유를 전통적인 가치 체계나 신분적인 구속에 구애됨이 없이 국민들을 순수한 에너지로 총동원할 수 있었다는 데서 찾았던 에른스트 융거와 같은 사람과 동일한 견해를 갖고 있다고 볼 수 있다. 그런데 아메리카주의가 서구의 시원이자 고향인 유럽을 파괴하기로 작정했다는 것은 나치 체제가 지배하는 독일도 여전히 서구의 시원이자 고향이란

13) 하이데거 전집 53권 *Hölderlins Hymne >Der Ister<*, 68쪽.
14) 같은 책, 179쪽.

것을 의미하는 것은 아닌가? 그리고 이런 의미에서 나치의 전쟁은 아메리카주의나 볼셰비즘에 대해서 서구의 시원을 방어하기 위한 전쟁이란 것을 의미하는 것은 아닌가?

그런데 우리는 분명히 앞에서 나치 체제를 하이데거가 니힐리즘의 한 형태로 파악했다는 사실을 보았다. 나치 독일이 서구의 시원을 방어한다는 사실과 나치 독일 역시 니힐리즘이 지배하고 있다는 사실이 어떻게 서로 조화될 수 있는가? 이 두 가지는 하이데거가 나치즘을 니힐리즘의 한 형태로 보았지만 나치즘은 아메리카주의나 볼셰비즘보다는 서구의 시원에 더 가까운 것으로 생각했을 경우에만 조화될 수 있다고 생각한다.

그는 실제의 나치즘을 비판하고 있지만 실제의 나치즘은 당시의 볼셰비즘이나 자유민주주의의 현실보다는 우월하다고 생각한 것은 아닐까? 이런 의미에서 우리는 실제의 나치즘에 대한 하이데거의 비판적 태도는 나치즘 안에서의 일종의 좌파가 취할 수 있는 비판적 태도에 불과한 것은 아닐까라는 의문을 제기할 수 있다? 예를 들어서 자유민주주의 이념의 신봉자라도 현실은 항상 그가 표방하는 이념에 못 미치기 때문에 자유민주주의의 현실에 대해서는 비판적일 수 있다. 이러한 비판에도 불구하고 자유민주주의 이념의 신봉자는 자유민주주의의 현실이 공산주의나 파시즘이 지배하는 현실보다는 우월하다고 믿는다. 박정희의 유신 정권을 예로 들어보면 유신 체제가 표방하는 이념을 신봉하는 사람은 그 이념에 비추어서 유신 정권의 현실에 대해서는 비판적일 수 있다. 이러한 비판에도 불구하고 그는 그러한 현실은 자유민주주의가 지배하는 현실보다는 우월하다고 믿을 수 있다. 하이데거가 종전까지 나치 체제에 대해서 취하는 태도는 그러한 태도가 아니었을까?

나는 이러한 물음에 대해서 확실한 대답을 할 수는 없다. 다만 자신이 1936년 이래로 나치에 대해서 일종의 저항을 했다는 하이데거의 주장을 우리가 전적으로 수용하기에는 석연치 않은 점들이 많다는 사실을 지적해두고 싶을 뿐이다. 아울러 미국에 대한 하이데거의 입장에 대해서도 미국의 전쟁 개입은 나치의 전쟁 도발에 의한 것이 아닌가라는 물음을 제기할 수 있다. 그리고 소위 아메리카주의에 대한 하이데거의 평가가 과연 현상학적으로 말해서 사태에 부합되는 것인지에 대해서도 의문을 제기할 수 있다. 그것은 미국 문명에 대한 현상학적 통찰이라기보다는 1914년의 이념 이래로 미국과 미국 문명에 대해서 독일인들이 가져온 전통적 편견의 반복에 지나지 않는 것은 아닐까?

3. 나치 참여의 실패와 하이데거의 사상적 변화

그런데 현대 기술 문명을 보는 하이데거의 이러한 시각은 총장직 사퇴 이후 나치 참여의 실패로 인한 충격 때문에 비로소 갖게 된 것일까? 많은 하이데거 연구가들은 그렇게 보고 있지만, 나는 현대 기술 문명에 대한 하이데거의 비판적인 입장은 나치 참여 이전에도 존재했던 것이며 그가 나치에 참여하게 된 결정적인 동기였다고 생각한다. 그는 나치 참여 이전에도 자유민주주의나 공산주의가 내세우는 자유나 만인의 평등은 인간들을 자연을 지배하기 위한 노동 과정에 자발적으로 끌어들이기 위한 구호에 지나지 않는다고 보았다. 당시에도 하이데거는 자유민주주의와 공산주의의 실상을 이미 인간을 포함한 모든 존재자들을 기술적인 부품으로 관리하려고 하는 전체주의의 지배라고 보았다.

물론 현대 기술 문명의 본질에 대한 하이데거의 비판은 하이데거가 니체와 본격적인 대결을 벌이게 되는 1936년 이후에야 본격적으로 전개된다. 그러나 나치 참여 당시에 하이데거는 이미 기술 문명과 대도시 문명에 대해서 철저하게 비판적인 시각을 가지고 있었고 그러한 시각은 하이데거가 1936년 이후 전개하는 비판적인 시각과 본질적으로 동일하다.

그럼에도 하이데거의 나치 참여는 하이데거의 사상에 결정적인 흔적을 남기게 된다. 하이데거는 나치 참여 이전에도 현대의 기술 문명에 대해서 분명히 비판적인 시각을 가지고 있었고 그것은 그가 나치에 참여하게 되는 근본적인 동기 중의 하나였지만, 현대의 기술 문명에 대한 대결은 나치 참여의 실패 이후에 본격적으로 전개된다. 아니 나치 참여가 실패로 끝난 이후에 그의 철학은 현대 기술 문명의 위기를 극복한다는 과제를 중심으로 하여 전개되는 것이다. 이런 의미에서 하이데거에게 나치 참여의 실패란 그의 사유 도정에서 별 의미 없는 일과성의 에피소드에 불과한 것이 아니라 그로 하여금 더욱 철저하게 근대와 현대 기술 문명에 대해서 반성하도록 자극하는 계기가 되었다고 볼 수 있다.

특히 하이데거는 자신이 그토록 기대를 걸었던 나치즘이 오히려 근대적 원리를 철저하게 구현한 체제라는 것을 깨달으면서 근대적인 원리가 갖는 막강한 힘을 새삼 깨달았을 것이다. 그는 한때 자신조차도 기만되어 실제의 나치즘에 적극적으로 참여하는 것을 통해서 근대적 원리가 자신을 관철하는 데 기여했다는 사실에서 근대적 원리가 갖는 일종의 운명적인 힘을 실감한다. 근대적 원리가 갖는 운명적인 힘이란 사람들이 그것의 지배 아

래 있다는 것을 자각하지 못하게 하면서도 사람들을 자신의 도
구로 삼을 정도로 강력한 힘이다. 하이데거는 이런 의미에서 그
러한 근대적 원리를 일종의 역사적 운명으로 보는 것이다. 따라
서 그것은 우리가 벗어나고 싶다고 해서 쉽게 벗어날 수 있는
것이 아니다.

하이데거는 기술 문명이 현대인에게 갖는 운명적인 힘에서 벗
어나기 위해서는 일종의 파멸이 필요하다고 본다. 이와 관련하
여 하이데거는 나치즘을 비롯한 전체주의의 가공할 지배와 제2
차 세계대전은 기술 시대의 허무주의적인 본질을 드러내는 것을
통해서 새로운 시대를 고지하는 계기가 될 수 있다고 본다. 근대
인들은 자신을 비롯한 존재자 전체의 신비스런 현존을 망각한
데서 비롯되는 삶의 공허감과 불안을 존재자 전체를 기술적으로
지배하는 것을 통해서 극복하려고 했다. 사람들은 존재자들을
기술적으로 지배하게 되는 그만큼 자신의 삶도 공고하게 되고
충실하게 되었다고 생각한다.

그러나 하이데거가 보기에 그러한 기술적인 지배란 '공허의
조직'에 지나지 않는다. 기술적인 지배의 강화를 통해서 인간이
자신의 삶에 대해서 느끼는 허망감은 사라지지 않는다. 하이데
거는 전체주의의 지배와 제2차 세계대전이란 가공할 파국을 경
험하는 것을 통해서 근대인이 자신에 대해서 철저하게 반성하고
자신이 망각한 존재 내지 그리스인이 근원적으로 경험한 자연인
퓌지스를 다시 상기하게 될 것이라고 희망한다.

하이데거는 존재를 상기하고 존재자 전체를 퓌지스로 경험하
기 위한 태도를 내맡김(Gelassenheit)이라고 부르고 있다. 이러
한 내맡김의 태도란 존재자들을 기술적으로 지배하려는 근대적인
권력에의 의지와 철저하게 대립되는 것이다. 내맡김이란 태도에

서 드러나는 퓌지스로서의 세계는 우리 삶의 피안에 존재하는 기묘한 어떤 것이 아니라 우리가 그 안에서 살고 죽는 가장 가까운 세계 자체다. 그것은 우리가 존재자들에 대한 지배에의 의지에 사로잡혀서 항상 망각하고 있지만 그 망각의 이면에서 우리 삶의 토대가 되고 있는 단순 소박한 세계다. 하이데거는 내맡김의 태도에서 드러나는 퓌지스를 다음과 같이 묘사하고 있다.

"우리는 과학 밖에 서 있다. 우리는 그 대신에 예를 들어서 꽃이 피어 있는 나무 앞에 서 있다. 그리고 그 나무는 우리 앞에 서 있다. 그것은 우리 앞에 자신을 세운다. 나무와 우리는 서로를 자신에게 세운다. 즉, 나무는 거기에 서 있고 우리는 그것을 마주하고 서 있다. 서로의 앞에 세워지고 서로에 대한 관계로 세워져서 나무와 우리는 '존재한다'. 따라서 이러한 앞에 세움에서는 우리의 머리 안에서 들끓는 '표상'이 문제되는 것이 아니다. … 우리는 말하자면 지금 과학의 통상적인 영역 밖으로 그리고 … 심지어 철학의 영역 밖으로 '도약했다.' 우리는 어디로 도약을 했는가? … 우리는 우리가 아무것도 꾸미지 않을 때 우리가 그 안에서 살고 죽는 지반 위로 도약했다. 우리가 본래 서 있는 지반 위로 비로소 도약해야만 한다는 것은 하나의 기묘한 사태다. 아니 심지어 섬뜩한 사태다."[15]

---

15) 하이데거 전집 8권 *Was heißt Denken?* 16쪽 이하.

제8장
하이데거의 침묵?

1. 종전 후부터 서거까지의 하이데거의 이력

　1944년 12월에 하이데거는 연합군의 공습을 피해서 메스키르히로 이주한다. 1945년 5월 독일의 패전으로 전쟁은 끝났다. 독일 패전 후 프라이부르크는 프랑스 점령군이 지배하게 되며 하이데거의 집은 압수된다. 프라이부르크대에 설치된 나치정화위원회는 하이데거의 나치 참여에 대해서 조사한다. 하이데거는 이 조사에서 자신이 1933년 이전에는 정치에 대해서 무관심했으며 공산주의를 막기 위해서는 히틀러밖에는 대안이 없다고 생각했기에 나치에 참여하게 되었다고 자신을 변호한다. 정화위원회는 '하이데거가 1933년 이전에는 나치스와 아무런 관련도 없었을 뿐 아니라 1934년 4월 이후부터는 나치스라고 간주될 확실한 증거가 없다'고 판결한다. 그리고 1945년 9월 나치정화위원회는

'하이데거가 교수직을 사임해야 하지만 사임 후 제한된 강의를 할 수 있다'고 결론짓는다.

이는 하이데거에게는 상당히 유리한 판결이었다. 그러나 이러한 판결에 대해서 프라이부르크대의 일부 교수들이 강력하게 반발한다. 이들은 하이데거가 독일 대학을 나치화하는 데 앞장선 사람들 중의 하나면서도 자신의 행위에 대해서 어떠한 죄책감도 느끼고 있지 않다고 비난했다. 그 결과 하이데거는 1945년 12월에 다시 조사를 받게 되었고 이 조사 과정에서 하이데거는 거의 탈진 상태에 이르게 된다.

하이데거는 어린 시절부터 하이데거를 도와준 추기경 콘라드 그뢰버(Konrad Gröber)와 친구였던 칼 야스퍼스(Karl Jaspers)에게 도움을 청한다. 하이데거는 나치 체제 아래에서는 이들과의 관계를 단절했었다. 하이데거의 부탁에 대해서 그뢰버는 호의적이었고 하이데거를 돕고자 했던 반면에, 야스퍼스의 평가서는 하이데거에게 치명적이었다. 야스퍼스는 바움가르텐에 대한 하이데거의 고발 행각을 폭로했다. 그리고 그는 하이데거의 사유가 독재적이고 의사 소통을 거부하는 성격을 갖고 있기 때문에 아직 독자적인 판단력을 결여하고 있는 젊은이들에게는 유해하다고 평가한다.[1]

1947년 3월에 프랑스 군정은 하이데거의 교수직을 무기한 박탈하고 강의도 금지했다. 그럼에도 이러한 판결은 하이데거에게 유리한 것이었다고 한다. 영국 군정이나 미군정이 지배하던 지역에서는 나치 시대에 총장을 지냈던 사람들은 자동적으로 구속되었다는 것이다. 1949년 7월 프랑스 군정 당국은 나치에 대한

---

1) Hugo Ott, 위의 책, 316-317쪽.

하이데거의 관계를 '당에 복종하지 않은 형태로 동참했다'고 결론짓는다.

1951년 9월, 바덴 주 교육 당국에 의해서 하이데거의 공식적인 복권이 이루어진다. 그러나 이미 정년을 넘긴 하이데거는 퇴임 교수로 대학에 복직하게 된다. 1966년 9월 23일 하이데거는 독일의 대표적 시사지인 『슈피겔』지와의 인터뷰에서 자신의 나치 참여에 대해서 해명한다. 이 인터뷰는 하이데거의 요구에 따라 그가 죽은 후인 1976년에야 발표된다. 1976년 5월 26일 하이데거는 심장마비로 사망한다. 당시 그는 87세였다. 그는 그의 원(願)대로 고향 메스키르히에 묻혔다. 장례식에서는 그와 동향인 베른하르트 벨테가 추도사를 읽었고 그의 아들인 헤르만 하이데거가 횔덜린의 시를 낭송했다.

2. 하이데거의 침묵?

우리는 앞에서 프라이부르크대의 일부 교수들이 하이데거가 독일 대학을 나치화하는 데 앞장선 사람들 중의 하나면서도 자신의 행위에 대해서 어떠한 죄책감도 느끼지 않고 있다고 비난했다는 사실을 보았다. 아직도 많은 사람들이 하이데거가 자신의 나치 참여에 대해서 공식적으로 참회하지 않았다고 보면서 그러한 사실에서 하이데거가 죽을 때까지 친나치적이었다는 결론을 끌어내고자 한다.

이와 관련하여 하버마스는 하이데거가 1933년에 나치에 참여한 것은 이해할 수 있지만, 종전 후 하이데거가 자신의 나치 참여에 대해서 침묵하면서 자신의 죄과를 공적으로 인정하지 않은 것은 이해할 수 없다고 말하고 있다. 하버마스는 현재의 우리 역시 나치의 정체가 아직 노골화되지 않았던 당시의 역사적 상황에서는 나치에 현혹되어 나치에 가담했을 가능성이 충분히 있다는 것을 인정하지만, 나치의 죄악상이 이미 백일하에 드러난 시점에서 하이데거가 자신의 나치 참여에 대해서 참회하지 않은 것은 이해할 수 없다고 보는 것이다. 조르지 스타이너(George Steiner) 역시 이렇게 말하고 있다.

"다시 한 번 우리를 실망시키는 것은 1945년 이후의 하이데거의 침묵이다. … 마르틴 하이데거는 아직 왕성하게 저술하고 가르치던 시기에도 히틀러 체제와 아우슈비츠로 귀결되는 나치즘의 참된 본질에 대해서 말하는 것을 거부하고 있다. … 존재의 사상가는 홀로코스트와 죽음의 수용소에 대해서 한마디도 하지 않았다."[2]

엠마누엘 레비나스(Emmanuel Lévinas)는 이렇게 하이데거를 비판하고 있다.

"평화가 다시 찾아왔음에도 가스실과 죽음의 수용소에 대해서 여전히 침묵을 지키는 것은 … 영혼이 가공할 범죄에 동조하면서 다정다감한 감수성을 완전히 상실하고 닫혀버렸다는 사실의 증거가 아닐까?"[3]

그러나 이러한 비판들에 대해서 하이데거는 죄가 없으며 따라

---

2) Merkur, Nr. 480, 97쪽, E. Nolte, 위의 책, 261쪽.

3) Emmanuel Lévinas, Das Diabolische gibt zu denken, in: *Die Heidegger Kontroverse*, hrsg. Jürg Altwegg, Frankfurt a.M. 1988, 104쪽.

서 참회할 필요도 없다는 주장이 있다. 이러한 주장은 물론 하이데거에게 호의적인 사람들에 의해서 제기되고 있다. 예를 들어서 가다머는 이렇게 말하고 있다.

"그는 히틀러의 권력 장악, 새로운 야만의 지배, 뉘른베르크 법, 테러, 전쟁으로 인한 수많은 인명의 희생 그리고 마지막으로 가스실에서의 잔혹한 학살에 대해서 책임을 느끼지 않았을까? 답은 분명히 '아니다'다. (실제의) 나치 혁명은 타락한 혁명이었으며 하이데거가 꿈꾸고 열망했던 민족의 정신적 도덕적 힘의 위대한 혁신이 아니었다. 그는 그러한 혁신을 통해서 새로운 종교를 준비하려고 했다."4)

가다머의 논리는 하이데거가 히틀러의 죄악들을 지지한 적이 없으며 오히려 그것들에 비판적이었던 바 왜 그가 자신이 지지하지도 않은 죄악들에 대해서 죄책감을 느껴야 하느냐는 것이다. 하이데거뿐 아니라 초기의 나치 운동에 대해서 긍정적인 입장을 취하고 있는 에른스트 놀테의 시각도 가다머의 시각과 크게 다를 바 없다고 볼 수 있다.

우리는 앞에서 놀테가 나치즘의 사상적 흐름들을 민족공동체의 수립을 주장하는 민족적 사회주의, 영국과 미국 그리고 프랑스 같은 부르주아 국가들에 대한 프롤레타리아 국가들의 단결과 투쟁을 내세우는 사회적 민족주의, 그리고 유태인 말살과 세계 정복을 내세우는 히틀러의 래디컬파시즘(Radikalfasismus)으로 나누고 있다는 사실을 보았다. 그리고 놀테는 하이데거의 나치

---

4) Günter Neske und Emil Kettering(hrsg): *Antwort, Martin Heidegger im Gespräch*, Pfullingen 1988, 147쪽. 인용문 가운데 괄호 속의 주는 필자에 의한 것이다.

즘은 민족공동체의 수립을 내세우는 민족적 사회주의였을 뿐이고 히틀러의 전쟁 도발이나 유태인 말살을 지지하지 않았기 때문에 하이데거는 나치의 범죄 행위에 책임이 없다고 말하고 있다. 따라서 놀테는 하이데거가 마르쿠제를 비롯한 많은 사람들이 자신의 죄를 인정하라는 요구했을 때 그것에 굴복하지 않은 것은 옳았다고 본다.[5]

그리고 놀테는 사람들이 하이데거의 나치 참여를 나치가 대두할 당시에는 하이데거를 비롯한 대부분의 사람이 예견할 수 없었던 아우슈비츠로부터 판단하는 경향이 있다고 비판한다. 그는 나치즘의 역사에서 초기의 단계와 후기의 단계를 구별하면서 나치즘의 초기 단계는 결코 부정적으로만 볼 수는 없다고 말하고 있다. 놀테의 이러한 견해는 하이데거가 자신의 나치 참여를 보는 입장과 동일하다고 볼 수 있다. 하이데거 역시 나치즘의 초기 단계를 독일 민족의 갱생과 니힐리즘의 극복을 위한 호기로 보고 있는 것이다. 이와 관련 놀테는 나중에 나치에 저항하게 되는 많은 사람들도 1933년에는 나치를 지지했다는 사실을 지적하고 있다.[6]

더 나아가 놀테는 하이데거가 나치에 참여할 당시의 상황에서 독일이 처한 사회적 위기를 극복할 수 있었던 유일한 대안은 하이데거가 주창한 민족적 사회주의 외에는 없었다고 잘라 말하고 있다. 자유민주주의자들조차도 당시의 바이마르 체제가 사회적 혼란과 분열과 공산 세력의 위협을 극복할 수 있다고 믿지 않았으며 따라서 당시의 상황에서는 오직 나치가 내세우는 민족적

---

5) E. Nolte, 위의 책, 48쪽.
6) 같은 책, 141쪽.

사회주의만이 사태를 해결할 수 있었다는 것이다. 단적으로 말해서 하이데거가 선택한 민족적 사회주의는 비난받을 것이 아니라 당시의 상황에서는 정당하였다는 것이다. 놀테는 나치즘의 역사에서 결국은 민족적 사회주의가 아니라 래디컬파시즘이 우위를 차지하게 된 것을 비극이라고 보며 하이데거를 비롯하여 민족적 사회주의를 주창한 많은 사람들은 이러한 비극의 희생자라고 본다. 하이데거는 죄인이 아니라 나치 운동의 방향을 올바르게 이끌기 위해서 헌신하다가 실패한 희생자라는 것이다.

놀테의 이러한 견해에 대해서 조르지 슈타이너와 같은 사람은 '1933년에 이미 수많은 사람들이 거리에서 구타를 당했으며 소위 반동적인 책들이 불태워졌다'는 사실을 지적하면서 분노하고 있다.

　"사람들은 천재가 아니더라도 잔인하기 짝이 없는 암흑이 찾아왔다는 사실을 통찰할 수 있었다. … 나치 체제의 초창기에 이미 9000명의 유태인들이 구타와 고문으로 살해당했다. 양식 있는 인간이라면 당시에 일어나고 있던 사태의 본질을 이미 1933년 4월에 알아야만 하지 않았을까?"[7]

그와 아울러 슈타이너는 1933년의 잔인한 사건들로부터 나중에 일어날 사태를 미리 예견하면서 망명을 택한 독일 교수들과 지식인들이 있었음을 지적하고 있다. 이들은 독일에 머물렀더라면 좋은 보수와 직장을 계속해서 유지할 수 있었지만 망명을 택했다는 것이다.

이에 대해서 놀테는 나치 혁명은 레닌의 러시아 혁명과 마찬

---

7) Bernd Martin(hrsg), 위의 책, 88쪽.

가지로 그것이 초래한 잔악한 테러에도 불구하고 국민들의 열광적인 지지를 받았다고 말하고 있다. 러시아 혁명이 초래한 잔악한 테러에도 불구하고 수많은 대중들이 그러한 테러는 최악의 테러인 전쟁을 끝내기 위해서는 불가피하다고 생각했던 것처럼, 독일인들은 공산 혁명의 위협과 바이마르 체제의 혼돈을 극복하기 위해서 나치의 테러는 불가피하다고 생각했다는 것이다.[8] 그리고 놀테는 나치 혁명이 러시아 혁명에 비해서 목표와 방법 면에서 훨씬 온건한 것이었다고 말하고 있다. 그것은 독일의 명예와 권리의 회복을 목표했을 뿐이며, 혁명 방법 역시 러시아 혁명처럼 이른바 자산 계급 전체를 제거하는 대규모적인 테러는 아니었다는 것이다. 살해된 사람들의 수는 상대적으로 소수였고, 특정한 사회 계급들 전체가 아니라 이들을 대변하는 정치적 조직들만이 파괴되었다는 것이다.[9] 아울러 히틀러의 혁명은 극히 단기간에 완수되었다는 장점을 갖는다고 놀테는 말하고 있다. 히틀러는 공산 혁명의 위협과 바이마르 체제의 혼돈을 단기간에 극복했고, 정권을 잡은 지 6개월이 채 안 되는 1933년 7월 14일에 혁명의 완수를 선포하고 '혁명은 진화로 이행해야 한다'고 선언했다.[10] 이러한 역사적 성과로 미루어볼 때 수많은 공산주의자들과 사회민주주의자들이 나치로 전향하고 당시의 독일 국민들이 히틀러를 열광적으로 지지한 것은 당연했다는 것이다.

그러나 과연 하이데거는 가다머나 놀테가 말하는 것처럼 자신의 나치 참여에 대해서 죄책감을 느낄 필요가 없었을까? 하이데거는 총장 재직 시 학생들을 대상으로 한 많은 연설과 글에서

---

8) E. Nolte, 위의 책, 123쪽, Bernd Martin(hrsg), 위의 책, 19쪽.

9) E. Nolte, 위의 책, 123쪽.

10) 같은 책, 119쪽.

히틀러와 나치 혁명을 칭송하고 나치 혁명의 대열에 동참할 것을 촉구했다. 하이데거는 자신의 연설과 글에서 감화를 받고 나치에 참여한 청년들에게 책임을 느껴야 하지 않을까. 게르트 텔렌바하(Gerd Tellenbach)가 지적한 대로 하이데거처럼 세계적으로 유명한 철학자가 나치와 히틀러에 대한 지지를 열렬히 호소했을 때, 학생들이 그러한 호소에 저항하기는 어려웠을 것이다. 하이데거의 호소에 전적으로 공감하지 않은 학생들의 경우에도 하이데거의 호소는 자신들이 나치를 지지하지 않을 경우받을 수 있는 불이익을 피하기 위해서 나치에 기회주의적으로 영합하는 것을 합리화하는 기제로 작용할 수 있었다.11)

그러나 이러한 비판에 대해서 놀테는 여전히 강하게 반론을 제기한다. 놀테의 반론을 정리해보자.

'우리가 히틀러의 정체가 드러나면서 히틀러에 대항하기 위해서 스탈린을 택했던 사람들을 비난할 수 없다면, 1933년의 상황에서 독일에 공산 정권이 들어서는 것을 막기 위해서 히틀러를 택한 사람들도 비난할 수는 없다. 아울러 1929년의 세계 공황을 계기로 혼돈에 빠진 자본주의 체제의 모순을 극복하기 위해서 마르크스주의나 볼셰비즘을 선택한 사람들을 우리가 비판할 수 없다면, 역시 자본주의 체제의 모순을 극복하기 위해서 나치즘을 택한 사람들을 비판할 수는 없다. 하이데거는 당시의 많은 독일인들과 마찬가지로 독일이 공산화되는 것을 막고 사회적 혼란과 분열을 극복하기 위해서는 히틀러 외에는 대안이 없다고 생각했다.

사람들은 볼셰비키들에게는 자본주의에 대한 그들의 비판이 상당 부분 정당하다고 보면서 자본주의의 모순을 극복하고 이상 사회를

---

11) B. Martin(hrsg), 위의 책, 160쪽.

건설하려고 한 그들의 선의를 인정하는 것과 아울러 스탈린의 테러에 대한 그들의 책임을 묻지 않는 경향이 있다. 볼셰비키들에 대한 이러한 입장이 만약 정당하다면 당연히 하이데거와 같은 사람에 대해서도 히틀러의 테러에 대한 책임을 물어서는 안 된다. 이와 아울러 하이데거가 나치에 참여했다고 신랄하게 비판하는 마르쿠제만 하더라도 한때 볼셰비키에 동조한 적이 있기 때문에 만약 그가 하이데거에게 죄를 따진다면 자신의 죄도 인정해야 한다.'12)

그리고 놀테는 죄란 악한 짓을 저지르려는 의도가 있을 경우에만 성립하는 것이기에 1933년에 나치에 참여한 많은 사람들이 나치의 잔악한 범죄에 참여하지도 않았고 그것을 용인하지도 않았을 경우에 이들은 죄는 없다고 주장한다.13) 많은 볼셰비키가 스탈린의 테러를 예상하지 못했으며 그러한 테러를 바라지도 않았던 것처럼 하이데거 역시 히틀러의 잔악한 범죄를 예상하지 못했으며 그것을 바라지도 않았다. 만약에 이들이 그러한 테러를 예상했더라면 이들은 분명히 스탈린이나 히틀러를 지지하지 않았을 것이다. 물론 스탈린이나 히틀러의 정체가 드러났음에도 불구하고 그를 지지할 경우에는 죄를 물어야만 한다. 그러나 하이데거는 이미 1935년 이래 나치즘과 결별했으며 나치의 인종 정책과 정복 정책도 니힐리즘의 지배에서 비롯된 것으로서 비판했기에 그는 죄가 없다는 것이 놀테의 생각이다.

더구나 하이데거는 나치 참여 당시에 아직 나치 운동의 성격이 유동적이라고 보았기 때문에 그것에 올바른 방향을 부여할 수도 있다고 생각했으며 그러한 생각이 당시의 상황에서는 전적

---

12) E. Nolte, 위의 책, 210쪽.
13) 같은 책, 211쪽.

으로 터무니없는 것만은 아니었다. 분명히 이들은 스탈린이나 히틀러의 정체를 통찰하지 못한 오류를 저질렀다. 그러나 그러한 정치적 오류는 우리가 이해해줄 수 있는 것은 아닐까라고 놀테는 반문하고 있다. 인간이 완벽한 통찰력을 갖지 않는 한 우리 인간은 그러한 정치적인 오류를 범할 수 있는 권리를 갖는 것은 아니냐는 것이다.

3. 종전 후 하이데거는 자신의 나치 참여를 어떻게 보았는가?

나는 이상에서 하이데거가 자신의 나치 참여로 인해서 죄책감을 느끼면서 자신의 죄를 고백했어야만 하는지에 대한 사람들의 논란을 살펴보았다. 이러한 논란에 참여하는 사람들의 입장은 이들이 근본적으로 하이데거에게 호의적인지 아닌지에 따라서 극단적으로 대립되어 있다. 그런데 하이데거 자신은 어떠했는가? 그는 공식적으로 자신의 죄를 고백하지는 않았다 하더라도 사적으로는 자신의 나치 참여에 대해서 죄책감을 느꼈는가?

하이데거는 1950년 3월 7일 야스퍼스에게 보낸 편지에서 이렇게 말하고 있다.

"내가 1933년 이래 당신을 방문하지 않은 이유는 당신의 부인이 유태인이었기 때문이 아니라 단지 부끄러웠기 때문이었습니다(weil ich mich einfach schämte). 그때 이래 나는 당신의 집뿐 아니라 하이델베르크도 방문하지 않았습니다. 하이델베르크가 나에게 특별히 소중했던 것은 오직 당신과의 우정 때문이었습니다."

하이데거는 여기서 자신의 부끄러움에 대해서 말하고 있다. 야스퍼스는 이 말을 하이데거가 나치 참여로 인한 자신의 죄책감을 고백한 것으로 받아들였다. 하이데거의 편지를 받은 후 야스퍼스는 1950년 3월 19일의 편지에서 이렇게 썼다.

"그러한 고백과 함께 하이데거 당신은 (나치에 제대로 저항하지 못했기 때문에) 서로 부끄럽게 느낄 수밖에 없는 우리 모두의 공동체에 다시 속하게 되었습니다."14)

그러나 과연 야스퍼스가 판단한 대로 하이데거는 자신의 나치 참여에 대해서 죄책감을 느꼈을까? 나치가 유태인을 가스실에서 기계적으로 학살한 사실을 알고서 엄청난 충격과 절망 그리고 죄책감을 느꼈던 대다수의 독일인들처럼 하이데거도 과연 그렇게 느꼈을까?

하이데거의 제자였던 마르쿠제는 패전 후 하이데거를 방문한다. 하이데거는 마르쿠제에게 1934년 이후 자신은 나치 체제와 단절하고 강의에서 나치를 비판했다고 말한다. 마르쿠제는 하이데거에게 보낸 1947년 8월 28일자의 편지에서 자신은 그러한 사실을 의심하고 싶지는 않다고 말하면서도 이렇게 하이데거를 비판하고 있다.

"그러나 선생님께서는 1933~1934년 사이에 나치 체제를 극렬하게 지지했기 때문에 여전히 많은 사람들의 눈에는 나치 체제를 무조건

---

14) (　)은 본인의 주. Karsten Harries, Shame, Guilt, Responsibility, in: *Heidegger & Jaspers*, edit., Alan M. Olson, Philadelphia, 1993, 61쪽에서 재인용.

지지하는 사람으로 간주되고 있습니다. 당신이 나치 체제를 얼마나 열렬하게 지지했는지에 대해서는 선생님의 연설과 글 그리고 행동이 증명하고 있습니다. 선생님은 그것들을 한 번도 분명하게 취소한 적이 없었습니다. 1945년 이후에도 말입니다. 선생님은 '이제 나는 1933~1934년에 가졌던 생각과 전적으로 다른 생각을 갖게 되었다'고 공식적으로 천명한 적이 없습니다. … 우리는 선생님으로부터 오랫동안 한마디 말씀을 기다려왔습니다. 그동안 일어난 사태에 대해서 선생님이 오늘날 가지고 있는 입장을 솔직하게 표명하는 한마디 말씀 말입니다. 그러나 선생님은 사적인 자리에서도 그러한 말씀을 하지 않았습니다 ….".15)

마르쿠제의 이러한 비판에 대해서 하이데거는 1948년 1월 20일에 다음과 같은 답장을 보낸다.

"… 당신의 편지를 접하고 나서, 1933년 이래 독일에 있지 않았고 나치 운동을 그것의 최종 단계로부터 판단하는 사람과 대화를 한다는 것이 얼마나 어려운지를 새삼 깨닫게 됩니다.

당신의 편지에서 제기된 주요한 문제점들에 대해서 나는 이렇게 대답하고 싶습니다.

1. 1933년에 대해서 : 내가 나치즘으로부터 기대한 것은 전체 국민의 정신적 혁신, 사회적 갈등의 해소, 공산주의의 위협으로부터 서구의 현존재를 구원하는 것이었습니다. … 거기에(하이데거가 나치 참여 당시에 한 연설들) 있는 몇 문장들을 오늘날 나는 탈선으로 간주합니다 ….

2. 1934년에 나는 나의 정치적 오류를 깨달았으며 국가와 당에 대한 항의의 표시로 총장직을 사퇴했습니다 ….

---

15) B. Martin(hrsg), 위의 책, 155-156쪽.

3. 내가 모든 사람들이 납득할 수 있는 공적인 고백을 하지 않았다는 것은 사실입니다. 그러나 내가 고백할 경우 사람들은 나와 나의 가족을 궁지에 몰아넣을 것입니다. 이와 관련하여 야스퍼스는 이렇게 말하고 있습니다. 우리가 살아 있다는 것 자체가 죄라고.

4. 1934~1944년의 나의 강의와 연습에서 나는 나치에 대해서 명확한 입장을 취했습니다. 따라서 나의 제자 중 어느 누구도 나치가 된 사람은 없었습니다. 언젠가 이 시기의 저작들이 출간될 때 그러한 사실이 밝혀질 것입니다.

5. 1945년 이후에 (나치 참여에 대해서) 고백한다는 것은 나에게는 불가능했습니다. 나치의 추종자들은 극히 역겹기 짝이 없는 방식으로 전향 신고를 하였지만 나는 그들과 아무런 공통점도 없기 때문입니다.

6. 당신은 나치 체제를 수백만의 유태인들을 학살했고 테러를 일상으로 만들었으며 정신과 자유 그리고 진리라는 개념과 결부된 모든 것을 정반대의 것으로 전도시켰다고 비판하고 있습니다. 당신의 이러한 엄중한 비판은 정당합니다. 그러나 단지 다음과 같은 사실만을 덧붙이고 싶습니다. '유태인들'이란 단어 대신에 '동구의 독일인들'로 바꾸어놓을 경우 그러한 비난은 연합군들 중의 하나(소련을 말함)에게도 타당합니다. 다만 1945년 이래 일어나고 있는 사태는 세계에 잘 알려지고 있으나 나치의 잔인무도한 테러는 독일 민족에게 은폐되어 있었다는 차이가 있을 뿐입니다 …."[16]

하이데거는 이상에서 총장 재직 시 히틀러와 나치 운동에 대한 과도한 열정으로 '히틀러야말로 독일 민족의 법과 현실이다'는 식의 잘못된 발언들을 했음을 인정하고 있다. 그는 그 이외에는 자신이 나치 치하에서 잘못한 일은 없다고 본다. 오히려 그는 자신이 나치에 대해서 저항하고 비판했음을 강조한다. 그가 만

---

16) 하이데거 전집 16권, *Reden und andere Zeugnisse*, 430-431쪽.

약 죄가 있다면 야스퍼스가 말하는 죄, 즉 나치에 반대한 사람들이든 아니든 독일 민족이면 누구나 져야 할 죄밖에 없다. 유태인이 끌려갈 때 방관하면서 나치에 적극 저항하지 않았기 때문에 아직 목숨을 부지하고 있다는 것 자체가 죄라는 것이다. 그리고 그는 나치 운동의 종국적인 단계, 즉 아우슈비츠로부터 나치 운동의 초기 단계를 평가해서는 안 된다고 말하고 있다. 자신의 나치 참여는 당시의 상황에서는 충분히 이해할 수 있는 행위였다는 것이다.

하이데거의 답변에 대해서 마르쿠제는 1948년 5월 13일의 편지에서 이렇게 비판하고 있다. 나치 운동을 그것의 종국적 단계로부터 판단해서는 안 된다는 하이데거의 말에 대해서 마르쿠제는 '시작은 이미 그 결말을 포함하고 있었고 결말 그 자체였다는 사실을 양식 있는 사람들은 알고 있었다'고 반론을 제기하고 있다. 마르쿠제에 의하면 이를 보지 못했던 것은 당시 독일인들의 사고와 정서가 총체적으로 왜곡되어 있었기 때문이었다. 즉, 서양 철학을 그 어느 누구보다도 잘 이해할 수 있었던 하이데거가 나치즘에서 독일 민족의 정신적 혁신과 공산주의의 위협으로부터 서구를 구할 수 있는 힘을 기대한 것은 하이데거 역시 다른 독일인들과 마찬가지로 사고와 정서가 완전히 왜곡되어 있었기 때문이라는 것이다. 마르쿠제에 의하면 건전한 이성을 가지고 있는 사람들은 1933년 이전에 이미 총통이라는 용어와 돌격대의 모든 행동에서 나치가 나중에 저지를 잔악함을 내다볼 수 있었다는 것이다. 그리고 그는 이렇게 덧붙이고 있다.

"선생님은 내가 유태인 학살과 관련하여 나치를 비판한다면, 그러한 비판은 유태인들이란 단어를 '동구의 독일인들'로 바꾸어놓을 경우 연합군들 중의 하나(소련)에게도 타당하다고 쓰고 있습니다. 선생님이 그렇게 말씀하실 경우, 선생님은 서로간의 대화가 가능한 이성적인 차원을 떠나 있는 것은 아닌지요? 왜냐하면 '이성적인' 차원에서 벗어나 있을 경우에만, 하나의 범죄를 다른 사람들도 그와 같은 짓을 했을 것이라는 변명을 통해서 상대화하면서 '이해하려고' 하는 것이 가능하기 때문입니다. 더 나아가 수백만 명을 고문하고 불구로 만들고 학살한 범죄를 민족 집단을 강제로 이주시키는 것과 어떻게 비교할 수 있습니까? 그러한 강제 이주에서는 (아마 몇 가지 예외를 제외하고서는) 나치가 저지른 잔악한 행위들은 전혀 없었습니다 …."[17]

하이데거는 야스퍼스에게 보낸 한 편지에서도 이렇게 썼다.

"스탈린은 더 이상 전쟁을 선포하지도 않고서 매일 전투에서 이기고 있다. 그러나 어느 누구도 그것을 꿰뚫어보고 있지 않다."

하이데거의 이 말에 대해서 야스퍼스는 경악을 금할 수 없었다. 스탈린이 동구를 장악할 수 있었던 것은 나치 독일 때문이었다는 사실을 통찰하지 못하는 하이데거의 맹목을 야스퍼스는 아마 구제 불능이라고 생각했을 것이다.

이상에서 우리는 하이데거가 홀로코스트에 대해서 분노하기보다는 스탈린의 만행과 득세에 대해서 분노하고 우려하고 있다는 인상을 받는다. 홀로코스트에 대한 이러한 무감각이 하이데거를 비판하는 사람들의 분노를 불러일으킨 것은 당연하다. 그렇다고 하여 이는 하이데거가 홀로코스트에 대해서 침묵했다는 것을 의미하지는 않는다. 그는 그것의 본질을 철학적으로 규명

---

17) B. Martin(hrsg), 위의 책, 157쪽.

하려고 했다. 그러나 홀로코스트에 대한 그의 철학적 해석은 다시 한 번 비판자들의 분노를 불러일으켰다.

하이데거는 유태인 학살을 현대 기술 문명이 갖는 잔혹한 본질이 나타난 한 양상에 불과한 것으로 해석하고 있는 것이다. 아울러 하이데거는 가스실에서 시체를 만들어내는 것을 '농촌의 기계화나 수소폭탄의 제조 그리고 (스탈린 치하의 동구 공산주의에서) 농촌을 봉쇄하고 사람들을 기아로 내모는 것 그리고 중공에서 수백만이 기아로 사망한 사건'과 본질적으로 동일한 것으로 보고 있다.[18] 그는 홀로코스트를 현대 기술 문명에서 빚어진 폐해들과 본질적으로 동일한 것으로 보고 있는 것이다.

하버마스가 본질화(Verwesentlichung)라고 부르는 해석 방식을 통해서 그는 홀로코스트에서 보이는 특유의 악마성에 주목하지 않고 있는 것이다. 하이데거 추종자들 중 혹자는 하이데거가 유태인들의 학살과 트랙터로 농지를 개간하는 것이 '사실상' 동일하다고 말하지 않고 '본질적으로' 동일하다고 말했다는 이유로 하이데거를 변호하려고 한다. 다시 말해서 하이데거는 양자를 무조건적으로 동일시하고 있지는 않다는 것이다. 그러나 토지를 트랙터로 경작하는 것과 가스실에서 시체를 만들어내는 것이 '본질적으로도' 동일시될 수 없다는 것은 명약관화하다. 토지를 트랙터로 경작하는 것은 폭증하는 인구를 부양하고 노동의 고통을 덜어준다는 점에서 적어도 인간에게 도움이 되는 측면이 있지만, 가스실에서 시체를 만들어내는 것은 어떠한 도움이 있다는 말인가?

농촌을 봉쇄하고 사람들을 기아로 내모는 것으로 하이데거가

---

18) Berel Lang: *Heidegger's Silence*, Ithaca and London, 1996, 16쪽.

어떠한 사태를 염두에 두고 있는지는 명확하지 않으나 아마 제2
차 세계대전 후 동구에 거주하고 있던 독일인들에 대한 소련군
의 조치들을 염두에 두고 있는 것 같다. 마르쿠제도 반박하고 있
지만 소련군의 처사를 유태인의 대량 학살에 비교할 수는 없을
것이다. 하이데거가 중공에서 수백만의 인구가 기아로 죽어가는
것을 말할 때 아마 대약진 운동의 실패에서 비롯된 기아 사태를
말하는 것 같다. 그러나 그러한 기아는 의도된 것이 아니라 소위
인민을 잘 살도록 하기 위해서 시행한 정책의 실패에서 비롯된
것이다. 유태인에 대한 학살과 중공에서의 기아 역시 본질적인
차원에서도 동일시될 수는 없는 것 같다.

하이데거에게 호의적인 놀테마저도 유럽의 유태인들을 체계
적으로 말살하려 한 히틀러의 시도는 역사적으로 그 유례를 찾
아볼 수 없는 전대미문의 현상이었다고 말하고 있다. 따라서 그
는 히틀러의 유태인 말살 정책이 비롯된 역사적 배경을 추적하
고 있다. 히틀러는 유태인들을 이른바 근대 문명의 창시자로 보
았다. 그리고 히틀러는 많은 보수적인 사상가들처럼 근대 문명
으로 이르는 과정을 유럽 문명이 몰락해가는 과정으로 보았다.
아울러 그는 공산주의를 근대 문명의 정점으로 보았으며 유럽
문명의 궁극적인 몰락을 획책하는 것으로 보았다. 히틀러는 이
러한 공산주의 역시 유태인들의 작품으로 보았다. 따라서 히틀
러는 유태인들을 세계 악의 근원으로 보았으며 이와 아울러 유
태인들을 제거하는 것을 통해서 세계 악을 완전히 극복할 수 있
다고 생각했다.[19] 결론적으로 말해서 히틀러의 유태인 말살 정
책은 하이데거가 말하는 것처럼 현대 기술 문명의 본질에서 비

---

19) E. Nolte, 위의 책, 265쪽.

롯되는 것이 아니라 전통적인 반유태주의를 극단으로 몰고 간 히틀러 특유의 광기에서 비롯되었다는 것이다.

한나 아렌트는 전쟁과 독일의 파괴 그리고 유태인들에 대한 살해의 원인을 나치 특유의 사상적 성격이나 행태에서 찾지 않고, 하이데거처럼 플라톤에서부터 시작되는 존재의 역사적 운명에서 찾거나 아니면 『계몽의 변증법』에서의 아도르노나 호르크하이머처럼 오디세이에서부터 시작되는 도구적인 이성의 지배에서 찾는 등의 이른바 '독일적인 심원한' 해석은 사실은 우매하기 짝이 없는 것이라고 단정한다.[20]

유태인의 대학살을 알고 나서도 하이데거는 자신의 철학을 전면적으로 검토해볼 생각을 하지는 않았다. 그의 철학은 종전(終戰) 전과 다를 바가 없다. 그는 1931년 사상적 전회 이후 그가 개척해온 존재사적 사유의 지평 아래에서 여전히 나치를 평가하고 있다. 다른 점이 있다면 종전 전에는 실제의 나치즘은 그래도 볼셰비즘이나 자유민주주의보다는 약간이라도 그리스적인 시원에 가까운 체제였지만 전후에는 오히려 현대 기술 문명의 본질을 가장 전형적으로 구현한 체제로 평가되었다는 정도의 변화일 것이다. 이와 아울러 하이데거는 종전까지 어느 정도는 남아 있었다고 생각되는 나치에 대한 일말의 동정도 다 버리게 된다. 그는 더 이상 나치즘의 내적인 위대함과 진리에 대해서 말하지 않는다. 이는 단순히 패전 후의 상황에 적응하기 위한 기회주의적인 태도는 아니었을 것이다. 그가 보기에도 나치의 잔학상은 더 이상 그것의 내적인 진리와 위대성을 말할 수 없을 정도로 참혹하였을 것이다.

---

20) Safranski, 위의 책, 404쪽.

4. 슈피겔 인터뷰

　1966년에 행해진 하이데거의 「슈피겔 인터뷰」는 하이데거가
자신의 나치 참여에 대해서 참회하기는커녕 자신을 변호하고 있
기 때문에 하이데거에게 비판적인 사람들의 분노를 불러일으켰
다. 그러나 막스 뮐러나 놀테를 비롯하여 하이데거에게 호의적
인 많은 사람들도 하이데거의 「슈피겔 인터뷰」에 대해서 실망을
금치 못했다. 그러나 이들은 하이데거가 자신의 죄를 고백하지
않아서라기보다는 자신의 나치 참여의 전말에 대해서 솔직하게
말하지 않고 구차한 변명으로 일관한 것에 대해서 실망했다.
　하이데거는 자신이 1933년 이전에는 어떠한 정치적 활동도 하
지 않았다고 주장한다. 그리고 그는 나치에 저항하기 위해서 총
장이 되었다고 말하고 있다. 그는 자신의 총장 취임 연설이 대학
과 학문을 정치적 도구로 만들려는 나치에 대해서 대학과 학문
의 고유한 권리를 주장한 용기 있는 행동이었다고 말한다. 아울
러 그는 히틀러에 대한 찬양도 당시의 상황에서는 불가피했던
전략적인 타협으로 주장한다. 놀테는 하이데거의 이러한 해명은
나치에 참여한 대부분의 독일인들이 자신들의 나치 참여를 해명
하는 태도와 다를 바가 없었으며 대사상가 답지 못했다고 비판
하고 있다.[21] 놀테나 막스 뮐러는 하이데거가 나치 운동의 성공
을 위해서 총장직을 맡았으며 나치 운동에서 유럽의 구원을 기
대했다는 사실을 솔직하게 고백했더라면 더 좋았을 것이라고 보
는 것이다.
　「슈피겔 인터뷰」에서 자신의 나치 참여를 보는 하이데거의 입장

---

21) E. Nolte, 위의 책, 260쪽.

은 종전 직후 총장 재직 시절을 회고하면서 쓴『총장직 1933/34』와 다를 바 없다. 20여 년이 흘렀지만 하이데거가 자신의 나치 참여를 보는 시각은 변함이 없는 것이다. 그리고 1976년에 죽을 때까지도 그의 입장은 아마 변하지 않았을 것이라고 생각된다. 1945년의『총장직 1933/34』은 자신의 대학 개혁 이념과 그것의 토대가 되는 자신의 철학에 대한 비판적인 검토와 반성이 아니라 자신에 대한 변호였던 것처럼「슈피겔 인터뷰」는 자신에 대한 변호다. 나치에 참여할 때부터 죽을 때까지 자신의 나치 참여와 대학 개혁 이념 그리고 그러한 이념을 기초지우는 정치 사상과 존재 사상에 대한 하이데거의 입장은 사실상 본질적으로 변한 것이 없다.

「슈피겔 인터뷰」의 표제였던 '오직 하나의 신만이 우리를 구할 수 있다'는 생각부터 이미 1945년의『총장직 1933/34』에 나타나 있다. 하이데거는 거기에서 이미 우리 시대는 신이 죽은 니힐리즘의 시대며 신성이 현현할 수 있는 모든 시간-공간(Zeit-Raum)이 폐쇄된 시대라고 말하고 있다.[22] 또한 자신이 총장직을 맡게 된 문제 의식의 정당성에 대한 하이데거의 생각도 변한 것이 없다. 그는 대학이 전문 학원으로 전락하는 것을 막고자 했다는 것이다.[23] 그리고 하이데거는 총장 취임 연설에서 이렇게 말했었다.

"흔히 찬양되고 있는 '학문의 자유'는 독일 대학에서 배제되어야 한다. 왜냐하면 이러한 자유는 단지 부정적인 자유일 뿐이기에 진정

---

22)『총장직 1933/34』, 39쪽.
23) Spiegel-Gespräch mit Martin Heidegger, in: *Antwort, Martin Heidegger im Gespräch*, Günther Neske und Emil Kettering(hrsg), Pfullingen 1988, 83쪽.

한 자유가 아니기 때문이다."

이러한 생각을 하이데거는 「슈피겔 인터뷰」에서도 여전히 고
수하고 있다.24) 하이데거는 「슈피겔 인터뷰」에서 자신의 총장
취임 연설은 그 당시와 마찬가지로 오늘날에도 진지하게 받아들
여지지 않고 있다고 한탄하고 있다. 오히려 그것은 오늘날에 더
욱 결정적인 의미를 갖는다는 것이다.25) 물론 그는 「독일 대학의
자기 주장」에 나타나는 민족주의적 입장에 대해서는 거리를 취
하려고 한다. 그는 '민족'이란 말은 이제 사회라는 말로 대체되어
야 할 것이라고 말한다.

---

24) 같은 책, 84쪽.
25) 같은 책, 86쪽.

제9장
하이데거는 나치즘을 철학적으로 극복했는가?

1. 하이데거 철학의 근본적 문제점

우리는 이상에서 하이데거는 자신이 나치에 참여할 당시에 가졌던 정치적 입장과 철학적 입장을 죽을 때까지 고수했다는 사실을 보았다. 물론 하이데거는 자신의 정치적 오류를 인정한다. 그러나 그가 인정하는 정치적 오류라는 것도 궁극적으로는 자신이 히틀러를 존재의 진리를 구현할 국가 건립자로 보았다는 것 정도다. 죽을 때까지도 그는 당시의 나치 운동은 서구의 역사를 바꿀 수 있는 절호의 기회였다고 생각하고 있다. 당시의 모든 진정한 세력이 힘을 모았더라면 나치 운동을 올바르게 이끌 수 있었다는 것이다.

아니면 그는 아직 때가 오지 않았다고 생각한다. 그는 자신을 횔덜린처럼 너무 일찍 온 예언자로 생각하며 시대의 희생자로 본다.[1] 그는 자신이 철학적으로 오류를 범했기 때문에 정치적으로도 오류를 범했다는 사실을 결코 인정할 수 없었다.[2] 따라서 그의 사상은 나치 참여 이전이나 이후나 근본적으로 변함이 없다. 물론 나치 참여가 실패로 끝난 후에 실제의 나치즘을 비판하지만 나치 참여 당시에도 그는 실제의 나치즘에 대해서는 비판적이었다. 따라서 나치 참여 후의 나치 비판도 나치 참여 후에 그의 입장이 변화되었다는 것을 의미하지는 않는다. 그것은 다만 나치 참여 당시에 이미 가졌던 실제의 나치즘에 대한 비판적 의식을 더욱 명료화한 것에 지나지 않는다. 이렇게 나치 참여 후에도 하이데거의 생각이 근본적으로 변한 것이 없을 경우, 나치즘의 내적인 진리와 위대성에 대한 하이데거의 생각은 죽을 때까지 변하지 않았다고 보는 오트의 견해는 일리가 있다고 볼 수밖에 없다.[3]

많은 사람들이 하이데거가 나치 참여가 실패로 끝난 후에 실제의 나치즘을 비판했다는 것을 인정하면서도 그가 진정으로 나치즘을 극복했다고 인정하기를 주저하는 근본적인 이유는 바로 이와 같은 사정 때문이라고 생각된다. 하이데거의 사상은 나치 참여 당시에도 이미 실제의 나치즘에 대한 본질적인 차이에도 불구하고 그것과 근친성을 가지고 있었던 것처럼 나치와의 단절 후에도 여전히 그것과 근친성을 가지고 있다는 것이다.

우리는 현대 기술 문명과 나치즘에 대한 하이데거의 비판이 결국 전체주의에 대한 비판으로 귀착된다는 사실을 앞에서 보았

1) Safranski, 위의 책, 326쪽.
2) 같은 책, 266쪽.
3) Hugo Ott, *Martin Heidegger, Unterwegs zur seiner Biographie*, Frankfurt/New York 1988. 133쪽.

다. 그런데 하이데거의 사상과 나치즘 사이에 여전히 근친성이 존재할 경우에는 하이데거 철학이 과연 전체주의를 극복할 수 있는 사상적인 토대를 마련했는지에 대해서 의문을 가질 수 있다. 그가 전체주의를 극복할 수 있는 사상적 토대를 마련하는 데 성공했을 경우에만 나치즘에 대한 그의 대결은 완전한 것이 될 것이다.

우리는 서론에서 하이데거의 나치 참여를 철학적인 관점에서 고찰할 것이라고 말했다. 우리가 나치즘의 극복과 관련하여 사상가로서의 하이데거에게 기대하는 것은 당에서 탈당하고 당비를 납부하지 않는 차원의 것이 아니라 나치즘을 진정하게 극복할 수 있는 철학을 제시하는 것이다. 그러나 나는 그가 과연 전체주의의 전형이라고 할 수 있는 나치즘을 사상적으로 극복할 수 있는 토대를 형성했는지에 대해서는 회의적이다. 나는 하이데거의 사상은 전체주의를 비판하고 있지만 그럼에도 불구하고 아직 전체주의로 귀착될 수 있는 요소들을 포함하고 있다고 생각한다.

2. 하이데거 철학이 전체주의로 귀착될 수 있는 위험성은 어디에서 비롯되는가?

1) 하이데거의 나치 참여를 규정하는 시대적 선입견으로서의 1914년의 이념

노이로르는 히틀러가 정권을 장악하게 된 것은 독일 민족이 오랫동안 가져왔던 신화와 환상 그리고 야망 등에 호소한 덕분이라고 말하고 있다.

"히틀러에게 권력을 안겨준 '국가 운동'과 '천년 왕국'의 사상은 19
세기와 특히 20세기에서 독일 민족의 발전을 직접 간접으로 싸고 돈
여러 가지 사조 · 운동 · 환상 · 신화의 귀결이었고 독일인의 야망 ·
꿈 · 악습 · 타락의 총합이었다. 총합이라고 했지만 혹은 카타르시스
라고 말해도 좋을 것이다."[4]

나 역시 하이데거는 이러한 신화와 꿈속에서 성장해왔고 그것
들의 영향을 받았기 때문에 나치에 가담하게 되었다고 생각한
다. 아울러 하이데거의 후기 사상에도 그러한 것들은 사라지지
않았다고 생각하며 바로 이 점에서 나는 하이데거가 나치즘을
진정으로 극복할 수 있는 토대를 마련하지 못했다고 생각한다.
우리는 앞에서 슬러거가 나치에 가담했던 철학자들을 크게 보
수파와 급진파로 나누고 있다는 것을 보았다. 보수파란 전통적인
철학의 계승을 주창했던 자들로 이들은 특히 피히테의 철학이야
말로 나치의 국가 철학이 되어야 한다고 보았으며 특히 피히테
사상 안의 민족주의적이고 사회주의적인 요소를 강조했다. 이에
대해서 급진파들은 철학의 철저한 변혁을 주창했던 자들이었으며
그들은 새로운 시대의 철학으로서 니체의 철학을 내세웠다.
이 두 파는 자신들이야말로 진정한 나치즘을 대표한다고 생각
했다. 이 두파는 상이한 철학적 전제를 가지고 있었음에도 불구
하고 '자유민주주의에 대한 혐오, 공동체주의적인 사고 방식, 독
일 민족에 대한 우월 의식, 현재는 위기의 시대이고 그러한 위기
는 철저한 변혁을 통해서만 해결될 수 있다는 묵시론적이고 혁

---

4) J. F. 노이로르, 위의 책, 10쪽.

명적인 사고 방식, 민족 전체의 의지를 대표하는 지도자에 대한 신앙과 같은 사상적인 요소들을 공유했다. 나는 보수파든 급진파든 이러한 사상적인 요소들을 공유했기 때문에 서로 상이한 사상적 전제에 서 있으면서도 나치에 가담하게 되었다고 생각한다. 그리고 나는 하이데거 역시 이러한 사상적 요소들을 공유하고 있기 때문에 나치에 가담하게 되었으며 그러한 사상적 요소들을 죽을 때까지 고수했다는 점에서 나치즘을 진정한 의미에서 극복하지 못했다고 본다.

그러한 공통적인 요소들은 많은 사람들이 하이데거가 나치에 가담하게 된 동기로 들고 있는 결단주의적이거나 비합리주의적인 요소들은 아니다. 피히테의 철학은 민족주의적이고 국수주의적인 성향에도 불구하고 결단주의나 비합리주의가 아니라 보편적 가치와 이성의 입장에 서고자 하는 철학인 것이다.5) 하이데거는 위에서 거론한 사상적 요소들을 자신의 사상의 핵심적인 구성 요소들로서 초기에서부터 죽을 때까지 받아들이고 있기에, 나치즘과 전체주의에 대한 그의 비판에도 불구하고 그의 철학이 정치적으로 현실화될 경우에는 전체주의로 귀착될 수 있는 위험성을 갖게 된다고 나는 생각한다.

우리는 앞에서 하이데거가 현상학자를 자처하고 사태 자체를 통찰할 것을 주창하지만, 자신의 성장 환경과 교육 환경을 지배하던 정신적 분위기에서 자유롭지 못했다는 사실을 보았다. 하이데거는 그러한 정신적 분위기를 규정하는 근본적인 사상들을 철저한 반성 없이 수용하고 있다. 이러한 사상들은 결국 1914년의 이념으로 집약되는 바, 우리는 1914년의 이념이 공통적으로

---

5) 나치에 동조했던 철학자들에게 사상적으로 공통된 요소들에 대해서는 Hans Sluga, 위의 책, 16-23쪽.

주창하는 근본 사상을 앞에서 '자유민주주의에 대한 혐오, 반근대주의, 국수주의적 민족주의, 민족적 사회주의'로 정리했었다. 이것에 나는 '혁명적이고 종말론적인 사고 방식'을 하나 더 첨가하고 싶다.

우리는 1914년의 이념 역시 피히테와 독일 낭만주의 이래 독일의 보수적 정신계를 지배해온 특정한 선입견들을 무비판적으로 수용하고 있다는 사실을 보았다. 하이데거는 물론 자신이 수용한 그러한 선입견들을 현상학적인 통찰이라고 주장하겠지만, 그것들은 오히려 독일의 보수적인 지성인들이 어릴 적부터 주입받아온 신화이자 편견일 가능성이 크다. 우리는 하이데거 사상 안에서 현상학적인 통찰이라고 주장될 수 있는 요소와 무근거한 시대적인 편견이라고 볼 수 있는 요소를 서로 구별해야 할 것이다.

나는 아래에서 하이데거 철학 안의 '자유민주주의에 대한 혐오, 혁명적이고 묵시론적인 사고 방식, 반근대주의, 국수주의적 민족주의, 민족적 사회주의' 같은 사상적 요소들이 어떻게 해서 전체주의와 통할 수 있는지를 고찰할 것이다. 나는 아래에서 위의 요소들 중 '자유민주주의에 대한 혐오'와 '혁명적이고 묵시론적인 사고 방식' 그리고 '민족적 사회주의의 이념'만을 고찰할 생각이다. 하이데거의 반근대주의는 자유민주주의에 대한 혐오와 상통하는 측면이 있고 국수주의적 민족주의는 민족적 사회주의의 이념과 혁명적이고 묵시론적인 사고 방식과 상통하는 측면이 있기에 그러한 요소들에 대해서는 따로 다루지 않겠다.

2) 자유민주주의에 대한 하이데거의 혐오

(1) 자유민주주의에 대한 하이데거의 견해

근대 계몽주의는 근대의 본질을 인간 개개인이 이성적인 주체로서 성장해나가는 과정으로 보았다. 이에 대해서 하이데거는 근대의 본질을 인간 개개인이 존재자 전체를 기술적으로 조직하고 이용하는 맹목적인 권력 의지의 지배에 편입되어가는 과정으로 보았다. 하이데거에게 근대에 나타난 모든 다양한 정치 체제들은 그러한 권력 의지가 자신을 관철하는 다양한 방식들일 뿐이며 그것들 간에는 본질적인 차이가 없다. 하이데거는 자유민주주의든 전체주의적인 사회주의든 나치즘이든 모두 본질적으로 동일한 것으로 보고 있는 것이다. 그는 전체주의 체제들에 대해서 자유민주주의가 갖는 본질적인 특수성을 인정하고 있지 않다.

하이데거적 마르크스주의자로 불리는 마르쿠제도 하이데거와 마찬가지로 서구의 자유민주주의 체제도 전체주의 체제라고 규정하고 있다. 자유민주주의 체제 역시 소비와 향락 그리고 대중매체를 통해서 대중을 교묘히 조종 통제하는 체제라는 것이다. 그러나 자유민주주의 체제와 나치 및 볼셰비키적 전체주의를 동일시하는 것은 전체주의라는 말을 지나치게 확대 적용한 것은 아닌가? 시민들의 인권이 많건 적건 보장되고 있는 사회와 그것이 전적으로 무시되고 있는 사회를 우리가 어떻게 동일시할 수 있을까?

그러나 현대의 자유민주주의 국가는 인간들을 기술 발전의 단순한 재료로 간주하는 것은 아니다. 사람들은 실업 보험을 비롯한 사회 보장 제도나 기본권을 보장하는 법적인 제도 등을 통하여 단순한 기술적인 재료로 간주되는 상태에서 보호받고 있다. 현대의 자유민주주의란 물론 근대적인 산물이지만 나치와 볼셰비즘과는 달리 서구의 역사적 전통을 계승한 측면이 강하다고 볼 수 있다. 하이데거가 현대의 자유민주주의를 존재사적으로 파악하여 철저하게 근대적인 산물로만 보고 있는 것에 반해서, 우리는 왓킨스(F. M. Watkins)처럼 현대의 자유민주주의를 서구가 쌓아온 정치적 지혜가 총집결된 결과로 볼 수 있을 것이다.6) 삼권 분립 제도를 비롯, 소수로 권력이 집중되는 것을 막으면서 국민 전체의 합의를 도출시킬 수 있는 복잡한 제도들은 서구의 장구한 역사 안에서 끊임없는 시행착오를 통하여 형성되어나온 것이다.

하이데거도 물론 근대의 자유 민주주의 체제에는 기술의 전면적 지배를 저지하는 여러 가지 경향들이 존재한다는 사실을 인정한다. 그러나 그는 그러한 경향들은 근대적인 기술 지배의 원리가 관철되는 것을 지연시킬 뿐이라고 보고 있다. 하이데거가 보기에 자유민주주의는 사회적인 조직의 개량이나 도덕적인 재무장 또는 다양한 문화 사업 등을 통한 전통적인 가치의 보존과 같은 것을 통해서 기술의 전면적인 지배가 관철되는 것을 지연시키고 있는 우유부단한 고식적(姑息的)인 체제에 지나지 않는다.7) 자유민주주의 체제가 근대적인 기술 지배에서 비롯되는 위험을 극복하기 위해서 시도하는 위와 같은 조치들은 역사적인

---

6) F. M. Watkins 저, 『서양의 정치 전통(*The Political Tradition of the West*)』, 조순승 역, 을유문화사, 1988.

7) Alexander Schwan: Zeitkritik und Politik in Heideggers Spätphilosophie, in: *Heidegger und die praktische Philosophie*, (hrsg.) Annemarie Gethmann-Siefert und Otto Pöggeler, Frankfurt a.M. 1988, 98쪽.

전환을 지연시키고 우리가 진정으로 수행해야 될 역사적 결단을 애매하게 할 뿐이라고 본다. 그것들은 오히려 그러한 역사적인 과업이 무엇인지에 대해서 착각을 초래할 뿐이다.[8]

(2) 자유민주주의에 대한 하이데거의 견해가 갖는 문제점

하이데거는 현대 기술 문명의 위기를 근본적으로 극복하기 위해서는 인간이 존재자들에 대한 지배를 추구하는 권력에의 의지의 담지자에서 내맡김(Gelassenheit)이라는 정신적 태도를 자신의 본질로 갖는 현존재로 변화될 것을 촉구한다. 그러나 나는 그러한 정신 혁명에서만 사태의 해결을 기대하는 것은 무모하다고 생각한다. 모든 사람들이 그리고 항상 내맡김이란 정신 상태를 유지할 수 있다고 생각하는 것은 지극히 유토피아적인 생각인 것 같다.

물론 우리는 하이데거가 말하는 내맡김이란 정신적인 태도를 구현하려고 노력해야겠지만, 다른 한편으로 권력에의 의지가 항상 존재할 수밖에 없다는 것을 인정하면서 그것이 전체주의적으로 발동되는 것을 막는 제도적인 장치를 마련할 필요가 있다. 이 점에서 현대의 자유민주주의가 중시하는 개인의 자유와 인권 그리고 그러한 자유와 인권을 보장하기 위한 제도적 장치들은 하이데거나 1914년의 보수 혁명적 사상가들이 주장하는 것처럼 단순히 부르주아적인 가치들이 아니라 우리가 소중히 할 수밖에 없는 가치들이다.

물론 하이데거는 우리가 「독일 대학의 자기 주장」에서 본 것처럼 복종하는 자들이 지도자에 대해서 갖는 저항권을 인정하고

---

8) 하이데거 전집 8권 *Was heißt Denken?* 64쪽.

있다. 그러나 그러한 저항이 실제적으로 가능하기 위해서는 그가 부정하는 자유민주주의 제도가 구비되지 않으면 안 된다. 그러나 하이데거는 이러한 자유민주주의적인 제도를 오히려 폐지했다. 그는 대학 안의 모든 결정 권한을 대학의 지도자인 총장에게로 집중시켰다. 언론, 출판, 집회, 결사, 학문, 양심의 자유를 부정한 상황에서 지도자에 대한 비판이나 저항이라는 것은 사실상 말뿐이기 쉬운 것이다.

하이데거는 자유를 공동체에 부여된 역사적 사명에 대한 충성이나 존재의 소리에 대한 청종으로서 규정하면서 근대가 성취한 '국가 권력으로부터의 정치적 자유'를 부르주아적인 자유로 폄하하는 경향이 있다. 그리고 그는 이를 통하여 자신의 의도와는 달리 전체주의를 변호하게 되는 것이다. 이는 볼셰비키적인 마르크스주의자들이 프롤레타리아의 역사적 사명에 충실한 것을 진정한 자유로 간주하면서 자유주의적인 자유 개념이 갖는 중요성을 무시함으로써 전체주의를 초래한 것과 마찬가지다.

하이데거가 자유주의적인 자유 개념을 타기한 것은 좌파와 마찬가지로 자유민주주의 사회의 분열상과 부도덕성에 대해서 환멸을 느꼈기 때문이라고 볼 수 있다. 자유민주주의 체제가 개인의 자유를 기본적인 권리로 보장하는 한, 자유민주주의 체제는 항상 개인들뿐 아니라 서로 이해를 달리 하는 집단 간의 투쟁과 분열을 수반한다. 그리고 자유민주주의 체제가 시민들의 다양하고 자유로운 삶을 인정하는 한 자유민주주의는 이제까지 인류가 부도덕하고 퇴폐적인 것으로 낙인찍어온 삶의 양식이나 문화도 허용하는 경향이 있다.

하이데거는 자유민주주의가 지배하는 바이마르 체제에서 건전하면서도 소박한 공동체의 해체를 보았을 것이다. 그는 이른바 부르주아적인 자유가 허용될 경우에는 개인적이고 집단적인 이해에 따른 인간들의 이합집산과 무책임하고 천박한 의견과 풍조가 사회를 지배한다고 생각했을 것이다. 『존재와 시간』에서 하이데거가 행하고 있는 세인(世人. das Man)에 대한 비판은 사실상 여론 정치를 내세우는 민주주의에 대한 비판이라고도 볼 수 있다. 물론 자유민주주의 아래에서 여론은 하이데거가 비판하는 의미의 세론(世論)으로 전락할 가능성이 상당히 존재한다. 세론이 지배하는 곳에서는 자신에게 책임을 지는 인간 개개인 자신이 아니라 그 어느 누구도 아닌 무책임한 익명의 다수가 지배한다. 따라서 하이데거가 보기에 자유민주주의란 어느 누구도 책임을 지지 않는 무책임한 체제다. 이러한 세인에 대해서 하이데거는 진리는 각 개인이 고독 속에서 죽음으로 선구하는 가운데 개시된다고 보고 있다.

이 점에서 자유민주주의를 보는 하이데거의 견해는 히틀러의 견해와 유사하다고 볼 수 있다. 히틀러에게 자유 민주 정부란 '정치오직(政治汚職)'으로 타락하고 사람들을 범용하게 만들고 책임을 회피하는' 집단이며, 과반수란 '무지와 소심'을 의미하였다. 히틀러는 이에 대해서 '자신의 모든 결정과 행동에 대해서 책임을 지는 지도자의 자유'를 역설했으며, 지도자에 의한 정치를 '다수의 관념이 아니라 하나의 인격'을 기초로 한 '고귀한 민주주의'라고 불렀다. 히틀러든 하이데거든 바이마르공화국을 천박한 시장정치(市場政治)의 상징으로 여겼다고 볼 수 있다.[9]

하이데거는 우리가 앞에서 본 것처럼 정치를 예술 작품의 창작과 같은 것으로 생각한 것 같다. 예술 작품은 그것이 집단적인

---

9) 이광주, 위의 책, 78쪽.

예술 작품이라 하더라도 그것을 제작하는 사람들의 다수결이나 타협에 의해서 형성되는 것은 아니다. 예술 작품에서는 그 예술 작품이 표현하려고 하는 영감 내지 — 하이데거 식으로 표현하면 — 존재의 진리가 문제될 뿐이며 오직 그러한 영감에 충실할 것만이 요구된다. 우리는 「독일 대학의 자기 주장」에서 하이데거가 지도자와 복종하는 자가 궁극적으로 따라야 하는 것은 '독일 민족의 역사적 사명'이라고 말한 것을 기억하고 있다. 국민들 다수의 의견이 아니라 독일 민족의 역사적 정신적 사명이 정치를 규정해야 한다고 하이데거는 보는 것이다.

이에 대해서 자유민주주의에서는 정치를 시민들 간의 대화와 타협으로 본다. 그리고 이러한 대화와 타협이 이루어지기 위한 조건은 언론·출판·집회·결사의 자유와 같은 소위 부르주아적인 자유다. 물론 그러한 자유는 많은 경우 인간 상호간의 분열과 자의의 지배라는 부작용을 초래할 수 있다. 그러한 부작용에도 불구하고 우리는 그러한 자유를 통해서 유사 이래 보기 드문 활발한 의사 소통과 창의성의 발현 그리고 기본권의 보장이 가능하게 되었다는 것을 인정하지 않을 수 없다.

자유민주주의가 초래하는 부작용을 제거하고 공동체적인 조화와 통일을 마련하기 위해서 이른바 부르주아적인 자유를 부정하는 것은 전체주의라는 위험을 야기하기 쉽다. 여러 개인들과 집단들 간의 모든 분열이 극복되고 조화만이 존재하는 유토피아에 대한 회구는 사실은 전체주의적인 획일화를 통해서만 충족될 수 있는 것이다. 이런 의미에서 콜라코프스키는 전체주의는 "천국을 모방하려는 절망적인 시도다"라고 말하고 있다.10)

---

10) Leszek Kolakowski, Der Mythos der menschlichen Einheit, in: *Der Mensch ohne Alternative*, R. Piper & Co. Verlag. 310쪽.

따라서 전체주의의 극복은 하이데거가 말하는 것처럼 정신 혁명에 의해서만 가능한 것은 아니다. 전체주의를 막기 위해서는 정신 혁명 이외에 전체주의의 위협을 막는 정치적 제도가 필요하다. 인간을 비롯한 존재자 전체에 대한 기술적 지배라는 전체주의를 극복하기 위해서 하이데거는 어디까지나 내맡김(Gelassenheit)이라는 새로운 삶의 태도와 그러한 삶의 태도에서 드러나는 사방(Geviert)이라는 새로운 세계상을 제시하는 데 그치고 있다. 다시 말해서 모든 것을 기술 지배의 조직 안으로 편입시키는 현대의 인위적인 세계에 대해서 하이데거는 단순 소박한 자연의 세계를 대립시키고 있다. 이러한 시도가 과연 모든 것을 기술적인 재료로 만드는 현대의 기술적 전체주의를 극복할 수 있는 충분한 방책인지 아니면 필요한 방책들 중의 하나에 불과한 것인지에 대해서 우리는 의문을 가질 수 있다. 나는 그것은 중요하지만 필요한 방책들 중의 하나며 전체주의를 막기 위해서는 그것 못지않게 자유민주주의적인 정치 제도들이 필요하다고 생각한다. 나는 이와 관련하여 하이데거가 전체주의에 대한 자유주의자들의 견해에서 정당한 부분을 수용하는 데 실패하고 있다고 생각한다.

　그렇다고 하여 나는 현재의 자유민주주의가 나치즘이나 볼셰비즘보다 더 인간적이며 이상적인 체제라고 미화하려고 하는 것은 아니다. 많은 자유민주주의자들이 하이데거가 자유민주주의와 나치즘 그리고 볼셰비즘을 본질적으로 동일한 것으로 간주할 때 분노했다. 사람들은 하이데거가 나치의 범죄를 미국과 소련의 범죄와 본질적으로 동일할 때 하이데거가 나치의 죄악을 상대화하는 것을 통해서 나치 참여에 대한 자신의 책임을 약화시키려고 한다고 의심했다. 그리고 사람들은 바로 그러한 태도야말로 하이데거가 아직 진정으로 자신의 죄를 참회하지 않았다는 증거라고 비난했다.

따라서 나는 하이데거가 자신의 나치 참여에 대해서 공식적으로 참회했을 경우 용서를 받았을 것이며 나치 참여에 대한 논쟁도 잠잠해졌을 것이라는 데리다의 의견에 동의하지 않는다.11) 하이데거는 이미 자신의 나치 참여는 자신의 인생에서 최대의 오류라고 자인했다. 그럼에도 많은 사람들이 하이데거를 용서하지 않고 있다. 이러한 사람들은 하이데거의 나치 참여에 대해서뿐 아니라 하이데거가 나치즘을 마르크시즘과 자유민주주의와 본질적으로 동일한 것으로 보는 것에 분노하는 것이다. 나는 이러한 사람들은 하이데거가 자신의 나치 참여에 대해서 참회할 뿐 아니라 나치즘을 그 어떠한 체제와도 비교할 수 없는 악마적인 것으로 비난했을 경우에만 하이데거를 용서할 것이라고 생각한다. 이들은 그때에야 비로소 하이데거를 건전한 상식을 회복하고 돌아온 탕자처럼 취급하면서 그를 관대한 마음으로 포용할 것이다.

나는 기본적으로 자유민주주의자다. 그러나 미국이 세계를 지배하는 과정에서 범한 만행을 생각해보면 하이데거가 나치즘과 자유민주주의 그리고 볼셰비즘을 본질적으로 동질적인 것으로 볼 때 그것을 나치의 죄악을 상대화하려는 시도로만 볼 수는 없다고 생각한다. 미국이 베트남전에서 군인과 민간인 그리고 남녀노소를 가리지 않고 네이팜탄을 쏟아부을 때 그것은 히틀러의 만행과 얼마나 다른가? 그리고 농촌 집단화 과정에서 스탈린이 행한 농민들의 대학살이나 중공이 티베트에 대해서 행하는 만행

---

11) Günter Neske und Emil Kettering(hrsg): *Antwort, Martin Heidegger im Gespräch*, Pfullingen 1988, 159쪽.

에 대해서도 우리는 동일한 물음을 제기할 수 있다.

이런 의미에서 아메리카주의와 볼셰비즘 그리고 나치즘을 본
질적으로 동일한 것으로 보는 하이데거의 견해를 우리는 전적으
로 부정할 수는 없을 것이다. 그동안 사람들은 히틀러의 악을 전
대미문의 악마적인 것으로 보면서 그것을 인류 역사상 저질러진
다른 악행들과 비교하는 것 자체를 터부시했었다. 에른스트 놀
테 같은 사람이 나치의 유태인 학살은 유사 이래 최초의 것이
아니고 20세기 초에 있었던 터키 정부에 의한 아르메니아인 학
살 같은 것들은 나치 학살 못지않게 끔찍했다고 주장했을 때, 사
람들은 놀테가 나치의 범죄를 상대화함으로써 나치를 복권시키
려고 한다고 비난했었다. 그러나 나는 놀테 같은 사람이 그렇게
양식이 없는 사람이라고 생각하지 않는다. 오히려 나는 '서구가
나치의 범죄를 유일무이의 것으로 간주하고 그 어떠한 비교도
허용하지 않은 것은 어제의 베트남이나 현재의 아프가니스탄에
서 저질러졌었고 저질러지고 있는 악을 상대적으로 사소한 것으
로 보면서 그것들로부터 세상의 관심을 돌리는 데 기여해왔다'
는 놀테의 지적을 우리가 무시할 수 없다고 생각한다.

이와 관련하여 "1938년 에비앙의 망명자 회담을 계기로 대부
분의 나라들, 특히 많은 땅을 지닌 미국, 캐나다, 호주 등이 가장
격렬하게 유태인 망명을 차단했다"는 하랄드 슈테판의 말은 자
유민주주의가 나치에 대해서 갖는 도덕적 우월성도 절대적인 것
은 아니라는 사실을 상기시킨다.[12] 히틀러는 인도주의적이고 자
유민주주의 국가들의 위선을 폭로하고 비난할 수 있는 이러한
좋은 기회를 놓치지 않고 이렇게 말했다고 한다.

---

12) 하랄드 슈테판, 위의 책, 167쪽.

"이런 민주주의 국가들에서 사람들은 독일과 이탈리아가 1938년에 유태인을 잔혹하게 제거하려고 한 것에 대해서 분개한다. 그러나 그들은 위선자들이다. 그들은 유태인들에게 도움을 주기는커녕 자신들도 그들을 위한 땅이 없다고 냉담하게 선언한다. 따라서 그들은 1평방킬로미터에 140명이 사는 독일에서는 유태인이 계속해서 살 수 있지만, 1평방킬로미터에 단지 몇 명꼴로 사는 민주주의 세계는 그런 부담을 절대로 지지 않겠다고 말한다. 그들에게 모럴이 있는가?"[13]

아울러 나는 현대의 자유민주주의 사회에서도 사실은 기술적 전체주의가 지배하고 있다는 하이데거나 마르쿠제의 비판도 전적으로 부인할 수 있는 것은 아니라고 생각한다. 홍사중은 뒤베르제와 갈브레이드를 원용하면서 현대의 자유민주주의 국가에서도 모든 기업은 좀더 상위 기업(재벌, 은행)에 종속되어 있으며 경제의 과두제적 지배가 행해지고 있다는 사실을 인정하고 있다. 그리고 세계 경제는 다국적 과두제에 의하여 미국 경제에 종속되어 있다는 사실을 지적하고 있다. 또한 강대한 행정부에 대한 의회와 정당의 역할이 약화되어가고 있다는 점에서 현대 사회에서의 민주주의는 공허한 것이 되어가고 있다. 이렇게 보면 현대 사회는 형식적으로는 민주주의이지만 실제적으로 기술적 전체주의의 구조를 갖는 것이다.

이런 맥락에서 홍사중은 현대 사회에서 파시즘은 오히려 눈에 보이지 않게 확대·심화되어가고 있다고 보고 있다. 그에 의하면 현대 파시즘의 특징은 노골적인 폭력을 내세우지도 않으며 그보다는 관리라는 은근한 수단으로 대항 세력을 무력화시킨다. 또한 무력에 의해서 대외 침략을 하는 민족주의가 아니라 경제

---

13) 같은 책, 167-168쪽.

적 침략을 동반하는 경제 내셔널리즘을 내건다. 아울러 '경제 번영=행복'의 도식으로 대중을 동원하고 '기존 소유 관계의 안정화'를 실현시켜가며 완만하게 반동의 길을 걷고 있다.14)

우리는 이러한 사실들을 전적으로 부인할 수 없을 것이다. 따라서 나는 자유민주주의의 강점은 그것이 나치즘이나 볼셰비즘 같은 전체주의 체제처럼 잔악한 범죄를 저지르지 않았다거나 자유민주주의가 나치 체제나 볼셰비키 체제와는 달리 철저하게 자유로운 체제라는 데에 있다고 생각하지는 않는다. 다만 자유민주주의에서는 그러한 죄악과 전체주의적 지배기도에 대한 비판이 상대적으로 더 많이 허용된다는 점에 자유민주주의의 강점이 있다고 생각한다. 베트남전쟁만 하더라도 그나마 미국에서는 격렬한 반전 데모가 있었다. 그러나 하이데거는 그러한 반정부 운동을 할 수 있는 자유를 사소한 것으로 생각하고 있다.

요컨대 나는 하이데거의 근본적인 문제점이 그가 현대의 자유민주주의와 나치즘 그리고 볼셰비즘을 본질적으로 동일한 비인간적인 체제들로 보는 데에 있다고 생각하지는 않는다. 그러한 견해는 오히려 현대의 역사를 돌이켜볼 때 상당한 타당성을 갖는다. 나는 하이데거 사상의 가장 큰 문제점은 하이데거가 부르주아적인 자유가 갖는 중요성을 무시하기에 그의 사상이 자신의 의도와는 달리 전체주의를 초래할 수 있다는 것이라고 생각한다.

(3) 자유민주주의에 대한 하이데거의 혐오의 기원

헤르만 뤼베는 '1914년의 이념'이나 하이데거나 나치즘에서 보이는 자유민주주의에 대한 반감을 급변하는 산업 사회와 실증

---

14) 홍사중, 위의 책, 426쪽.

과학의 발전과 같은 급변하는 사회 현실에 철학이 적응하지 못한 데서 비롯되었다고 생각한다. 그러한 사상들은 변화된 산업 구조와 사회 구조에 적응하지 못한 결과 현실에 대해서 적대적인 태도를 취한다. 그것은 현실이 물질주의적이 되었다고 비난하면서 현실에 대해서 고고한 입장에 태도를 취한다.

뤼베는 1914년의 이념을 비롯 하이데거나 나치즘을 규정하는 이러한 정신적 태도를 19세기 독일에서 칸트와 청년 피히테 그리고 헤겔의 철학처럼 시민적 자유를 실현하려고 했던 철학 사상이 겪은 좌절의 결과로 본다.15) 원래 프랑스 혁명의 철학으로서 출현했던 독일 관념론이 자신의 이념을 실현하지 못한 결과 철학과 현실은 분열되고 만다는 것이다. 철학은 내면성으로 도피하는 반면에 현실에서는 비스마르크 제국의 거대한 국가 권력이 지배하게 된다. 그 결과 독일의 시민 계급은 한때 자신의 사상이었던 시민적 자유의 사상을 '비독일적인 것'으로 배척하게 된다. 이러한 사정을 노이로르는 다음과 같이 정리하고 있다.

"1871년의 독일 통일과 제국의 출범은 국민의 혁명적 투쟁이나 자유로운 결의에서 온 성과가 아니라, 그것은 비스마르크와 프로이센 국가, 프로이센군과 독일군의 업적이었다. … 이때부터, 다시 말해 프랑크푸르트 의회와 비스마르크에 의한 제국의 출범 이후부터 독일인의 마음속에는 의회적 방법과 민주주의 일반에 대한 일종의 경멸감이 역사적 침전물로 남게 되었다. 또한 이때부터 권력에 대한 거의 종교적 숭배가 면면히 이어지게 되었다. 두말할 것도 없이 제국의 수립은 독일의 국민 감정을 조성하는데 강력한 뒷받침이 되었다. 50년간의

---

15) Richard Wolin 역시 이와 같은 견해를 표명하고 있다. *The Heidegger Controversy*, 18쪽.

부풀었던 꿈이 이루어진 것이다. 부르주아와 지식층은 자유와 통일을 갈망했다. 이제야 프로이센의 주도 아래 국민적 통일이 실현된 것이다. 이리하여 국민 감정은 오랫동안 '포만' 상태가 되었다. 경제력의 성장과 정신적인 면의 어떤 자유 같은 것이 독일인으로 하여금, 그들의 선조들이 자신들과는 다른 자유, 즉 의회와 책임 내각을 갖는 완전한 정치적 민주주의의 자유를 생각하고 있었다는 사실을 잊게 만들었다."16)

　　루돌프 오이켄과 같은 1914년의 사상가들은 과거에 독일 관념론이 가졌던 철학의 힘을 다시 회복하려고 하지만 그들은 칸트와 청년 피히테의 민주주의 사상과 중용과 이성을 중시하는 헤겔의 정치적 자유주의는 수용하지 않는다. 마이네케(F. Meinecke) 같은 사람이 '시민적인 자유를 결여한 국가적인 통일'을 비스마르크 제국의 약점으로 본 반면에, 오히려 1914년의 사상가들은 그것을 독일의 고유한 본질로 찬양한다. 그들은 '자유주의는 비독일적인 것이 아니라 독일의 대표적인 사상가인 칸트와 헤겔의 철학에서 주창되고 있으며 이를 통해서 독일은 서구의 전통과 결부되어 있다'는 사실을 단적으로 무시한다.17)

　　아울러 에른스트 트뢸취(Ernst Tröltsch) 같은 사상가가 '1914년의 이념'의 광풍(狂風) 속에서도 냉철한 양식(良識)을 유지하면서 미국과 프랑스의 인권 선언을 최근세사에서 가장 중요한 업적들 중의 하나라고 주장하는 반면에, 1914년의 사상가들과 하이데거 그리고 나치즘에서는 인권 선언은 전혀 언급되지 않고 있다. 「독일 대학의 자기 주장」에서 하이데거가 정치적 사회적

---

16) J. F. 노이로르, 위의 책, 36-37쪽.
17) 헤르만 뤼베, 위의 책, 271쪽.

구속으로부터의 자유를 소극적이고 부르주아적인 자유 이념으로서 비판할 경우에 그는 인권 선언의 가치도 부정하고 있는 것으로 볼 수 있다. 근대는 많은 문제점들을 갖고 있지만 야만적인 형벌은 완화되고 공개 처형과 고문 등이 금지되는 등 많은 것들이 개선되었다는 사실을 하이데거는 별로 중요한 것으로 보고 있지 않다.[18]

하이데거는 자유, 평등, 형제애라는 근대적인 슬로건은 거의 거론하지 않는다.[19] 오히려 하이데거는 자유민주주의는 인간 간에 존재하는 품격의 위계를 무시하면서 무책임한 대중의 지배를 통해서 인간들의 하향 평준화를 초래한다고 생각한다. 하이데거는 여러 곳에서 위계(Rang)와 수준(Niveau)을 언급하고 있다. 이런 면에서 그의 정치 사상은 질서, 차이, 거리(Ordnung, Differenz, Distanz)를 내세운 보수적 권위주의에 속한다고 볼 수 있다. 하이데거는 대중 교육과 이를 통한 대중의 정신적 수준의 고양을 통해서 하향 평준화를 극복할 수 있는 민주 정치의 가능성을 믿지 않았다. 오히려 하이데거는 신문과 방송을 비롯한 대중 매체를 1914년의 사상가들과 마찬가지로 혐오하고 경멸했으며 대중 매체들이 대중의 정신적 수준을 고양시키는 데 기여할 수 있다는 사실을 인정하지 않았다.

따라서 하이데거는 권위주의적인 민족공동체가 아니라 인권 선언에 입각한 자유주의적인 민주주의가 현대의 기술 문명에서 일어나는 문제들과 사회적 갈등을 해결할 수 있는 대안이라는 사실을 삶의 마지막 순간까지 인정하지 않았다.[20] 1914년의 보

---

18) E. Nolte, 위의 책, 291쪽.
19) 같은 책, 288쪽.
20) Spiegel-Gespräch mit Martin Heidegger in: *Antwort, Martin Heidegger*

수 혁명적인 사상가들과 마찬가지로 그에게는 에른스트 트뢸취의 다음과 같은 통찰은 통찰이 아니라 하나의 스캔들에 불과할 뿐이다.

"독일의 정치적 상황을 지배하는 사회주의와 보수주의의 대립을 조정하고, 농촌의 귀족주의와 도시의 산업주의를 조화시키고, 교육과 경제적 부에 대한 대중의 점증하는 요구와 한정된 교육 기반과 국부를 조화시키는 것은 독일이 서유럽에서 발생한 민주주의적 이념을 수용할 경우에만 가능할 것이다."[21]

3) 하이데거의 혁명적이고 묵시론적인 사고 방식이 갖는 문제성

(1) 하이데거의 혁명적이고 묵시론적인 사고 방식이 갖는 문제성

전체주의를 현대 기술 문명의 본질로 보면서 그것을 극복하기 위해서 하이데거가 제시하는 대안은 극히 래디컬하다. 하이데거는 근대 사회의 개선이 아니라 근대 사회의 철저한 극복을 주장한다. 하이데거는 철학적인 입장에서나 정치적인 입장에서나 시종일관 래디컬한 것이다. 그리고 그는 자신의 래디컬한 사고 방식 자체가 문제가 있다는 생각을 해본 적이 없는 것 같다.

그는 자신의『존재와 시간』만 해도 이제까지의 전통 철학과의 단절로 본다. 물론 그는 자신의 사상을 서구 역사에서 그동안 망각된 그리스적인 시원을 더욱 근원적으로 반복하는 것으로 보기 때문에 언뜻 보기에는 과거와의 연속성을 인정하는 것처럼 보인

im Gespräch, hrsg. Günther Neske/Emil Kettering, Pfullingen 1988, 96쪽.
21) Ernst Troeltsch, *Politische Ethik und Christentum.* Göttingen 1904, 42쪽
이하, 헤르만 뤼베, 위의 책, 299쪽에서 재인용.

다. 그러나 그는 그리스적인 시원 이래의 역사를 서구 문명이 퇴락해가는 과정으로 보며 그러한 역사의 해체를 주장한다는 점에서 래디컬하다. 정치 철학적인 입장에서도 하이데거는 래디컬하다. 하이데거는 근대에 나타난 모든 정치 형태, 자유민주주의든 사회주의든 나치즘이든 그 모든 체제들을 니힐리즘의 발현이라고 보면서 부정한다. 특히 자유민주주의는 기독교적인 휴머니즘의 이름 아래 현대의 니힐리즘을 은폐하는 한 수단에 지나지 않는다.

"유럽은 여전히 민주주의를 고수하려고 하며 이것이 자신의 역사적 사멸이 될 것이라는 사실을 통찰하는 것을 배우려 하지 않는다. 왜냐하면 민주주의는 니체가 명확하게 보았던 대로 니힐리즘의 한 변종, 즉 최고의 가치들이 자신의 가치를 상실하는 변종일 뿐이기 때문이다. 최고의 가치들은 이제 '가치'일 뿐이므로 더 이상 역사를 형성하는 힘이 될 수 없다. 그러한 방식으로 그것들은 자신의 가치를 상실하고 있는 것이다."[22]

하이데거는 민주주의나 사회주의와 같은 이념에 대한 니체의 평가를 공유한다. 민주주의나 사회주의 그리고 볼셰비즘은 기독교의 신과 플라톤의 이데아와 같은 초감성적인 이념들이 사람들을 사로잡는 힘을 상실한 후, 즉 역사를 형성하는 힘을 상실한 후 나타나게 된 공백을 채우기 위해서 나타난 우상들에 불과하다.[23] 그것들은 니체가 말하는 신의 죽음에서 철저한 귀결을 끌어내려는 것이 아니라 신이 죽은 자리에 새로운 우상을 세우고

---

22) 하이데거 전집 43권, *Nietzsche: Der Wille zur Macht als Kunst*, 193쪽.
23) 같은 책, 30-31쪽.

그것에 의지하여 삶의 안전과 위안을 확보하려는 시도들이다. 그것들은 신의 죽음이라는 니힐리즘을 철저하게 밀고 나가지 않고 어중간하게 그것을 해소하려는 불완전한 니힐리즘이다. 이에 대해서 니체는 신의 죽음을 철저하게 인정하고 오직 아무런 목적도 의미도 없이 생성 소멸하는 이 현실만을 인정할 것을 요구한다. 니체는 니힐리즘의 철저화를 요구한다. 니체는 신을 철저하게 살해할 것을 요구하는 것이며 이를 통해서만 인간의 진정한 재탄생이 가능하다고 보는 것이다.

하이데거는 니힐리즘의 기원과 본질 그리고 극복과 관련하여 니체와 의견을 본질적으로 달리하면서도 니힐리즘의 철저화를 통한 니힐리즘의 완전한 극복을 지향한다는 점에서는 니체와 동일하다. 하이데거는 니체와 마찬가지로 래디컬한 사상가인 것이다. 따라서 하이데거가 현대인에게 요구하는 것은 칸트나 헤겔 같은 과거의 사상을 변용하여 현대에 적용하는 것이 아니라, 존재를 상실한 채 존재자 한가운데 내던져져 있는 자신의 상황에 대한 철저한 경악을 요구한다. 다시 말해서 사람들이 자신들이 처한 니힐리즘의 상황을 전통적인 휴머니즘적인 가치를 통해서 호도하는 것이 아니라, 자신이 그 어떠한 전통적인 사상이나 가치를 통해서 극복될 수 없는 니힐리즘의 지배 아래 있다는 것을 철저하게 인정할 것을 요구하는 것이다.

니힐리즘의 철저화를 통해서만 니힐리즘의 극복이 일어난다는 사고 방식, 다시 말해서 새로운 시대의 개막을 위해서는 철저한 밤을 통과해야만 한다는 래디컬한 사고 방식의 기원을 키질과 코스로프스키(Peter Koslowski)는 그노시즘(Gnotizismus)에서부터 찾고 있다. 빛과 구원을 경험하기 위해서는 어둠과 절망을 통과하지 않으면 안 된다는 그노시스적인 사고 방식이 니체와 하이데거에서는 세속적인 역사의 영역에서 반복되고 있는 것이다.[24] 이러한 묵시론적인 사상은 하이데거뿐 아니라 니체의 영향을 받은 에른스트 융거를 비롯한 1914년의 많은 보수 혁명적인 사상가들에게 공통된 것이다.

나치 참여 당시의 하이데거는 이러한 묵시론적인 사고 방식에 입각하여 나치 운동이야말로 과거와 단절한 새로운 시대의 개막이라고 보았다. 그리고 하이데거는 나치에 대해서 실망한 후에도 언젠가 다가올 새로운 미래를 꿈꾼다. 종전 직후인 1945년 7월 20일 친구인 슈타델만(R. Stadelmann)에게 보내는 편지에서도 하이데거는 여전히 이렇게 쓰고 있는 것이다.

"모든 사람들이 지금 몰락을 생각하고 있다. 그러나 우리 독일인들은 아직 일어나지도 않았고 밤을 겪어야 하기 때문에 몰락할 수 없다."[25]

그러나 역사를 위기와 불연속의 역사로 보는 사고 방식은 역사적 사실에 부합되지도 않으며 위험하다. 이러한 사상은 파국적인 상황을 불가피한 운명적인 것으로 보고 더 나아가 좀더 나은 미래를 위해서 그러한 상황을 기꺼이 환영할 수 있는 위험을 안고 있다. 그리고 그것은 우리가 당장 시행할 수 있는 개선책들을 고식적인 미봉책으로 타기하기 쉽다. 하이데거는 현대의 기술 문명을 인정하는 가운데 그것의 부작용을 제어하고 극복해나갈 수 있는 제도적 장치들을 점차로 만들어가려고 하지 않는다.

---

24) Helmut Kiesiel, 위의 책, 159쪽, Koslowski, *Der Mythos der Moderne*, 86쪽 이하.
25) Farias, 위의 책, 370쪽.

그는 그러한 모든 개혁적 조치들을 역사적 결단을 애매하게 하는 고식적인 조치로 보면서 전적으로 새로운 사유 방식과 그에 입각한 새로운 세계를 건립하려고 한다.

그러나 이러한 혁명적이고 묵시론적인 사고 방식이야말로 하이데거가 극복하려고 한 근대적 사고 방식의 한 형태는 아닌가? 하이데거의 사유는 근대를 극복하려고 하면서도 근대에 나타난 하나의 사고 방식, 즉 유토피아적이고 흑백 논리적이며 전체론적인 사고 방식에 얽매여 있는 것은 아닌가? 그리고 그러한 사고 방식은 나치즘도 공유하고 있는 것이다. 나치 역시 하이데거와 마찬가지로 서구의 전통과 철저하게 결별하고 전적으로 새로운 역사를 건립할 것을 주창한다. 그리고 양자 공히 그러한 래디컬한 사고 방식에 걸맞게 결단을 강조하고 무조건적이고 비타협적인 태도를 찬양한다.[26]

이와 관련하여 뢰비트 역시 하이데거의 사유 내용은 달랐을지도 모르나 사유 스타일은 나치와 유사하다는 사실을 지적하고 있다.

"(하이데거는) 자신의 강의에서 (나치즘에 대한) 신랄한 비판을 시도할 수 있었다. 그러나 그것은 그가 사실은 일종의 저항적이고 부정적인 신앙 운동인 나치즘에 속해 있다는 사실과 모순되지는 않았다. 왜냐하면 나치즘의 '정신'은 민족적인 것과 사회적인 것보다는 오히려 더 철저한 결단성과 박력(Dynamik)과 관련이 있었기 때문이다."[27]

---

26) Nicolas Tertulian: Seinsgeschichte als Legitimation der Politik, in: *Martin Heidegger - Faszination und Erschrecken*, 65쪽.

27) Karl Löwith: Sämtliche Schriften, Band 8, Stuttgart, 1984, 67-68쪽, Nicolas Tertulian: Seinsgeschichte als Legitimation der Politik, in: *Martin*

야스퍼스도 뢰비트와 마찬가지로 하이데거의 사유 내용보다도 그의 사유 스타일을 문제 삼는다. 야스퍼스는 종전 후 프라이부르크대의 나치정화위원회에 보낸 하이데거에 대한 평가서에서 하이데거의 사유 방식은 독재적이고 자유와 의사 소통을 거부한다고 평한다. 하이데거 사상의 내용은 나치즘과 다를지 몰라도 그의 사유 방식은 나치들과 동일하다는 것이다. 그리고 야스퍼스는 바로 그 점 때문에 하이데거의 철학은 자라나는 세대들에게 유해하다고 결론을 내린다.[28]

특히 야스퍼스는 하이데거가 종전 후에도 계속해서 이렇게 말할 때 하이데거에게 질리고 만다.

"이러한 고향 상실의 시대에 하나의 성령 강림(Advent)이 준비되고 있다. 그것이 멀리에서 보내는 암시를 우리는 경험한다."[29]

야스퍼스는 그렇게 거대한 것에 대한 비전(die Vision eines Ungeheuren)을 주장하는 철학은 현실과 자신을 분리시킴으로써 다시 전체주의의 승리를 준비한다고 보았다. 야스퍼스에 의하면 1933년 이전의 독일 철학으로 인해서 독일 국민이 히틀러를 받아들이게 되었던 것처럼, 그렇게 거창한 비전을 제시하는 철학은 또 다른 형태의 전체주의가 승리할 수 있는 기초를 마련한다. 하이데거가 말하는 성령 강림에 대해서 야스퍼스는 이렇게 쓴다.

Heidegger - Faszination und Erschrecken, Frankfurt/New York, 1990, 66쪽에서 재인용.

28) Hugo Ott, 위의 책, 316-317쪽.

29) Safranski, 위의 책, 428쪽.

'내가 생각하기에 그것은 순전히 하나의 꿈에 불과하다. 그러한 꿈은 반세기에 걸쳐서 우리를 바보로 만들었던 많은 꿈들 중의 하나다.'[30]

(2) 하이데거와 혁명적 좌파 사이에 존재하는 사고 방식의 유사성과 종말론적이고 혁명적인 사고 방식이 갖는 전체주의적 귀결

우리는 앞에서 하이데거가 자신의 나치 참여가 실패로 끝난 후에도 자신의 사상을 철저하게 검토해보려고 하지 않았다는 사실을 보았다. 하이데거는 자신이 그동안 고수해온 사유 도식과 근본적인 확신들 자체를 문제 삼지 않고 있는 것이다. 그러한 사유 도식이란 지금까지의 역사와 전적으로 다른 새로운 시원(Anfang)이 파국을 통과하면서 개시될 것이라는 묵시론적인 사유 도식을 말하며, 근본적인 확신들이란 그러한 시원은 위대한 지도자를 중심으로 한 독일 민족을 통해서 실현될 것이며 그러한 시원을 실현할 정치 형태는 자유민주주의는 아니라는 믿음을 말한다. 그런데 이러한 사고 도식과 확신들은 그야말로 하나의 믿음일 뿐이며 야스퍼스가 말하는 대로 모든 의사 소통을 거부하는 독단적인 확신이 아닐까?

하이데거는 「슈피겔 인터뷰」에서도 여전히 1933년을 천재일우의 기회로 생각하고 있다. 그는 죽기 10년 전의 시점에서도 나치 운동을 정화하기 위해서 당시의 모든 양심적인 세력이 일치 단결했더라면 역사의 흐름을 뒤바꾸어놓았을 것이라고 믿고 있다. 달리 말하면 모든 잘못은 나치 운동을 더럽힌 히틀러와 그의 일당에 있으며, 하이데거처럼 나치 운동에 순수한 마음으로 헌신한 사람들은 아무 잘못이 없다는 것이다. 하이데거는 자신의

---

30) 같은 곳.

사고 도식과 근본 확신은 근본적으로 옳다고 확신하는 것이다. 그는 자신의 오류는 히틀러라는 범죄자에 대해서 그릇된 기대를 걸었다는 데 있을 뿐이라고 생각한다. 그러나 그가 보기에는 그러한 오류는 그 전의 위대한 사상가들도 범했던 오류다. 하이데거는 한 학생에게 보내는 편지에서 자신의 오류를 나폴레옹을 새로운 세계 정신의 체현자로 보았던 헤겔과 신들과 그리스도가 초대된 축제의 주최자로 보았던 횔덜린의 오류에 비교하고 있다.31) 하이데거는 이제 새로운 시원의 도래를 예측할 수 없는 장래에 옮겨놓는다.

그런데 하이데거의 이러한 태도는 하이데거에게서만 볼 수 있는 것이 아니라 이른바 양심적인 혁명적인 좌파들에서도 볼 수 있을 것이다. 트로츠키를 비롯한 많은 볼셰비키들이 스탈린에게 환멸을 느끼면서도 러시아 혁명을 진정한 사회주의를 건설할 수 있는 기회로 보았다. 그들은 모든 진정한 볼셰비키들이 일치단결하여 볼셰비키 운동을 정화하는 데 나섰더라면 역사는 새로운 방향을 걸었을 것이라고 믿는다. 그리고 그들은 볼셰비키 운동이 잔혹한 전체주의로 전락한 것은 스탈린의 책임이지 자신들에게는 책임이 없다고 생각한다. 그들은 자신들 역시 스탈린에 의해서 자신들의 이상이 배반당한 희생자라고 생각한다.

그리고 이들은 진정한 사회주의 혁명은 아직 오직 않았으며 언젠가는 다시 오리라는 희망을 갖는다. 스탈린의 사회주의는 진정한 사회주의가 아니라 또 하나의 국가 자본주의일 뿐이다. 이는 하이데거에게 나치는 니힐리즘의 극복이 아니라 니힐리즘의 한 형태에 불과한 것과 마찬가지다. 그리고 이러한 볼셰비키

---

31) Safranski, 위의 책, 260쪽.

들 역시 프롤레타리아나 공산당과 같은 어떤 특정한 집단을 새로운 역사의 형성자로 간주하며 이들이 전권을 잡고 사회를 개조해야 한다고 생각한다. 하이데거가 위대한 시인과 사상가를 중심으로 독일인들 특히 그 중에서 진정한 양심 세력이 전권을 쥐고 새로운 역사를 형성해야 한다고 생각하는 것처럼. 하이데거와 마찬가지로 혁명적 마르크스주의나 볼셰비키들이 자신의 사고 도식과 근본 확신을 철저하게 문제 삼는다는 것은 지극히 어려운 것 같다.

나는 앞에서 하이데거의 사유 방식은 묵시론적이고 혁명적인 것으로 규정했다. 그런데 묵시론적인 사고 방식은 종말론적인 사고 방식의 일종이라고 볼 수 있다. 마르크스주의는 역사가 공산주의라는 미래의 유토피아를 향해서 나아간다고 보는 점에서 종말론적이다. 그러나 마르크스는 원래 공산주의는 큰 사회적 파국을 수반하지 않고 도래하리라고 생각했다는 점에서 묵시론적이지는 않다. 마르크스는 자본주의의 발달 과정에서 자본가는 극소수로 줄어드는 반면에 프롤레타리아나 실업자들이 대다수가 될 것이기에 자본주의를 전복하고 사회주의를 건설하는 것은 큰 문제없이 이루어질 것이라고 생각했다. 하이데거의 역사 철학은 이에 대해서 종말론적이지만 새로운 시대가 니힐리즘이 극에 달하는 파국을 통해서 도래할 것이라고 보는 점에서 묵시론적이다. 그러나 어떻든 묵시론적인 사고 방식은 종말론적인 사고 방식의 일종인 한 우리는 하이데거의 철학도 마르크스주의와 마찬가지로 종말론적이고 혁명적인 사고 방식에 입각해 있다고 볼 수 있다.

하이데거는 자신의 사고 방식이 자신만의 독자적인 것이라고 생각하지만 그러한 사고 방식은 그 형식만으로 볼 때는 단기간에 새로운 역사를 건립하기를 바라는 모든 종류의 종말론적이고 혁명적인 사고 방식에 공통된 것이다. 나는 하이데거의 사고 방식이 갖는 오류는 근본적으로 볼 때 모든 종류의 종말론적이고 혁명적인 사고 방식이 갖는 오류 중의 하나라고 생각한다. 종말론적이고 혁명적인 사고 방식은 그 내용이 좌파적인 것이든 우파적인 것이든 비슷한 위험과 오류를 갖는 것이다.

그러면 이러한 종말론적인 혁명적인 사고 방식은 어떠한 위험을 갖는가? 그러한 종말론적인 사고 방식은 보통 자신이야말로 미래의 역사가 나아갈 방향을 진정하게 파악하고 있다는 오만과 결부되어 있다. 따라서 그러한 사고 방식은 모든 토론과 반박을 거부하는 독단적인 사고 방식이 되기 쉽다. 볼셰비즘과 하이데거의 사고 방식이 갖는 독단적이고 의사 소통을 거부하는 성격은 궁극적으로는 그러한 종말론적이고 혁명적인 사고 방식과 결부된 오만에서 비롯된다고 볼 수 있다.

그리고 이러한 오만은 전체주의적 엘리트주의를 낳을 수 있다. 종말론적이고 혁명적인 사고 방식은 보통 다가올 세계에 대한 비전을 갖는 특정한 인간이나 집단을 상정한다. 그리고 이러한 인간이나 집단은 그러한 비전을 가지고 있다는 이유로 총체적인 지배권을 요구하게 된다. 나치는 자신들만이 독일 정신을 진정하게 구현하고 있고 독일의 미래를 책임질 수 있는 것으로 자부했으며 볼셰비키들은 자신들만이 프롤레타리아의 진정한 이해를 구현하고 있다고 자부했다.

하이데거 역시 각 시대는 각 시대의 위대한 사상가들에 의해서 정초되는 것으로 보고 있다. 그는 다가올 세계의 비전은 시인 횔덜린과 사상가인 하이데거 자신에게 온전히 개시된 것으로 생각한다. 하이데거는 자신의 사상을 자신에게서 비롯되는 것으로 보는 것이 아니라 자신을 존재의 매체로 보는 것이다. 하이데거는 그렇게 자신의 사상을 존재의 매체로 보는 오만에 사로잡혀서 자신의 사유가 얼마나 우연한 역사적 조건과 성장 배경 그리고 자신의 독선이나 선입견 등에 의해서 영향을 받는지를 반성하지 못하게 된다.[32] 나는 하이데거의 종말론적이고 혁명적인 사고 방식은 나치식의 우익 전체주의와 볼셰비키적인 좌익 전체주의에 대한 그의 통렬한 비판에도 불구하고 그것들과 마찬가지로 일종의 전체주의적 엘리트주의로 귀결될 위험을 안고 있다고 생각한다.

아울러 종말론적이고 혁명적인 사고 방식은 사람들로 하여금 혁명의 성공을 위해서 자행되는 테러를 사소한 것으로 간주하게 만들기 쉽다. 나는 하이데거가 나치 치하에서 유태인들에 대한 차별과 박해에 대해서 무감각했던 것도 그러한 종말론적이고 혁명적인 사고 방식에 근본적인 원인이 있었다고 생각한다. 그러한 사고 방식에서는 앞으로 다가올 찬란한 미래를 위해서는 그 정도의 희생은 불가피하며 사소한 것으로 간주되는 것이다.

나는 하이데거가 유태인 박해에 무감각했던 근본적인 원인은 하버마스를 비롯한 대부분의 하이데거 비판가들이 지적하는 것처럼 보편적인 도덕 규범을 무시했다거나 파리아스가 지적하는 것처럼 하이데거가 반유태주의였다는 데에 있다고 생각하지 않는다. 나는 그가 국수주의적인 독일 민족주의자였다는 것이 유태인 박해에 대한 그의 무심함에 상당한 영향을 미쳤을 것이라고 생각한다. 이러한 민족주의적인 편협함만이 동구에 거주하는 독일인들에 대한 박해에 대해서는 분노하지만 유태인들의 운명

---

32) Safranski, 위의 책, 466쪽.

에 대해서는 분노하지 않은 하이데거의 심리를 설명할 수 있을 것이다. 그러나 나는 하이데거가 유태인에 대한 박해에 무감각했던 원인은 그러한 독일 민족주의 못지않게 혁명이 모든 것을 보상해줄 것이라는 믿음에 있었다고 생각한다.

유태인 박해에 대한 하이데거의 무감각은 볼셰비키들이 이른바 인도주의적인 보편적인 가치들을 신봉했음에도 불구하고 소위 부르주아 세력에 대한 테러나 혁명 과정의 혼란 속에서 있을 수 있는 무고한 죽음들에 대해서 무심했던 것과 마찬가지다. 이들 역시 그러한 희생들은 혁명의 성공을 위해서는 불가피하며 혁명을 통해서 실현될 찬란한 미래에 의해서 충분히 보상될 수 있는 것으로 보았던 것이다.

내가 여기서 하이데거 식의 사고 방식을 나치뿐 아니라 일단의 볼셰비키들의 사고 방식과 비교하는 의도는 하이데거의 오류를 상대화하기 위한 것이 아니다. 그것은 하이데거 식의 오류는 하이데거만이 범한 것이 아니고 많은 사람들이 범한 것이기에 너무 하이데거만을 몰아세워서는 안 된다고 말하기 위한 것도 아니고, 그의 사상이 갖는 오류를 보통 있을 수 있는 대단치 않은 것으로 치부하기 위한 것도 아니다. 그러한 비교는 하이데거 식의 사고 방식의 오류가 어디서 비롯되는지를 좀더 분명히 하기 위한 것이다. 야스퍼스는 하이데거의 정치적 판단의 내용은 쉽게 그 공격의 방향을 바꿀 수 있기에 오히려 그의 사유 스타일을 중시했다. 볼셰비즘과 나치즘은 동일하게 종말론적이고 혁명적인 사유 스타일에 입각하고 있음에도 사유 내용은 하나는 좌파적이고 다른 하나는 우파적이다. 그럼에도 양자는 그 사고 스타일의 유사성으로 인해서 유사한 위험을 초래할 수 있는 것이다.

(3) 하이데거의 혁명적인 사고 방식이 갖는 반제도주의적 성격

나는 하이데거가 생각하는 집단적인 정신적 각성과 사회 구성원 전체가 하나가 되는 공동체가 역사의 드문 순간에 단기간이나마 나타날 수 있다고 생각한다. 그러한 순간은 예를 들어서 파리 콤뮨이나 러시아 혁명, 1968년의 파리 혁명, 광주 사태 그리고 하이데거가 말하는 1933년의 국민적 궐기 등과 같이 한 집단이 자신들의 정당성에 대해서 강력한 신념을 공유하면서 강력한 다른 집단에 대해서 자신을 방어해야만 하는 비상한 순간이다. 그러나 그러한 순간은 오래 가지 않는다. 일상적인 삶이 회복되면서 그러한 집단적 각성은 곧 흐릿해지며 공동체는 해체된다. 하이데거의 철학은 마르크스나 나치 식의 혁명의 철학과 마찬가지로 역사적으로 드물게 나타나는 이러한 순간들을 주요한 실마리로 삼은 것은 아닐까?

이에 따라서 하이데거는 법이나 제도화된 관습이나 규범을 인간 자유의 산물로 보지 않고 본래적인 실존의 구현을 막는 경화되고 퇴락한 장애물로 보는 경향이 있다.[33] 하이데거에게 제도란 인간의 태도와 행위를 정형화하는 것을 통해서 인간의 행위를 예견 가능하게 하며 개인을 결단의 부담으로부터 해방시키는 것으로 간주된다. 하이데거에게 이것은 개인이 사회와 세인의 익명적인 힘에 예속되는 것을 의미한다. 그리고 이 경우에는 평균적이고 소시민적인 안정이 사회를 지배하며 어떠한 영웅도 천재도 성인도 나타날 수 없다. 근대 국가는 니체가 말한 대로 인간을 군축 동물로 사육한다.[34] 이렇게 생각하는 점에서 하이데거

---

33) Gerhart Schmidt: Heideggers philosophische Politik, in: *Martin Heidegger und das 'Dritte Reich'.* hrsg. Bernd Martin, Darmstadt 1989, 56쪽.
34) 같은 책, 56-57쪽.

는 니체와 일치한다. 제도들을 통해서 인간은 왜소해진다는 것이다. 하이데거가 지도자 원리를 대학에 도입한 것도 제도가 아니라 지도자에서 체현되는 살아 있는 정신이 대학을 지배해야 한다고 보았기 때문이었을 것이다.

현대의 모든 전체주의적 운동은 오랜 전통을 통해서 형성되어온 국가라는 제도를 혐오한다고 볼 수 있다. 마르크스주의는 궁극적으로 국가의 폐지를 원한다. 아울러 파시즘이나 나치즘 역시 국가적인 제도 대신에 민족의 일반 의지를 구현하고 있는 총통의 의지가 지배하기를 바란다.35) 하이데거 역시 지도자와 민족이 하나가 된 '운동'이 지배하기를 바란다. 주지하다시피 막스 베버는 합리적(관료적)인 지배와 전통적인 지배 그리고 카리스마적인 지배로 정당한 지배를 세 유형으로 나누고 있다. 하이데거는 합리적이고 관료적인 지배를 부르주아적인 것으로서 배격한다. 그가 원하는 지배는 결국 지도자가 존재의 진리를 체현하고 민족과 하나가 되는 카리스마적인 지배다.36) 이런 맥락에서 하이데거는 나치에 참여할 당시에도 당이 아니라 히틀러와 나치 '운동'에 귀의하고 있다.

(4) 하이데거와 나치의 혁명적 사고 방식과 피히테 식 행동주의 사이의 연관성 그리고 자유민주주의 반숭고성(das Anti-Erhabene)

하이데거의 묵시론적이고 혁명적 사고 방식은 근본적으로 하이데거와 나치가 함께 영향을 받은 1914년의 이념에 뿌리를 두고 있다고 볼 수 있다. 그런데 1914년의 이념은 다른 어느 사상가

---

35) 같은 책, 58쪽.
36) 같은 책, 59쪽.

보다도 니체와 피히테의 영향을 받았다. 니체와 피히테는 서로 간의 사상적 전제를 근본적으로 달리함에도 불구하고 래디컬한 사상가라는 점에서는 동일하다. 니체의 사유 스타일은 묵시론적이고 혁명적이며, 피히테는 묵시론적은 아니더라도 혁명적이고 숭고한 도덕적 이념을 현실에 철저하게 실현하려고 한다. 우리는 이하에서 피히테적인 혁명적 행동주의의 문제점을 살펴보는 것을 통해서 하이데거의 혁명적이고 래디컬한 사고 방식이 갖는 문제점을 또 다른 측면에서 고찰하려고 한다.

주지하다시피 피히테는 나폴레옹의 독일 침공에 대항하여『독일 국민에게 고함』이라는 민족주의적이고 국수주의적인 호소문을 통해서 독일 국민을 분기시키려고 했다. 1914년의 전쟁 철학자 중의 대부분, 즉 오이켄과 나토르프는 물론이거니와 막스 베버의 동생인 알프레드 베버, 레오폴드 찌글러(Leopold Ziegler) 등이 피히테의 사상에 동조했다. 그리고 나치 시대에 피히테 철학은 또 한 번의 르네상스를 맞게 된다.[37] 사람들은 흔히 나치 시대에 니체의 철학이 지배적인 철학이었다고 생각한다. 그러나 우리가 앞에서 이미 보았다시피 슬러거는 나치 독일 사상계는 피히테를 자신들의 사상적 지주로 삼는 보수파와 니체를 지주로 삼는 급진파로 나뉘어 있었다고 분석하면서 그 중 보수파의 세력이 더 강했으며 더 잘 조직되어 있었다고 말하고 있다. 보수파들은 1917년에 브루노 바우흐(Bruno Bauch)에 의해서 세워진 독일철학회(Deutsche Philosophische Gesellschaft)를 중심으로 결집했던 반면에, 급진파들에게는 그에 상응하는 통일된 조직이 없었다는 것이다.[38]

---

37) 헤르만 뤼베, 위의 책, 261쪽.

헤르만 뤼베는 독일과 프로이센에 대한 헤겔의 철학적 미화에도 불구하고 왜 헤겔이 아니라 피히테가 1914년의 사상가들과 나치 시대의 사상가들에 의해서 더 각광을 받았는지를 분석하고 있다. 그에 따르면 헤겔은 항상 현실에 대해서 이론적인 거리를 유지를 유지했고 정치적 이념과 현실 사이에는 거리가 존재한다는 사실을 의식하고 있었다. 헤겔은 예를 들어서 프랑스 혁명의 이념에 동조하면서도 실제의 프랑스 혁명을 규정한 추상적 열광주의에 반대해서 신중하고 사려 깊은 역사적인 판단을 내세운다.39) 이에 대해서 피히테는 정치적 현실과 철학적 이념 사이의 거리를 무시한다. 철학은 특정한 정치적 이념에 대한 열광적인 결단이 되고 그러한 이념의 실현을 현실에 전면적으로 실현하려고 한다. 헤르만 뤼베는 피히테식의 혁명적 행동주의가 가질 수 있는 전체주의적 귀결을 이렇게 정리하고 있다.

'정치를 통해서 도덕적 이념을 실현하려고 할 경우에 사람들은 정치를 도덕적으로 숭고한 것으로 만들어야 한다. 그러나 이 경우 도덕이 정치에 예속된다. 도덕은 정치와 본질적으로 다름에도 불구하고 도덕이 정치를 지양하려고 할 경우에 오히려 도덕은 정치에 예속되고 정치는 총체적인 성격을 띠게 된다.'40)

슬러거 역시 헤겔이나 칸트 같은 철학자들이 아니라 피히테가 나치의 선구자로 추대된 것을 그의 국수주의적인 독일 민족주의와 사회주의 외에 그가 자신의 시대를 위기로 보면서 급진적인

---

38) Hans Sluga, 위의 책, 15쪽.
39) 헤르만 뤼베, 위의 책, 267쪽.
40) 같은 책, 253쪽.

변혁이 요구되는 시대로 본 사상가라는 데서 찾고 있다. 나치들은 자신들을 혁명가로 생각했으며 따라서 보수적인 헤겔이나 신칸트학파의 개량주의적이고 진화적인 사회주의를 호의적으로 수용할 수 없었다는 것이다.[41]

하이데거의 존재 사상은 피히테와는 전적으로 다른 내용을 갖지만 그의 나치 참여를 규정하고 있는 정신은 피히테 식의 혁명적 행동주의다. 그는 철학적 이념이 정치적으로 완벽하게 실현될 수 있다고 생각하며, 이념과 정치적 현실 사이의 거리를 도외시한다.

한나 아렌트는 철학자들은 흔히 다양한 인간들 간의 관계에서 떠나 고독 속에서 사유하기에 이상주의적인 의지와 열정에 사로잡히기 쉽다고 말하고 있다. 이러한 의지와 열정에 사로잡혀 그들은 취향과 사고 방식 등 거의 모든 것을 달리 하는 구체적인 다수의 인간들이 사는 현실 세계를 비난한다. 그들은 그러한 세계에 대해서 자신들의 윤리적 이상을 대립시킨다. 이런 의미에서 한나 아렌트는 이렇게 말하고 있다.

"정치적 자유는 철학적 자유와는 구별된다. 정치적 자유는 '나는 할 수 있다(Ich-kann)'는 현실적 가능성과 관련되는 사태인 반면에, 철학적 자유는 '나는 원한다(Ich-will)'와 관련된 사태다. 정치적 자유는 (공통된 본질을 갖는) 인간 일반에게가 아니라 (다양하기 그지없는) 시민(der Bürger)에게 귀속되는 것이기 때문에 그것은 더불어 사는 많은 사람들이 말과 행동을 통하여 서로 관계하는 공동체에서만 발현된다. 그러한 공동체는 법, 습속과 같은 많은 규칙들에 의해서 규제된다."[42]

---

41) Hans Sluga, 위의 책, 30~31쪽.

철학자들이 대화와 의사 소통을 강조할 경우에도 거의 모든 면에서 자신과 다른 다양한 인간들은 고려하지 않는다.

"의사 소통에서 진리를 보장할 수 있는 수단을 찾는 현대 철학자들에게서 자주 눈에 띄는 오류는 다음과 같은 것이다. 그들은 대화의 내면성, 자신에게로 향하거나 다른 자기(das andere Selbst) ― 아리스토텔레스에서 친구, 야스퍼스에서 사랑하는 사람, 부버에서 너(Du) ― 로 향하는 내적인 행위가 정치적 영역에서도 모범(Vorbild)이 될 수 있다고 생각하는 것이다. 이러한 오류는 특히 칼 야스퍼스와 나와 너의 철학을 주창하는 마틴 부버의 철학에서 드러난다."[43]

이러한 철학적 경향에 대해서 아렌트는 그리스인들과 마찬가지로 많은 인간들 사이의 조정과 균형, 공동체의 법과 공론의 장(Öffentlichkeit)을 요구하는 구체적 행위의 영역을 정치를 생각하는 실마리로 삼고자 한다. 사프란스키는 갈등과 모순으로 점철되어 있는 현실에서 나타나는 곤란들을 민족, 총통, 인종, 역사적 사명과 같은 절대적 이념들로 도피하는 것을 통해서 극복하려는 경향은 그러한 곤란들이 어디서 비롯되고 어떻게 극복할 수 있는지에 대한 냉철한 통찰을 불가능하게 만든다고 말하고 있다.[44]

알프레드 보임러(Alfred Bäumler)는 나치의 인종 철학의 주창자였던 로젠베르크의 대변인격이었던 나치 이데올로그였으나 독일 패전 후 자신의 철학을 철저하게 반성하게 되면서, 독일인들이

---

42) Hannah Arendt: *Vom Leben des Geistes*, Band II: Das Wollen, München 1979, 190쪽.
43) 같은 책, 191쪽.
44) Safranski, 위의 책, 394쪽.

그렇게 절대적인 이념들에 집착하는 경향을 서구에 대해서 독일이 후진적이라는 사실(die deutsche Zurückgebliebenheit)의 징표로 본다. 그는 그것을 무규정적인 것으로의 추상(Abstraktion ins Unbestimmte)이라고 부른다. 그는 정치를 통해서 숭고한 이념을 실현하려고 하는 열망에 대해서 저항해야 한다고 말하고 있다.

자유민주주의란 '숭고한 이념에 반하는 것(das Anti-Erhabene)'이다. 자유민주주의는 미래에 대한 어떠한 장엄하고 숭고한 전망도 갖지 않는다. 그것은 현재에 충실하다. 그것에는 역사적 사명에 대한 확신 따위도 없으며 오직 개연성만 인정할 뿐(ein Leben mit Wahrscheinlichkeiten)이다. 보임러는 정치를 형이상학에 의거하지 않고 사유할 것을 주장한다.[45]

4) 민족공동체 이념이 갖는 문제성

우리는 앞에서 하이데거의 나치즘은 실제의 나치즘과 본질적으로 다르다는 사실을 보았다. 우리가 위에서 본 것처럼 하이데거는 유태인 학살도 타민족에 대한 제국주의적 정복을 주장한 적도 없었다. 그러나 하이데거 사상의 본래적인 의도야 어떻든 민족공동체에 대한 하이데거의 사상은 나치식의 전체주의적인 방식으로 실현될 수밖에 없는 것은 아닐까?

이러한 사정을 우리는 이 시대의 또 하나의 전체주의인 볼셰비즘과의 비교를 통해서 명확히 하려고 한다. 아직도 많은 마르크스주의자들은 마르크스의 본래 사상은 실제의 사회주의, 다시 말해서 볼셰비키적 전체주의와는 다르다고 주장한다. 그리

---

45) 같은 책, 394-395쪽.

고 그들은 이와 관련하여 마르크스 사상은 여전히 의미를 잃지 않았다고 주장한다. 나 역시 마르크스의 사상은 분명히 볼셰비키적 전체주의와 다르며 마르크스는 그러한 전체주의를 원하지 않았다고 생각한다. 우리는 레닌의 볼셰비즘에 대해서도 그와 똑같이 말할 수 있을 것이다. 레닌 자신『국가와 혁명』에서 분명히 전체주의가 아니라 일종의 무정부주의적 공산주의를 지향하고 있다. 그리고 이러한 사실은 아마 스탈린에 대해서도 타당할 것이다. 스탈린 역시 자신의 전체주의를 사회주의의 궁극적인 목표가 아니라 레닌과 마찬가지로 국가 권력을 궁극적으로 철폐시키기 위한 일시적인 조치로 보았을 것이다. 그러나 마르크스의 사회주의 이념은 그 의도와는 상관없이 그것이 현실화될 경우에는 전체주의적인 형태로 실현될 수밖에 없는 것은 아닐까?

나는 이에 대해서 자세하게 논할 수는 없으며 간단히 핵심만 말하려고 한다.46) 마르크스의 사회주의는 가능하면 소득의 격차를 줄이고자 한다. 큰 소득의 격차는 다시 인간들 간의 임노동 관계를 초래할 수 있기 때문이다. 그러나 이렇게 소득의 격차를 가능하게 줄일 경우에는 노동의 동기가 약화될 수 있다. 소득의 격차가 별로 없을 경우에도 사람들이 열심히 일하게 하기 위해서는 사람들이 소득에 상관없이 열심히 자발적으로 일하는 인간으로 변화되든가 아니면 국가가 강제할 수밖에 없다.

나는 소수의 인간들은 소득 격차에 입각한 노동 동기나 국가

---

46) 자세한 논증에 대해서는 Lezek Kolakowski, Marxistische Wurzeln des Stalinismus, in: *Leben trotz Geschichte*, München 1977 및 Der Mythos der menschlichen Einheit, in: *Der Mensch ohne Alternative*, R. Piper & Co. Verlag 를 참조할 것.

의 강제 없이도 자발적으로 열심히 일하는 인간들로 변화될 수 있으리라고 생각한다. 그러나 대규모 사회에서 모든 인간들을 그렇게 변화시킨다는 것은 현실적으로 불가능하다. 현실이 이러할 경우에 시장경제를 택할 수 없는 한 결국 국가가 노동을 강제할 수밖에 없게 된다. 마르크스나 레닌 그리고 스탈린의 의도와 상관없이 사회주의라는 이념이 실현되기 위해서는 전체주의적 방법이 적용될 수밖에 없는 것이다. 스탈린이 테러를 사용한 것은 그가 도덕적으로 불순한 인간이어서가 아니라 마르크스의 사회주의 이념을 실현하기 위해서는 불가피한 것은 아니었을까? 전체주의적인 독재나 테러에 의거하지 않고 마르크스의 사회주의 이념을 현실화하기 위해서는 사회민주주의처럼 자본주의와 타협하는 수밖에 없을 것이다.

이러한 사실을 우리는 하이데거에 대해서도 말할 수 있다. 하이데거는 분명히 나치식의 전체주의를 원하지 않는다. 그러나 그가 말하는 어떠한 사회적 분열도 없는 권위주위적인 민족공동체는 전체주의적인 방식으로 실현될 수밖에 없는 것은 아닐까? 하이데거는 실로 복종하는 자들의 저항권에 대해서 말하지만 그는 그들의 저항을 가능케 하는 자유민주주의적인 조치들에 대해서는 부르주아적인 자유로서 배격하고 있다. 그는 그러한 자유가 다시 인간들 간의 분열과 대립을 낳을 것을 두려워한다. 이는 하이데거의 의도와는 상관없이 하이데거가 생각하는 통일적인 민족공동체는 전체주의적인 방식으로만 실현될 수 있다는 것을 의미한다.

3. 현대의 자유민주주의 사회에 대해서 하이데거 사상이 갖는 긍정적 의의

1) 자유민주주의 사회의 문제점

하이데거는 독일 민족 전체가 하나가 되고 또한 독일 민족과 그 독일 민족이 거처하는 자연이 하나가 되는 공동체의 수립을 통해서 바이마르 체제와 현대 기술 문명의 위기를 극복하려고 했다. 나는 하이데거의 이러한 생각이 서로 개성을 달리하는 무수한 개인들로 이루어진 현대의 대규모 사회에서 비현실적이라는 것, 아니 그것을 넘어서 그것이 전체주의로 변질될 수 있는 위험을 안고 있다고 비판했다. 이러한 비판은 자유주의적인 입장에 서 있는 철학이 공동체주의적인 입장의 철학에 대해서 행하는 정형화된 비판이다. 하이데거에 대한 나의 비판은 자유민주주의의 상식에 입각한 비판에 불과한 셈이다.

그런데 이러한 비판이 과연 하이데거에 대한 진정한 비판이 될 수 있을까? 하이데거에 대한 비판은 하이데거가 지향하는 목표를 하이데거의 철학이 가질 수 있는 부작용을 초래하지 않고서도 실현할 수 있는 대안을 제시할 때 진정한 비판이 될 수 있을 것이다. 진정한 비판의 의미를 그렇게 볼 때 하이데거가 지향한 유토피아적인 공동체에 대해서 단순히 자유민주주의를 내세우는 것은 진정한 비판이 아니라, 오히려 하이데거가 자유민주주의 체제에 대해서 가졌던 진지한 문제 의식조차도 갖지 못한 순진하면서도 현실에 안주하려고 하는 무책임한 입장에 불과한 것일 수 있다.

따라서 우리는 자유민주주의 체제에 대해서 하이데거나 혁명적인 좌파 못지않은 첨예한 문제 의식을 가질 필요가 있다. 다시 말해서 우리가 하이데거를 자유민주주의의 입장에서 비판할 경우에 우리는 단순히 자유민주주의를 무조건적으로 긍정하는 입장에서가 아니라 자유민주주의의 문제점을 하이데거 못지않게 첨예하게 자각하는 입장에서 비판하지 않으면 안 된다.

2) 자유민주주의 사회를 극복하기 위한 이상주의적 실험으로서의 전체주의

자유민주주의는 하이데거나 나치즘 그리고 볼셰비즘과 같은 전체적인 규모의 사회 변혁을 시도하지 않는다. 그것은 사회가 부딪히는 문제들을 하나씩 개량해나가고자 한다. 따라서 자유민주주의에는 놀테가 말하는 것처럼 커다란 성공도 없는 만큼 커다란 좌절도 없다.[47] 자유민주주의 체제에서 정치란 민족공동체나 인류공동체의 수립과 같은 원대한 목표를 거부하고 사회 안의 이해 집단들 간의 이해 갈등을 조정하고 경제가 원활하게 운영되게 하는 것에 자신의 역할을 제한하고 있는 것 같다. 정치는 사회에 보조적인 것으로 그쳐야 하며 정치가 사회를 인도하려 할 때 그것은 전체주의로 나아갈 수 있다는 것에 대한 두려움이 자유민주주의의 근저에 깔려 있다. 이러한 자유민주주의 체제는 정치에 대한 모든 열정을 배제한다.

이러한 체제는 국가 권력에 의한 전체주의적 지배는 피할 수 있을지 모르나 개인적 자유가 체제의 핵심적인 가치로 인정되는

---

47) E. Nolte, 위의 책, 152쪽.

결과 온갖 종류의 도덕적 타락과 개인들과 집단들 간의 경쟁과 갈등이 나타나게 된다. 여기서 사회는 개인들이 자신들의 사적인 욕망과 목표를 실현하려는 장이 된다. 사회는 헤겔의 표현을 빌리면 '욕구의 체계'가 되며 거기에는 사회 구성원들을 묶어주는 어떠한 공동의 목표도 유대감도 존재하지 않는다. 자유민주주의에서 개인들의 자유가 보장된다는 장점은 그에 못지않은 약점들을 초래하고 있는 것이며 그러한 약점들에 비하면 그러한 장점조차 오히려 사소한 것으로 나타나는 것이다. 따라서 이런 사회는 현재는 그것이 가져다주는 물질적 풍요로 인해서 평온을 유지하고 있는 듯하지만, 많은 사회 구성원들이 자신의 사회에 대해서 혐오와 환멸을 느끼고 있다.

나치즘이나 볼셰비즘과 같은 20세기의 전체주의 역시 자유민주주의에 대한 환멸과 혐오에서 비롯된 것이다. 그것은 자유민주주의 아래에서 인간들이 개인주의적인 존재를 넘어서 이기적인 존재가 되고 빈부 격차가 첨예화되며 퇴폐 풍조와 향락 풍조가 만연되는 사태에 대한 염증에서 비롯된 것이다. 20세기의 전체주의는 자기 일개인의 욕망을 충족시키기 위해서 노동하고 향락하는 동물로 전락한 인간들의 품위를 다시 회복하려는 고귀한 동기에서 비롯된 것이다.

예를 들어서 자유민주주의 아래에서 노동은 단순히 자신의 생존과 향락을 위한 물품을 얻기 위한 수단이 되어버린 것에 반해서, 나치즘이든 볼셰비즘이든 노동에 '공동체 안의 모든 인간들이 서로를 위하고 사랑하는 한 방식'이라는 고귀한 의미를 부여하려고 한다. 하이데거의 철학은 나치즘이나 볼셰비즘보다 한층더 고귀한 의미를 노동에 부여하려고 한다. 그에게 노동이란 민족이나 인류를 위한 것을 넘어서 존재자들이 자신의 고유한 존재를 발현하도록 돕는 것이라는 존재론적인 의미를 갖게 되는 것이다. 나치즘이든 볼셰비즘이든 하이데거의 철학이든 자유민주주의에서 상실된 삶의 심원하면서도 고귀한 의미를 다시 회복하려고 한다. 따라서 그것들은 자유민주주의보다도 훨씬 이상주의적이다. 하이데거나 루카치나 블로흐를 비롯한 많은 지식인들이 나치즘과 볼셰비즘에 매료되었던 것도 그것들의 이상주의적 성격에 끌렸기 때문이라고 볼 수 있다.

하이데거는 조국의 자연과 민족 전체가 하나가 되는 그리스적인 폴리스의 재건을 통해서 자유민주주의 체제를 넘어서고자 했다. 그리고 그는 실패했다. 그럼에도 그의 실패는 소위 자유민주주의적인 세계가 보여주는 실상에 비추어볼 때 자유민주주의를 옹호하는 사람들이 이룩한 작은 성공보다도 더 위대한 것은 아닌가라고 놀테 같은 사람은 묻고 있다. 현대의 자유민주주의적인 세계에서 일어나고 있는 생태계의 파괴와 국가 간 빈부 격차의 심화, 문화적 수준의 저질화, 마약 중독과 알코올 중독 그리고 범죄의 증가 등의 현실을 볼 때 하이데거 식의 진지한 문제 의식과 사회 변혁의 열정은 자유민주주의에 안주하는 사람들의 현명함(?)보다는 오히려 더 철학적이지 않느냐고 놀테는 반문하는 것이다.

이런 맥락에서 놀테는 "위대하게 사유하는 자는 오류도 크다 (wer groß denke, müsse groß irren)"는 하이데거의 말을 단순히 자신의 오류에 대한 변명만으로 보지는 않는다. 그리고 놀테는 또한 그러한 이유로 나치에 시종일관 적당한 거리를 유지한 니콜라이 하르트만의 '올바른' 태도보다도 커다란 열정과 희망과 함께 나치에 참여했다가 좌절한 하이데거가 더 철학적이고 진리에 가깝다고 보는 것이다.

3) 대안으로서의 '보수적이면서 자유주의적이고 사회주의적인 체제'

물론 나는 하이데거에 대한 놀테의 이러한 평가를 수용하지는 않는다. 아마 '위대하게 사유하는 자는 오류도 크다'는 하이데거의 말은 하이데거 자신이 자신의 오류에 대해서 철저하게 반성하면서 그것을 극복할 수 있는 길을 제시하려고 할 경우에만 단순한 자기 변명을 넘어선다고 나는 생각한다. 그러나 위에서 본 것처럼 나는 하이데거가 과연 자신의 오류에 대해서 철저하게 반성했는지에 대해서 회의적이다.

우리는 위에서 전체주의의 극복을 위해서는 하이데거가 말하는 내맡김이라는 정신적인 변혁만으로는 부족하다고 말했다. 우리는 분명히 하이데거의 내맡김(Gelassenheit)라는 이념에서 모든 존재자들로 하여금 자신의 고유한 존재를 발현케 하라는 진정한 의미의 민주주의적인 이념을 읽을 수 있다. 그러나 그러한 이념을 표방한다고 해서 전체주의가 극복되는 것은 아니다. 전체주의의 극복을 위해서는 하이데거가 부르주아적인 자유라고 비판하는 자유주의적 제도들을 인정할 것이 우선적으로 요구된다. 그리고 이는 우리가 자유주의적인 제도들과 아울러 자유주의가 초래하는 인간들 간의 경쟁과 분열, 저질의 문화적 현상들도 함께 수용할 수밖에 없다는 것을 의미한다.

그러한 결함들이 자유민주주의에는 필연적으로 수반된다는 것을 인정하면서도 자유민주주의를 사랑하기는 힘들다. 특히 바이마르공화국이나 한국을 비롯한 제3세계에서의 자유민주주의처럼 아직 성숙되지 못한 자유민주주의 체제에 애정을 갖는 것은 더욱 힘들다. 그러한 체제에서는 사회적 분열과 빈부 격차 그리고 물질만능주의와 퇴폐적이고 향락적인 분위기가 만연해 있다. 그럼에도 그것은 1914년의 보수 혁명적 사상가들에 대항하면서 트뢸취가 말했던 대로 이미 다양해질 대로 다양해진 개인들과 집단들이 어울려 살 수 있는 유일하게 현실적인 체제는 아닐까?

물론 우리는 자유민주주의에 수반되는 경쟁과 분열 그리고 문화의 저질화를 어떤 형태로든 완화시켜나지 않으면 안 된다. 이와 관련하여 우리는 20세기 후반의 서구의 발전된 자유민주주의 국가는 엄밀한 의미에서 자유주의만을 자신의 토대로 갖는 것은 아니라는 사실을 주의해야만 한다. 그것은 이미 보수주의와 사회주의를 자신의 불가결한 구성 요소로 수용하고 있다. 그것은 자유주의적 경쟁에서 비롯되는 개인 간 집단 간의 분열을 사회복지 정책이나 경제에 대한 국가 개입 같은 사회주의적인 방책들을 통해서 완화하려고 한다. 아울러 근래에는 가족과 지역공동체와 같은 공동체의 중요성과 자연 환경이 인간의 삶에 대해서 갖는 의의와 과거의 정신적 전통이 오늘날에 대해서 갖는 의의에 대한 자각이 높아지고 있다. 따라서 유럽의 각지에서는 공장을 짓기 위해서 과거의 기념물들을 파괴하는 것을 저지하려는 운동이 일어나고 있다. 이런 점에서 현재의 자유민주주의 체제는 보수주의적인 통찰들도 상당히 수용해가고 있다.

현대의 자유민주주의는 그것이 처음 나타났을 때 가지고 있었던 이데올로기적인 성격을 버렸다. 즉, 그것은 더 이상 자유 시장 경제의 철저한 실현이 모든 문제를 다 실현할 수 있다는 유토피아적인 생각을 포기했다. 이 점에서 현대 서구의 자유민주주의는 19세기의 자유주의와는 본질적으로 다르다고 볼 수 있다. 그것은 차라리 '보수적이면서 자유주의적이고 사회주의적인 체제'라고 말할 수 있다.

우리는 하이데거의 사상은 고향과 공동체 그리고 자연을 중시하는 보수주의적 사상 조류에 속한다고 볼 수 있다. 하이데거 사상이 전체주의적 함의를 갖는다고 해서 우리가 그의 사상 전체를 배격할 필요는 없다. 우리는 방금 본 것처럼 자유주의적 민주주의의 문제들을 해결하기 위해서는 하이데거 식의 보수주의 역시 중요한 통찰을 제공할 수 있는 것이다. 나는 현대의 자유민주주의는 하이데거가 주창하는 고향의 철학과 양립될 수 없다고 생각하지 않는다. 오히려 자유민주주의가 내실과 깊이를 갖기 위해서 그러한 고향의 철학을 변용된 형태로라도, 다시 말해서 도시 문명과 기술 문명과 조화 가능한 방식으로 수용하지 않으면 안 된다고 생각한다. 이러한 입장은 두 개의 극단적인 입장, 즉 하이데거의 입장을 무비판적으로 수용하는 입장과 자유민주주의를 무조건적으로 긍정하면서 하이데거를 전적으로 부정하는 입장의 중용을 취하는 것을 의미한다. 그것은 하이데거의 철학의 한계를 명확하게 의식하는 가운데 또한 하이데거 철학이 제시하는 통찰은 적극적으로 수용하는 입장이다.

마르크스의 사회주의 이념에 대해서도 똑같이 말할 수 있을 것이다. 현대의 문제들을 해결하기 위해서는 사회주의적 통찰 역시 무시할 수 없다. 물론 현대의 자유민주주의는 그러한 통찰 역시 일정한 제한 아래 받아들일 것이다. 이렇게 일정하게 제한을 가하면서 수용할 경우 그러한 입장은 하이데거와 마르크스주의자에게는 미봉책으로밖에 보이지 않을 것이지만 말이다.

맺음말
하이데거의 사상을 어떻게 수용할 것인가?

하이데거의 철학이 그의 정치적인 견해 및 행동에 대해서 가질 수 있는 여러 연관을 우리는 베렐 랑과 함께 이렇게 정리할 수 있을 것이다.

'1. 하이데거의 정치적 견해와 행위는 악성의 것이었으며 그것들은 그의 철학에 근거한 것이었다.
2. 그의 정치적 견해와 행위는 악성의 것이었으나 그의 철학과는 무관한 것이었다.
3. 그의 정치적 견해와 행위는 그의 철학과 연관을 갖지만 그것은 무해한 실수였다.
4. 그의 정치적 견해와 행위는 무해한 것이었으며 그의 철학과 무관한 것이었다.'

하이데거 자신과 장 보프레(Jean Beaufret)와 프랑수와 페디에(Françoise Fedier) 그리고 가다머 같은 하이데거의 추종자들은 세 번째 입장에 서 있다고 볼 수 있다. 이들은 하이데거의 근대 사회 비판을 전적으로 타당한 것으로 보며 하이데거의 오류는 나치즘을 새로운 역사의 기점으로 보았다는 데에 있을 뿐이라고 생각한다.

이러한 견해에 대해서 철저하게 대립적인 입장은 첫 번째 입장으로서, 이는 아도르노나 파리아스 같은 사람들의 입장이라고 볼 수 있다. 이들은 하이데거의 사상과 정치적 견해와 행위는 철두철미 파시스트적인 것으로 본다. 이들은 하이데거의 철학과 행위 사이에는 일관성이 있을 뿐 아니라 그의 행위는 그의 철학의 논리적 귀결이라고 본다. 이들에 따르면 하이데거는 파시스트가 되지 않기 위해서는 자신의 철학을 전면적으로 부정해야만 한다.

하이데거의 정치적 견해 및 행위를 그의 철학으로부터 분리시키는 두 번째 입장은 로티(Richard Rorty) 같은 사람의 입장이라고 볼 수 있다. 로티 같은 사람은 하이데거를 포스트모던적인 아이러니와 우연성(postmodernist irony and contingency)을 주창하는 철학으로서 이해하는 바, 하이데거의 철학을 어떠한 종류의 전체주의와도 무관한 것으로 보고 있다.

하이데거의 정치적 견해와 행위는 무해한 것이었으며 그의 철학적 입장과도 무관하다고 보는 입장을 지지하는 사람들은 존재하지 않는다.

이러한 각각의 입장 안에서도 다양한 입장들이 존재할 수 있다. 특히 첫 번째 입장에는 다양한 입장들이 존재할 수 있다. 아도르노나 파리아스 같은 사람은 하이데거의 정치적 행위와 그의 철학 사이에 일종의 필연적인 관계가 존재한다고 보는 반면에,

양자의 필연적인 관계는 부정하지만 양자간에 우연 이상의 관계가 존재한다고 보는 입장이 존재할 수 있다. 이러한 입장에 서 있는 사람들로 베렐 랑은 뤽 페리(Luc Ferry)와 장 르노(Jean Renaut), 톰 로크모어(Tom Rockmore) 그리고 미카엘 짐머만(Michael Zimmerman)을 들고 있다.

데리다 같은 사람도 기본적으로는 첫 번째 입장에 속한다고 볼 수 있지만 그는 그러한 입장 중에서 또 하나의 뉘앙스가 다른 입장을 대표한다고 볼 수 있다. 그는 두 명의 하이데거를 구별하고 있다. 하나는 로고스 중심적이고 아직 인간중심주의적인 입장에 서 있는 하이데거며, 데리다는 바로 이 나중의 하이데거가 나치 참여에 책임이 있다고 본다. 이에 대해서 데리다는 1935년 이후의 하이데거는 그러한 입장을 벗어났으며 나치와의 관계를 단절하고 있다고 본다.[1]

본인의 입장은 첫 번째 입장 중에서 뤽 페리와 장 르노, 톰 로크모어 그리고 미카엘 짐머만의 입장과 유사하다고 볼 수 있다. 나는 이들과 마찬가지로 하이데거의 철학과 정치적 견해 및 행위 사이에는 필연적이고 논리적인 연관은 아니더라도 우연 이상의 연관이 존재한다고 본다. 물론 그러한 입장 안에서도 하이데거 철학에 대해서 취할 수 있는 태도는 여러 가지가 있을 수 있다. 예를 들어서 그러한 우연 이상의 연관 때문에 하이데거 철학 전체에 대해서 회의적인 입장이 있을 수 있지만, 하이데거 철학 자체 안의 일정한 요소들에 대해서는 거리를 취하면서도 여타의 요소들에 대해서는 하이데거가 철학의 미래에 기여한 요소들로서 받아들이는 입장도 있을 수 있다.

---

1) Berel Lang: *Heidegger's Silence*, Ithaca and London, 1996, 89-90쪽.

나는 하이데거가 나치에 참여하게 되는 직접적인 동인이 되는 정치 사상과 그의 존재 사상 사이의 밀접한 연관을 인정하면서도 양자를 전적으로 동일시하지 않고 어느 정도 구별하려고 했다. 이런 맥락에서 나는 하이데거의 존재 사상은 전적으로 그의 정치 사상으로 환원될 수 없는 측면이 존재하기에 그의 존재 사상 중 많은 부분은 여전히 우리에게 많은 것을 시사한다고 생각한다.

나는 하이데거 철학의 사상적 내용 중에서 자신이 성장하고 교육받은 환경에서 철저한 반성 없이 수용한 편견에 해당하는 부분과 현상학적인 통찰에 해당하는 부분을 구별해야 한다고 생각한다. 나는 하이데거 사상 안에 전체주의적 함의를 가진 요소들이란 하이데거 특유의 것이 아니라 1914년의 이념을 중심으로 한 보수 혁명적 사상가들에게 공통된 것으로서 그러한 것들은 하이데거가 철저한 반성 없이 수용한 신화라고 생각한다. 그러한 것들은 우리가 위에서 분석한 '독일 민족의 역사적 사명에 대한 국수주의적인 믿음, 자유민주주의에 대한 경멸과 엘리트주의적인 지도자 사상, 묵시론적이고 혁명적 사고 방식' 같은 것들을 말한다.

이에 대해서 나는 하이데거의 사상에는 현상학적 통찰로 볼 수 있는 것들이 있다고 생각한다. 물론 그러한 현상학적 통찰 대부분이 그가 철저한 반성 없이 수용한 시대적 편견들과 긴밀하게 얽혀서 제기되고 있다. 따라서 우리는 그의 현상학적 통찰로 볼 수 있는 것도 그것과 얽혀 있는 편견을 고려하면서 일정한 제한 아래에서 수용해야 할 것이다. 예를 들어서 '플라톤에게서 시작하는 전통적인 서구 철학이 현대의 과학 기술로 끝남으로써 철학은 종말을 고하며 이제 새로운 사유가 필요하다는 사상, 현대의 기술 문명을 존재자 전체를 소모품으로 전락시키는 기술적 전체주의의 지배로 보는 사상, 그리고 예술에 대한 사상, 세계와 사물에 대한 사상, 인간을 존재의 진리를 청종해야 하는 현존재로 보는 사상' 등 하이데거 사상의 거의 전체가 시대적 편견과 긴밀하게 얽혀서 제기되고 있지만, 나는 그러한 사상들에는 우리가 무시할 수 없는 통찰이 깃들어 있다고 생각한다.

물론 나는 그러한 통찰에 해당하는 부분도 그 자체로서 절대적으로 확실한 통찰이라고는 생각하지는 않는다. 그러한 통찰이 갖는 가장 큰 의의는 그것이 단적으로 진리라는 것이 아니라 하이데거 자신이 말하듯이 우리가 자명하게 생각하고 있는 것들을 의문시하고 새로운 물음의 지평을 열었다는 점에 있다. 그것들은 우리들의 무조건적인 수용이 아니라 진지한 대결을 요구하는 것이다.

독일 대학의 자기 주장
(1933년 5월 27일 총장 취임 연설의 초록)*

　자기 자신에게 법칙을 부여하는 것이 최고의 자유입니다. 그 동안 찬미되어온 '학문의 자유'는 대학에서 추방되어야 합니다.

---

* 이 초록은 Bernd Martin(hrsg.): *Martin Heidegger und das 'Dritte Reich'*. Darmstadt 1989, 168쪽에 실린 것을 번역한 것이다. 이 연설문은 「독일 학생들에게 고함」과 마찬가지로 우리말로 번역하기에 상당히 까다로운 부분들이 많아서 번역이 약간 생경하고, 경우에 따라서는 독자들의 이해를 위해서 대폭 의역한 곳들이 있음을 양해해주기 바란다. 마르틴는 이 초록에 대해서 이렇게 말하고 있다.

　"이 초록은 1938년 법사학자 에른스트 포르스트호프(Ernst Forsthoff)가 감수한, 국가사회주의 역사관에 충실한 총서인 『문서로 본 1918년 이후의 독일 역사』 제2판에 게재되었다(포르스트호프의 활동에 대해서는: 게르하르트 마우츠(Gerhard Mauz), 에른스트 포르스트호프 외, 『국가사회주의에 매료된 지식인들』, 칼 코르니오(Karl Cornio) 편집, 함부르크, 1980, 193-203쪽 참조). 따라서 하이데거는 총애를 잃은 것이 결코 아니라, '나치 운동'의 정신적인 총아로 간주되었다. 특히 그의 연설문 앞뒤로 1933년 4월 13일 독일 학생들의 반유태주의 강령들과 1936년 하이델베르크대의 기념식에서 제국장관 루스트가 한 연설이 게재되어 있다."

이러한 자유는 오직 부정하는 자유일 뿐이기에 진정한 자유가 아니었습니다. 그것은 제멋대로 거리낌 없이 생각하고 행하는 것을 의미했습니다. 독일 학생의 자유라는 개념은 이제 그것의 진정한 의미를 회복해야 합니다. 그러한 자유로부터 독일 학생들의 미래의 의무와 사명이 비롯됩니다.

첫 번째 의무는 민족공동체에 대한 의무입니다. 이것은 모든 신분의 민족 구성원들의 노고, 노력 그리고 역량에 함께 짐을 지고 함께 행위하면서 참여할 의무입니다. 이 의무는 이제부터 노동 봉사를 통해 실현되고 학생들의 현존재 속으로 뿌리내리게 됩니다.

두 번째 의무는 다른 민족들 한가운데 있는 국가의 명예와 운명에 대한 의무입니다. 이것은 최후까지 자신을 바칠 각오를 요구합니다. 그러한 각오는 견고한 의지와 힘 그리고 훈련에 의해서 강화됩니다. 이 의무는 장차 학생들의 삶 전체를 국방 봉사로서 철저하게 규정할 것입니다.

학생들의 세 번째 의무는 독일 민족의 정신적인 사명에 대한 의무입니다. 독일 민족은 세계를 형성하는 인간 현존재의 모든 압도적인 힘들의 개시성 안에 자신의 역사를 건립하고 자신의 정신적 세계를 언제나 새롭게 쟁취해냄으로써 자신의 운명을 형성합니다. 이렇게 가장 물을 가치가 있는 고유한 현존재에 자신을 내맡김으로써, 이 민족은 정신적인 민족이 되려고 의지합니다(wollen). 이를 위해서 자연스럽게 그 자체로 요구되는 것은 민족의 지도자들과 수호자들이 최고의 지식, 가장 폭넓고 가장 풍부한 지식을 갖추는 일입니다. 그러한 지식은 가장 엄격한 명료함을 특징으로 갖습니다. 일찍부터 담대한 용기를 갖고자 하고 민족의 미래의 운명을 형성하려고 의지하는 청년 학생은 근본적으로 그러한 의지를 견고하게 하지 않으면 안 됩니다. 여기서 지식 봉사는 더 이상 "고상한" 직업을 얻기 위한 답답하기 짝이 없는 속성(速成)의 훈련이 되어서는 안 될 것입니다. 정치가와 교사, 의사와 재판관, 목사와 건축가는 민족적-국가적인 현존재를 지도하고 이 현존재가 세계를 형성하는 인간 존재의 힘들과 근본적인 관계를 맺도록 이 현존재를 지켜보고 엄격하게 지탱하기 때문에, 이 직업들과 그것을 위한 교육은 지식 봉사에 귀속됩니다. 지식이 직업들에 봉사하는 것이 아니라 그 반대입니다. 직업들은 자신의 현존재에 대한 민족의 최고의 본질적인 지식을 실현할 뿐입니다. 이러한 지식은 (이른바) 본질들과 가치들 자체에 대한 객관적인 인식이 아니라, 존재자의 압도하는 힘의 한가운데에서 우리가 우리의 현존재를 극도의 가혹한 위협에 내맡기는 것을 의미합니다. 가장 물을 가치가 있는 존재 일반은 민족에게 노동과 투쟁을 강제하며, 민족을 직업들이 유기적으로 결합되어 있는 국가로 결속시킵니다.

이 세 가지 의무들은 — 정신적인 사명에서 민족을 통한 국가의 역사적인 운명에 대한 의무들 — 독일의 본질에 똑같이 근원적입니다. 이로부터 생겨나는 세 가지 봉사들은 — 노동 봉사, 국방 봉사 그리고 지식 봉사 — 동일하게 필수적이며 서로 동등한 지위를 갖습니다.

독일 대학생들에게 고함
(1933년 11월 3일)

독일 학생 여러분.

국가 사회주의 혁명은 우리 독일인의 현존재의 완전한 변혁을 가져왔습니다.

이러한 혁명에서 항상 돌진하고 자신을 헌신할 준비가 되어 있으며 인내를 갖고 성숙하는 자가 되는 것이 여러분에게 맡겨진 임무입니다.

여러분의 지식욕은 본질적이고 단순하며 위대한 것을 경험하려고 해야 합니다.

가장 시급하고 가장 큰 책임을 요구하는 것에 여러분을 내맡길 것을 스스로에게 요구하십시오.

여러분이 요구할 때는 엄격하고 진실하십시오.

---

* 이 초록 역시 Bernd Martin(hrsg): *Martin Heidegger und das 'Dritte Reich'.* Darmstadt 1989, 177쪽에 실린 것을 번역한 것이다.

거부할 때는 분명하고 확실하게 하십시오.

여러분들이 성취한 지식이 여러분의 자만심을 충족시키는 소유물이 되지 않도록 하십시오. 그 지식을 국가의 각 직업에서 지도해야 할 위치에 있는 자들이 필수적으로 소유해야 하는 근원적인 지식으로서 보존하십시오. 여러분들은 더 이상 단지 "(강의를) 듣는 자들"로 남아서는 안 됩니다. 여러분은 독일 정신을 구현할 미래의 대학을 창조하기 위해서 함께 지식을 구하고 함께 행동할 의무가 있습니다. 각자는 자신의 재능과 적성을 발휘하고 계발해야 합니다. 이는 민족 전체가 자기 자신을 회복하기 위한 분투에 자신을 투쟁적으로 헌신하는 것을 통해서 일어납니다.

매일 그리고 매시간 진정으로 충성하려는 의지를 확고히 하십시오. 이 국가에서 우리 민족의 본질을 구원하고 우리 민족의 가장 내적인 힘을 고양시키는 데 자신을 희생할 수 있는 용기를 여러분은 끊임없이 키워나가십시오.

'교설'과 '이념'을 여러분의 존재의 규칙으로 삼지 마십시오.

오직 총통만이 오늘날과 미래의 독일의 현실이자 법칙입니다. 이제부터 모든 것은 결단을 요구하고 모든 행동은 책임을 요구한다는 사실을 더욱더 깊이 마음에 새기십시오.

하일 히틀러!

총장 마르틴 하이데거

슈피겔 인터뷰

슈피겔: 하이데거 교수님, 우리는 당신의 철학적인 작업이 그다지 오래 지속되지는 않았던 사건(하이데거의 나치 참여)에 의해 약간 그늘에 덮여 있다는 것을 거듭 확인할 수 있었습니다.[1] 그 사건의 진상은 아직 밝혀지지 않았는데, 그것은 당신이 너무 자존심이 강했거나 아니면 그에 대해 의견을 피력하는 것이 유익하지 못하다고 생각했기 때문일 것입니다.

하이데거: 1933년을 말씀하시는 겁니까?

슈피겔: 네, 그 전후로 말입니다. 우리는 그것을 더 큰 연관성 안

---

* 「슈피겔 인터뷰」는 1966년 9월 23일 하이데거의 집에서 독일의 대표적인 시사 주간지인 『슈피겔』지의 유명한 편집장 루돌프 아우크슈타인(Rudolf Augstein)과 게오르그 볼프(Georg Wolff)가 하이데거와 인터뷰한 것이다. 이 인터뷰는 하이데거의 희망에 따라서 하이데거 사후에 발표되었다.

1) 이 인터뷰에서 괄호 친 부분은 이 인터뷰를 번역한 본인이 독자의 이해를 돕기 위해 삽입한 것이다.

에서 보면서 중요하게 생각되는 몇 가지 질문을 하고 싶습니다. 가령, 철학이 정치적인 현실까지 포함하여 현실에 영향을 미칠 수 있습니까? 도대체 그것이 가능합니까? 만약 가능하다면 그러한 가능성은 어떠한 성격의 것입니까?

하이데거 : 제가 그 질문들 모두에 대해 대답을 할 수 있든 없든 간에, 그건 분명히 중요한 물음들입니다. 하지만 나는 우선 내가 대학 총장이 되기 전에는 어떠한 식으로든 정치적인 활동을 한 적이 없다는 것을 말해두어야 하겠습니다. 1932/33년 겨울에 나는 휴가를 떠났고 대부분의 시간을 내 오두막에서 보냈습니다.

슈피겔 : 그럼 어떻게 해서 프라이부르크대 총장이 되셨습니까?

하이데거 : 1932년 12월에 나의 이웃인 해부학 정교수 폰 묄렌도르프(von Möllendorf)가 총장으로 선출되었습니다. 프라이부르크대의 신임 총장 취임일은 4월 15일입니다. 1932/33년 겨울 학기에 나는 폰 묄렌도르프와 함께 종종 정치적인 상황, 특히 대학의 상황 그리고 대학 졸업생들의 우울한 취업 전망에 대해서 논의했습니다. 나는 이렇게 판단했습니다. 내가 상황을 판단할 수 있는 한 실제로 당시에는 아직 남아 있던 건설적인 세력들과 함께, 앞으로 전개될 사태를 저지해야만 한다고 말입니다.

슈피겔 : 그러니까 당신은 독일 대학의 상황과 독일의 정치적인 상황 사이에 어떤 연관성이 있다고 보신 거군요?

하이데거 : 나는 물론 1933년 1월부터 3월 사이에 일어난 정치적인 사건들을 주의 깊게 관찰했고 그에 대해 때때로 젊은 동료들과도 얘기를 나누었습니다. 그러나 나의 관심은 소크라테스 이전의 사유를 더 광범위하게 해석하는 것에 쏠려 있었습니다. 여름 학기가 시작되었을 때 나는 프라이부르크로 돌아왔습니다. 그 사이 폰 묄렌도르프 교수가 4월 15일에 총장직에 취임했더군

요. 총장 취임 후 겨우 2주 만에 그는 바덴 주(州)의 문화부 장관인 바커(Wacker)에 의해 총장직에서 해임되었습니다. 장관이 이런 결정을 내리게 된 것은 총장이 대학에서 소위 반유태인 현수막(Judenplakat)을 게시하는 것을 금지했기 때문이었습니다. 나는 (장관이 사회민주당원인 폰 묄렌도르프를 총장직에서 해임시킬 수 있는 기회를 호시탐탐 노리고 있었다고 생각하며) 폰 묄렌도르프가 반유태인 현수막을 게시하는 것을 금지한 것은 그를 해임하는 좋은 구실을 제공했다고 생각합니다.

슈피겔: 폰 묄렌도르프 씨는 사회민주당원이었습니다. 총장에서 해임된 후 그는 어떻게 했습니까?

하이데거: 해임되던 날 폰 묄렌도르프는 내게 와서 이렇게 말했습니다. "하이데거, 이제 당신이 총장직을 맡아줘야겠소." 나는 내가 대학 행정에 아무런 경험이 없다는 사실을 들어서 거부했습니다. 그렇지만 당시 폰 묄렌도르프의 선임 총장으로서 공석이었던 총장직을 임시로 맡았던 자우어(Sauer. 신학자)도 내가 신임 총장 선거에 입후보할 것을 촉구했습니다. 그렇지 않으면 당 관료가 총장으로 임명될 위험이 있다는 것이었습니다. 나와 여러 해 동안 대학 개혁에 대해서 논의해왔던 젊은 동료들도 내게 총장직을 맡으라고 성화였습니다. 나는 오랫동안 망설였습니다. 결국 나는, 만약 대학평의회가 만장일치로 동의하리라라는 사실을 확신할 수 있다면, 오직 대학의 이익을 위해 총장직을 맡을 용의가 있다고 밝혔습니다. 그러면서도 과연 내가 적임자인지에 대해서 여전히 내 자신은 미심쩍었기 때문에 나는 선거일 아침에 총장실에 찾아가서 거기 있던 폰 묄렌도르프와 총장 서리인 자우어에게 그 직책을 맡을 수 없다고 설명했습니다. 이에 대해 두 동료는 선거가 이미 준비되었기 때문에 내가 이제는 더

이상 입후보를 철회할 수 없다고 답했습니다.

슈피겔: 거기서 당신은 최종적으로 승낙을 하신 거로군요. 그럼 (총장으로 선출된 후) 국가 사회주의자들과 당신의 관계는 어떠하였습니까?

하이데거: 내가 총장직을 맡은 지 이틀째 되던 날 "학생회장"이 두 명의 학생과 함께 총장실에 나타나서 다시 반유태인 현수막을 내거는 것을 허락해줄 것을 요구했습니다. 나는 거절했습니다. 이 세 학생은 이러한 금지 조치가 제국학생지도국(Reichs-studentenführung)에 보고될 것이라는 말을 남기고 사라졌습니다. 며칠 뒤 최고 나치스 돌격대(SA) 사령부에 있는 돌격대 대학 정책국 단장인 바우만 박사에게서 장거리 전화가 걸려왔습니다. 그는 그 현수막을 내거는 것을 허용할 것을 요구했습니다. 다른 대학들에서는 이미 현수막이 내걸려 있다는 것이었습니다. 거부할 경우 나는 대학 폐쇄까지는 아니라 하더라도 내가 해임될 것을 고려해야만 하는 상황이었습니다. 나는 거부했고 나의 금지 조치에 대해 바덴 주 문화부 장관의 지지를 얻으려고 시도했습니다. 그러나 장관은 자신이 돌격대에 항거할 수 없다고 밝혔습니다. 그렇지만 나는 금지 조치를 철회하지 않았습니다.

슈피겔: 그건 지금까지 알려지지 않았던 일입니다.

하이데거: 내가 총장직을 맡게 된 근본 동기는 이미 1929년 프라이부르크대 교수 취임 강연인 「형이상학이란 무엇인가?」 8쪽에 언급된 바 있습니다. "(오늘날) 학문 영역들은 서로 무관하게 분리되어 있다. 대상을 다루는 취급 양식들도 근본적으로 서로 다르다. 이렇듯 산만하게 분산된 다양한 학문들은 오늘날 대학 또는 학부의 기술적인 조직에 의해서만 그리고 전공 영역들이 갖는 실용적인 목적을 통해서만 결합되고 있다. 이에 반해서 학문

들이 공통적으로 뿌리를 내리고 있는 본질 근거는 사멸해버렸다." 내가 대학들의 이러한 — 오늘날에는 극도로 악화된 — 상황과 관련해서 총장으로 재임하던 동안 하려고 노력한 것은 나의 총장 취임 연설에 서술되어 있습니다.

슈피겔: 우리는 당신이 1929년에 가졌던 견해와 당신이 1933년 총장 취임 연설에서 말했던 것과 과연 일치하는지, 일치한다면 어떻게 일치하는지를 확인하려고 합니다. 이를 위해서 당신의 총장 취임 연설의 한 문장을 검토해보고자 합니다. "그동안 찬미되어온 '학문의 자유'는 대학에서 추방되어야 한다. 이러한 자유는 오직 부정하는 자유일 뿐이기에 진정한 자유가 아니었다." 우리는 이 문장이 적어도 당신이 오늘날에도 여전히 고수하고 있는 견해들 중의 하나라고 추측합니다.

하이데거: 네, 나는 아직도 그런 입장입니다. 왜냐하면 이러한 "학문적인 자유"는 근본적으로 순전히 부정적인 자유였기 때문입니다. 즉, 그것은 학문적인 연구가 숙고하고 성찰해야 하는 사태에 몰두하려는 노력으로부터의 자유였습니다. 아울러 당신이 문제 삼은 문장은 개별적으로가 아니라 전체적인 맥락 속에서 읽힐 때, 내가 "부정적인 자유"로 이해되길 바랐던 것이 무엇이었는지가 분명해질 것입니다.

슈피겔: 좋습니다. 무슨 말씀인지 이해가 갑니다. 하지만 우리는 당신의 총장 취임 연설에서 어떤 새로운 어조를 감지할 수 있다고 생각합니다. 당신은 히틀러가 제국의 수상으로 임명된 지 4개월이 지난 후에 행해진 그 연설에서, 예를 들어서 "이러한 민족적 궐기(Aufbruch)의 위대함과 숭고함"에 대해 말하고 있습니다.

하이데거: 네, 나는 그 당시 그렇게 확신했습니다.

슈피겔: 그걸 좀더 설명해주실 수 있겠습니까?

하이데거 : 좋습니다. 나는 당시 다른 대안이 없다고 생각했습니다. 서로 다른 정견과 정치적인 성향을 갖는 32개 정당들이 난무하는 상황에서, 가령 프리드리히 나우만(Friedrich Naumann)의 시도 같은, 어떤 민족적이고 무엇보다도 사회적인 입장을 취하는 것이 필요했습니다. 예를 하나만 들면, 내 총장 취임 연설을 훨씬 넘어서는 에두아르드 슈프랑어(Eduard Spranger)의 논문을 인용할 수 있을 것입니다.[2)]

슈피겔 : 당신은 언제부터 정치에 관심을 갖기 시작했습니까? 이미 오래 전부터 32개의 정당들이 있었습니다. 이미 1930년에도 수백만 명의 실업자들이 있었죠.

하이데거 : 이 당시에 나는 여전히 『존재와 시간』(1927)과 그 이후 몇 년간에 걸친 저작들과 강연들 속에서 전개되었던 물음들에 몰두하고 있었습니다. 그 물음들은 사유의 근본 물음들이었지만, 간접적으로는 민족적이고 사회적인 문제들과 관련되어 있었습니다. 대학 교수였던 나에게 직접적으로 문제되었던 것은 대학의 사명을 규정하는 것이었으며 이와 관련하여 학문들의 의미를 규정하는 것이었습니다. 이러한 노력은 나의 총장 취임 연설의 제목 속에 표현되어 있습니다. 나의 총장 취임 연설의 제목인 「독일 대학의 자기 주장」이란 제목은 그 당시의 어떠한 총장 취임 연설에서도 감행된 적이 없습니다. 하지만 이 연설을 반박하는 사람들 중에 누가 그것을 철저하게 읽고, 깊이 생각하고 당시의 상황으로부터 이해하려고 했습니까?

슈피겔 : 그토록 소용돌이치던 세계 속에서 대학의 자기 주장은 약간 좋지 않은 영향을 미치지 않겠습니까?

---

2) A. Fischer, W. Flitner, Th. Litt, H. Nohl, 그리고 Ed. Spranger가 편집했던 잡지 『교육(*Erziehung*)』, 1933년 3월호 401쪽 이하에 나와 있다.

하이데거: 어째서 그렇단 말입니까? 「독일 대학의 자기 주장」이란 당시 이미 정당과 국가사회주의 학생회에서 요구했던 "정치적 학문"에 반대하는 것입니다. '정치적 학문'이란 명칭은 당시에는 전혀 다른 의미를 가지고 있었습니다. 그것은 오늘날과 같은 정치학(Politologie)을 뜻하는 것이 아니라 학문 자체, 학문의 의미와 가치가 민족을 위한 실천적인 유용성에 따라 평가된다는 것을 의미했습니다. 학문의 이러한 정치화에 반대하는 입장이 총장 취임 연설에서 특별히 표명된 것입니다.

슈피겔: 이렇게 말하면 당신의 말을 제대로 이해한 것입니까? 당신은 대학이 당시 당신이 하나의 민족적 궐기로 감지했던 것에 적극 참여함으로써 대학에 그 고유성을 허용하지 않았던 압도적인 흐름들에 맞서고자 했다고 말입니다.

하이데거: 그렇습니다. 그러나 대학의 자기 주장은 동시에 대학을 단지 기술적으로 조직하는 것에 맞서서 서양적-유럽적인 사유의 전통에 대해 성찰함으로써 대학이 새로운 의미를 다시 확보하는 것을 의미했습니다.

슈피겔: 교수님, 그 말을 당시 당신은 국가 사회주의자들과 함께 대학의 건강을 회복시킬 수 있을 것으로 생각했다고 이해해도 되겠습니까?

하이데거: 그렇게 표현하는 것은 잘못입니다. 국가 사회주의자들과 함께가 아니라, 대학은 자신의 성찰로부터 개혁되어야 하며 이를 통해서 학문이 정치화될 위험에 맞서서 확고한 입장을 획득해내야 했습니다. 앞에서 언급한 의미에서 말입니다.

슈피겔: 그리고 그 때문에 총장 취임 연설에서 당신은 다음의 세 가지 봉사를 주창했습니다. "노동 봉사", "국방 봉사", "지식 봉사." 그렇다면 당신은 이를 통해서 "지식 봉사"가 국가사회주

의자들이 승인하지 않았던 동등한 위치로 격상되어야 한다고 생각했습니까?

하이데거: 세 가지 봉사가 대등한 중요성을 갖는 것으로 언급되고 있는 것은 아닙니다. 주의 깊게 읽어보시면, 지식 봉사는 세 번째로 열거되어 있지만, 의미상으로는 첫 번째에 놓여 있습니다. 노동과 국방이 모든 인간의 행위와 마찬가지로 지식에 근거하고 있으며 지식에 의해 밝혀진다는 것을 깊이 생각해보아야 합니다.

슈피겔: 그러나 여기서 우리는 당신이 오늘날에도 여전히 승인하리라고는 생각할 수 없는 한 문장을 언급하지 않을 수 없습니다. 곤혹스러운 인용은 이것으로 끝내겠습니다. 당신은 1933년 가을에 이렇게 말했습니다. "'교설'이나 '이념'을 여러분의 존재의 규칙으로 삼지 마십시오. 오직 총통만이 오늘날과 미래의 독일 현실이자 그것의 법칙입니다."

하이데거: 이 문장은 총장 취임 연설에 있는 것이 아니라, 1933/34년 겨울 학기 초에 프라이부르크 지방 학생 신문에 실린 것입니다. 내가 총장직을 맡게 되었을 때, 당과 타협을 하지 않고서는 일할 수 없다는 것이 분명해졌습니다. 지금이라면 나는 인용된 문장을 더 이상 쓰지 않을 것입니다. 그와 같은 말을 나는 이미 1934년에도 하지 않았습니다. 그러나 나는 오늘날에도 여전히 그리고 그 어느 때보다도 오늘날 더 결연하게 "독일 대학의 자기 주장"에 대한 연설을 반복할 것입니다. 물론 민족주의와 관련시키지 않고 말입니다. "민족"의 자리에 사회가 들어섰습니다. 그러나 그 당시와 마찬가지로 오늘날에도 사람들은 이 연설을 귀담아 듣지 않을 것입니다.

슈피겔: 막간에 질문을 하나 더해도 되겠습니까? 지금까지 이

대담에서 분명해진 것은 1933년에 당신의 태도가 양극 사이에서 움직였다는 것입니다. 첫째, 당신은 마지못해 총장직을 수행한 것으로 말했습니다. 이것이 한 극입니다. 다른 극은 그러나 더 적극적인 것입니다; 그것을 당신은 이렇게 표현했습니다. 나는 여기에 무언가 새로운 것이 있으며 여기에 일종의 민족적 궐기가 일어나는 느낌을 가졌다.

하이데거: 그렇습니다.

슈피겔: 이 양극 사이에서 당신의 태도는 움직였습니다. — 이것은 상황으로 볼 때 전적으로 믿을 만한 것인데 ….

하이데거: 그렇습니다. 그러나 내가 강조하지 않을 수 없는 것은 '마지못해서 총장직을 수행했다'는 표현은 적합하지 않다는 사실입니다. 나는 당시에 국가사회주의와의 대결을 통해서 혁신에 이르는 새롭고 가능한 길이 열릴 수 있으리라고 믿었습니다.

슈피겔: 이와 관련해서 당신에 대해 몇 가지 비난이 제기되고 있다는 것을 아실 겁니다. 이 비난들은 나치당과 그 단체들에 당신이 협력한 것과 관련된 것으로서 일반적으로 아직 반박되지 않은 것으로 간주되고 있습니다. 당신이 학생회나 히틀러 청년단의 분서(焚書) 사건에 관여했다는 비난이 있어왔습니다.

하이데거: 나는 대학 건물 앞에서 열리기로 계획되어 있던 분서를 금지시켰습니다.

슈피겔: 당신이 유태인 저자들의 책들을 대학 도서관과 철학과의 장서에서 없애도록 했다는 비난도 있었는데요.

하이데거: 나는 철학과를 이끄는 사람으로서 철학과의 장서만을 관리할 수 있었는데, 나는 유태인 저자들의 책들을 없애라는 반복되는 요구에 따르지 않았습니다. 내 세미나 연습들의 초기에 참석했던 사람들은 유태인 저자들의 책들이 제거되지 않았을 뿐

아니라 이 저자들과 아울러 특히 후설이 1933년 이전과 마찬가지로 인용되고 논의되었다는 것을 오늘날 증언해줄 수 있습니다.

슈피겔: 우리는 당신의 주장을 인정하고 싶습니다. 그러나 그런 소문들이 생겨난 것을 당신은 어떻게 설명하시겠습니까? 악의 때문인가요?

하이데거: 내가 그 출처를 알고 있는 바로는 그렇다고 추측하고 싶습니다. 그러나 그러한 중상의 원인은 더 깊은 데 있습니다. 내가 총장직을 맡은 것은 짐작컨대 그러한 중상이 생기게 된 계기일 뿐 결정적인 근거는 아닙니다. 따라서 만약 어떤 계기가 제공되기만 한다면 논쟁은 계속해서 불붙어오를 것입니다.

슈피겔: 당신에게는 1933년 이후에도 유태인 학생들이 있었습니다. 이 유태인 학생들, 아마 모든 학생들이 아니라 몇몇 학생들이었을 텐데, 그들과 당신의 관계는 1933년 이후에도 좋았습니까?

하이데거: (유태인 학생들에 대한 나의 태도는) 1933년 이후에도 변하지 않았습니다. 가장 오래되고 가장 재능이 뛰어났던 내 여제자들 중의 하나였던 헬레네 바이스(Helene Weiß)는 나중에 스코틀랜드로 망명했는데, 이곳(프라이부르크대) 학부에서 박사 학위가 불가능하게 되자, 바젤에서 「아리스토텔레스 철학에서 인과성과 우연」이라는 아주 중요한 연구로 박사 학위를 받았습니다. 이 책은 1942년 바젤에서 출간되었습니다. 서문의 말미에서 저자는 이렇게 쓰고 있습니다. "우리가 이 책의 1부에서 제시하고 있는 현상학적 해석의 시도가 가능했던 것은 그리스 철학에 대한 M. 하이데거의 미공개 해석들 덕분이다." 여기 저자 자신이 헌사를 적어서 나에게 1948년 4월에 보내준 책이 있습니다. 바이스 박사가 죽기 전 나는 바젤에 있던 그녀를 여러 번 방문했습니다.

슈피겔: 당신은 오랫동안 야스퍼스와 친분이 있었습니다. 1933년 이후 이 관계가 소원해지기 시작했습니다. 이렇게 된 것은 야스퍼스의 부인이 유태인이라는 사실과 관계가 있다는 소문이 있습니다. 이에 대해 하시고 싶은 말씀이 있습니까?

하이데거: 당신이 지금 말한 것은 날조된 것입니다. 나는 1919년부터 칼 야스퍼스와 친분이 있었습니다. 나는 1933년 여름 학기에 하이델베르크에서 강의를 하고 있던 그와 그의 부인을 방문했었습니다. 칼 야스퍼스는 1934년과 1938년 사이에 발간된 그의 모든 출간물들을 — "진심어린 안부를 전하며" — 내게 보내주었습니다. 여기 당신에게 그 저작들을 보여드리겠습니다.

슈피겔: 여기 있군요. "진심어린 안부를 전하며." 자, 그 전에 관계가 소원해지기 시작했다면 아마 안부 인사가 "진심어린" 것일 수는 없겠죠.3) 유사한 다른 질문을 하겠습니다. 당신은 프라이부르크대의 철학 정교수였고 당신의 전임자였던 유태인 에드문트 후설의 제자였습니다. 그는 당신을 정교수 후임자로 학부에 당신을 추천했습니다. 당신은 그에 대해서 감사했을 것이라고 생각됩니다.

하이데거: 『존재와 시간』을 (후설에게) 헌정한 것을 알고 계실 겁니다.

슈피겔: 물론입니다.

하이데거: 1929년에 나는 그의 70세 기념 논문집을 교정하는 일을 했고 그의 자택에서 열린 축하 파티에서 연설을 했습니다. 이 연설문은 1929년 5월 학술회보에 실렸습니다.

---

3) 하이데거가 보여주고 있는 책은 『이성과 실존』이다. 이 밖에 하이데거는 야스퍼스가 1937년 하이데거에게 쓴 헌사가 적힌 야스퍼스의 책 『데카르트와 철학』을 공개하고 있다.

슈피겔: 그러나 나중에 후설과 당신의 관계는 소원해지게 됩니다. 무엇이 원인이었는지 말씀해주실 수 있겠습니까? 그러실 의향이 있습니까?

하이데거: 학문적인 견해상의 차이가 첨예화되었습니다. 후설은 1930년대 초에 공식적으로 막스 셸러와 나와의 관계를 청산했습니다. 그는 다른 해석의 여지가 없을 정도로 분명하게 청산의 의사를 밝혔습니다. 후설이 그렇게 공식적으로 나의 사유에 대해서 대립적인 태도를 취하게 된 동기가 무엇이었는지 나는 전혀 알 수가 없었습니다.

슈피겔: 어떤 일이 계기가 되었습니까?

하이데거: 베를린대에서 후설은 1600명의 청중들 앞에서 말했습니다. 하인리히 뮈잠은 베를린의 어느 큰 신문에 (후설의 강연에는) "일종의 대결적인 분위기"가 있었다고 보도했습니다.

슈피겔: 불화 자체가 우리의 논의와 관련된 관심사가 아닙니다. 우리가 관심이 있는 것은 다만 그 불화가 1933년과 관계가 있는 것이 아니었는가 하는 점입니다.

하이데거: 추호도 그렇지 않습니다.

슈피겔: 우리가 알아본 바도 그렇습니다. 당신은 나중에 『존재와 시간』에서 후설에 대한 헌사를 삭제했습니다. 그렇지 않습니까?

하이데거: 맞습니다. 나는 이 사정을 나의 책 『언어에의 도상에서』(1959년) 269쪽에서 밝혔습니다. 이 텍스트에는 이렇게 쓰여 있습니다 : 다양하게 확산되고 있는 잘못된 주장들에 대답하기 위해서는, 여기서 이 대화의 텍스트 92쪽에 언급되고 있는 『존재와 시간』의 헌사가 이 책의 1935년도 제4판에서는 앞부분에 놓여 있다는 것이 분명히 지적되어야 할 것이다. 발행인이 1941년

도 제5판의 인쇄가 위협을 받게 되거나 이 책이 판금될지도 모른다는 것을 알았을 때, 니마이어[4]의 제안과 희망대로 38쪽의 각주는 그대로 둔다는, 내가 제시한 조건 아래에서 이 판에서 헌사는 생략하기로 합의를 보았다. 본래 이 각주에서 비로소 저 헌사를 쓴 이유가 설명되고 있는데 그 각주는 다음과 같다. "이하의 연구가 '사태 자체'를 해명하는 데 몇 걸음이라도 진전한 바가 있다면, 저자는 제일 먼저 에드문트 후설에게 감사한다. 저자가 프라이부르크대에서 수학하던 시절, 그는 저자를 개인적으로 철저하게 지도하고 미공개 연구들을 전적으로 자유롭게 이용하도록 허용했다. 이를 통해서 저자는 현상학적인 탐구의 다양한 영역들에 친숙하게 되었다."

슈피겔: 그렇다면 당신이 프라이부르크대의 총장으로서 정년 퇴임한 후설이 대학 도서관이나 철학과 장서를 출입하거나 이용하는 것을 금지시킨 것이 사실인지에 대해 더 이상 물을 필요가 없겠군요.

하이데거: 그것은 중상모략입니다.

슈피겔: 그러면 후설에 대한 이러한 금지 조치가 적힌 문서도 없는 겁니까? 그럼 어떻게 이런 소문이 유포되었을까요?

하이데거 나도 알 수 없는 일이고 나로서는 그것을 해명할 수 없습니다. 그 모든 것이 도저히 있을 수 없는 사실이라는 것을 당신에게 나는 이렇게 입증해보일 수 있습니다. 이 또한 알려지지 않은 사실입니다. 내가 총장으로 있을 때 당국에서는 대학병원 원장이었던 탄하우저(Thannhauser) 교수와 나중에 노벨상을

---

4) 헤르만 니마이어(Hermann Niemeyer)는 당시 하이데거 저술의 발행인.

수상한 물리화학 교수 폰 헤베시(von Hevesy)를 — 둘 다 유태인입니다 — 해임시키라고 요구했습니다. 나는 장관을 방문해서 이들을 지지했습니다. 내가 이 두 사람을 지지하면서 동시에 퇴임한 교수이자 내 자신의 스승인 후설에 반하는 조치를 소문으로 떠도는 방식대로 취했다는 것은 어불성설입니다. 나는 또한 학생들과 사강사들이 탄하우저 교수의 병동 앞에서 그에 반대하는 데모를 하려는 걸 막았습니다. 탄하우저 가족이 그곳 신문에 낸 그의 부음 공고에는 이렇게 적혀 있습니다. "1934년까지 그는 프라이부르크 브롤크라인 마스에 있는 대학병원의 존경받는 원장이었다. 1962년 12월 18일." 폰 헤베시 교수에 대해서는 「프라이부르크대학소식지」 1966년 2월 11일호는 이렇게 보도하고 있습니다. "1926년부터 1934년까지 폰 헤베시는 프라이부르크대의 물리학-화학 연구원장이었다." 내가 총장직을 사퇴한 후에, 두 원장들은 직책에서 해임되었습니다. 당시에 자리를 얻지 못하고 있던 사강사들이 있었는데, 그들은 두 사람을 쫓아내고 자신들이 후임이 되고자 했습니다. 이 사람들이 나를 방문했을 때, 나는 이들과의 면담을 거부했습니다.

슈피겔: 당신은 1938년 후설의 장례식에 참석하지 않았습니다. 왜 그랬습니까?

하이데거: 그에 대해서 나는 단지 이렇게만 말하고 싶습니다. 내가 후설과의 관계를 단절시켰다는 것은 근거 없는 비난입니다. 내 아내는 1933년 5월에 후설 부인에게 우리 두 사람의 이름으로 편지 한 통을 썼습니다. 그 편지에서 우리는 우리 두 사람의 "변치 않는 감사"를 나타냈습니다. 그리고 그 편지를 꽃다발과 함께 집으로 보냈습니다. 후설 부인은 형식적으로 감사하다는 말로 짧게 대답하고는 우리 두 가족 사이의 관계는 단절되었다는 편

지를 써보냈습니다. 내가 후설이 병상에 있었을 때와 사망했을 때 한 번도 감사와 존경을 표시하지 않았던 것은 인간적인 잘못입니다. 이에 대해 나는 나중에 후설 부인에게 편지로 용서를 구했습니다.

슈피겔: 후설은 1938년에 사망했습니다. 1934년 2월에 이미 당신은 총장직에서 물러나게 되었습니다. 어떻게 해서 물러나게 되었습니까?

하이데거: 그것에 대해서 이야기하자면 약간 거슬러 올라갈 필요가 있습니다. 대학을 기술적으로 조직하는 것을 극복하기 위한 의도에서, 다시 말하면 학부들을 내부로부터 그것들의 실질적인 과제에 입각하여 개혁하려는 의도에서, 나는 1933/34년 겨울 학기에 각 개별 학부에서 젊고 무엇보다도 그 분야에서 탁월한 동료들을 학장으로 임명할 것을 제안했습니다. 그것도 그들이 당에 대해 취하고 있는 태도와 무관하게 말입니다. 그래서 법학부에서는 에릭 볼프(Erik Wolf) 교수가, 철학부에서는 샤데발트(Schadewaldt) 교수가, 자연과학부에서는 죄르겔(Soergel) 교수가, 의학부에서는 전 해에 총장직에서 해임되었던 폰 묄렌도르프 교수가 학장이 되었습니다. 그러나 1933년 크리스마스 무렵에 이미 나는 내가 염두에 두고 있었던 대학 개혁을 동료 교수들의 저항을 무릅쓰고 관철시킬 수도 없고, 당에 반대해서도 관철시킬 수도 없다는 것이 분명해졌습니다. 예를 들면 동료 교수들은 내가 학생들을 대학 행정에 참여시킨 것 — 오늘날 꼭 그런 것처럼 — 을 나쁘게 생각하고 있었습니다. 어느 날 나는 카알스루에로 불려갔는데, 거기서 장관은 그의 참사관을 통해 — 대관구 학생회장이 동석한 상황에서 — 법학부와 의학부의 학장들을 당이 인정하는 다른 동료들로 대체할 것을 내게 요구했습니다.

나는 이 부당한 요구를 거부했고 장관이 자신의 요구를 고집할 경우 총장직에서 물러나겠다고 밝혔습니다. 이것은 사실이 되었습니다. 그때가 1934년 2월이었는데, 당시 총장들은 2년 이상을 재직했었던 반면, 나는 10개월 동안 재직하고 물러났습니다. 국내와 국외의 언론들은 총장직을 수락한 것에 대해서는 여러 가지로 논평했었지만, 내 사임에 대해서는 침묵했습니다.

슈피겔 : 그때 당신은 교육부장관인 루스트(Rust)와 협의를 했었죠?

하이데거 : 그때라니 언제 말씀입니까?

슈피겔 : 1933년에 루스트가 여기 프라이부르크에 왔을 때 말입니다.

하이데거 : 두 가지 사건이 문제가 됩니다. 비젠탈에 있는 슐라게터(Schlageter)의 고향 쇠나우 소재의 묘지에서 열린 기념제가 계기가 되어 내가 장관을 짧게 형식적으로 환영하는 인사를 했습니다. 그리고는 장관은 나에게 관심이 없었고, 나 역시 그때 그와 대화를 나누려고 하지 않았습니다. 슐라게터는 프라이부르크대의 학생이었는데 가톨릭 색채를 띤 어느 단체의 회원이었습니다. 장관과의 대화는 1933년 11월에 베를린에서 열린 총장 회의를 계기로 해서 이루어졌습니다. 나는 장관에게 학문과 학부를 어떻게 형성시켜나갈 것인지에 대해 내 견해를 말했습니다. 그는 이 모든 것을 주의 깊게 들었기 때문에 나는 내가 말한 것이 영향을 미칠 수 있으리라는 희망을 품었습니다. 그러나 아무 일도 일어나지 않았습니다. 내가 당시의 제국 교육부장관과 한 회담에 대해 어째서 비난이 가해지는지 나는 알 수가 없습니다. 반면 같은 시기에 모든 외국 정부들은 서둘러서 히틀러를 승인하고 그에게 국제적으로 관례적인 경의를 표했는데 말입니다.

슈피겔: 당신이 총장직에서 물러난 후, 당과 당신의 관계는 어떻게 전개되었습니까?

하이데거: 총장직에서 물러난 후 나는 내 교수 업무로 돌아갔습니다. 1934년에 나는 『논리학』을 읽었습니다. 다음 학기인 1934/35년에는 첫 횔덜린 강의를 했습니다. 1936년에는 니체 강의가 시작되었습니다. 들을 귀를 가지고 있던 모든 사람들은 니체 강의가 나치즘과의 대결이었다는 것을 알고 있었습니다.

슈피겔: 총장직 이양은 어떻게 진행되었습니까? 신임 총장의 취임식에 참석하지 않았습니까?

하이데거: 네, 나는 신임 총장의 취임식에 참석하기를 거부했습니다.

슈피겔: 당신의 후임자는 골수 당원이었죠?

하이데거: 그는 법학자였습니다. 당 기관지 『독일인(*Der Allemane*)』는 "최초의 국가사회주의 당원 총장"5)이라는 커다란 표제로 그가 총장으로 임명되었다고 보도했습니다.

슈피겔: 그 후에 당신은 당과 어떤 어려움을 겪었습니까? 어땠습니까?

하이데거: 나는 항상 감시당했습니다.

슈피겔: 그런 사례가 있습니까?

하이데거: 네, 한케(Hancke) 박사의 경우를 들 수 있습니다.

슈피겔: 어떻게 그걸 아셨습니까?

하이데거: 그가 직접 나를 찾아왔기 때문입니다. 그는 이미 박사 학위를 가지고 있었고, 1936/37년 겨울 학기와 1937년 여름 학기에 내가 지도하는 상급 세미나의 수강생이었습니다. 그는 나를

---

5) 이 인용문은 지금까지 발견할 수 없었다.

감시하기 위해 보안대로부터 이리로 파견되었습니다.

슈피겔: 어떻게 해서 그가 갑자기 당신을 찾아오게 된 것입니까?

하이데거: 1937년 여름 학기에 나의 니체 세미나와 거기서 연구가 진행되었던 방식이 원인이 되었습니다. 그는 나에게 자신에게 위임된 감시 임무를 더 이상 맡을 수 없으며 내게 앞으로의 나의 교수 활동과 관련해서 이 사실을 알려주고 싶었다고 털어놓았습니다.

슈피겔: 당과 그 밖에 다른 어려움은 없었습니까?

하이데거: 내 저작들에 대한 논의가 금지되었다는 것밖에는 모릅니다. 예를 들면 「플라톤의 진리론」 같은 논문이 그랬습니다. 내가 1936년 초에 로마에 있는 독문학연구소에서 했던 횔덜린 강연은 히틀러 유겐트의 기관지인 『의지와 힘』에서 상투적인 방식으로 논박되었습니다. 관심 있는 분들은 에른스트 크리크의 잡지 『생성하는 민족』에서 1934년 여름부터 시작된 나에 대한 반박문들을 참조하시기 바랍니다. 1934년 프라하에서 열린 국제 학자대회에 나는 독일 대표단에 속하지도 못했고 참석해 달라는 초청도 전혀 받지 못했습니다. 마찬가지 방식으로 나는 1937년 파리에서 열린 국제데카르트회의에서도 제외되어야만 했습니다. 파리에서는 이것을 기이하게 여기고 그곳의 대회 의장(소르본대의 브레이에(Bréhier) 교수)이 나에게 무엇 때문에 내가 독일 대표단에 속하지 않게 되었는지를 직접 문의해왔습니다. 나는 대회 의장단이 제국 교육부에 이 일에 대해서 문의해주기를 바란다고 답변했습니다. 얼마 후에 베를린으로부터 추후에 대표단에 합류하라는 권고가 왔습니다. 나는 이것을 거부했습니다. 「형이상학이란 무엇인가?」와 「진리의 본질에 대하여」라는 강연

은 표지에 제목도 달지 않은 채 비공식적으로 판매되었습니다. 총장 연설문은 1934년 직후 당의 사주로 시판에서 회수되었습니다. 연설문은 단지 국가사회주의 대학 교원 연수 과정에서 당파적인 논박의 대상으로서만 논의될 수 있을 뿐이었습니다.

슈피겔: 그리고 나서 1939년에 전쟁이 ….

하이데거: 전쟁 마지막 해에 가장 중요한 500명의 학자들과 예술가들이 모든 종류의 군복무에서 면제되었습니다.6) 나는 이 면제자들에 속하지 못했습니다. 그 반대로 나는 1944년 여름에 라인 강 저편, 카이저슈툴에서 참호 공사 작업을 명령받았습니다.

슈피겔: 다른 쪽, 스위스 방면에서는 칼 바르트(Karl Barth)가 참호 구축 작업을 했었죠.

하이데거: 재미있는 것은 그것이 진행된 방식입니다. 총장이 전체 교원들을 5호 강당으로 불러모았습니다. 그는 이런 내용의 짧은 연설을 했습니다. 자기가 지금 말하는 것은 국가사회주의 관구 지도관과 대관구 지도관과 협약한 것이다. 자기는 이제 전체 교수진을 세 그룹으로 나눌 것이다. 첫째 전혀 불필요한 교수, 둘째 반쯤 불필요한 교수, 그리고 셋째 없어서는 안 되는 교수. 전혀 불필요한 교수 중 첫 번째로 호명된 사람은 하이데거였고 그 다음은 게르하르트 리터7)였습니다. 라인 강변에서의 참호 구축 작업이 끝난 후, 1944/45년 겨울 학기에 나는 「시작(詩作)과

---

6) 이 문장은『슈피겔』이 페체트(H. W. Petzet) 박사의 발언을 그 표현을 바꾸어 하이데거의 말 속에 편집해 넣은 것이다. 이 표현이 사실에 부합하는 것이었기 때문에, 하이데거는 최종적인 승인 서명을 할 때 이 표현을 받아들였다.

7) 당시 프라이부르크대의 현대사 정교수였던 게르하르트 리터 박사(『칼 괴르델리와 독일 저항 운동』)는 1944년 6월 20일에 있었던 히틀러 암살 기도 때문에 1944년 11월 1일에 구속되었고 1945년 4월 25일에야 연합군에 의해 석방되었다. 이 역사학자는 1956년에 정년퇴임했고 1967년에 죽었다.

사유」라는 제목의 강의를 했습니다. 이것은 어떤 의미에서 국가 사회주의와의 대결이었던 나의 니체 강의의 연속이었습니다. 두 번째 강의가 끝난 후 나는 민방위대에 징집되었는데, 소집된 교원 단체의 회원들 중에서 내가 가장 나이가 많았습니다.

슈피겔: 사실상의 퇴임, 아니 법적인 퇴임이라고 해야겠군요. 거기에 이르기까지의 사건들을 우리가 하이데거 교수님으로부터 들을 필요는 없을 것 같습니다. 그건 잘 알려져 있으니까요.

하이데거: 그 사건들은 사실은 잘 알려져 있지 않습니다. 별로 아름다운 일은 아닙니다.

슈피겔: 그에 대해 좀더 얘기하고 싶으시면 하셔도 됩니다만.

하이데거: 하고 싶지 않습니다.

슈피겔: 정리를 해볼 수 있을 것 같습니다. 당신은 1933년에 넓은 의미에서가 아니라 좁은 의미에서 비정치적인 사람으로서 민족적 궐기라고 추정했던 정치에 참여하게 되었습니다.

하이데거: 대학을 개혁하는 방식으로 말입니다.

슈피겔: 당신은 대학을 개혁하는 방식으로 민족적 궐기라고 추정했던 것 속으로 빠져들었습니다. 약 1년 후에 당신은 떠맡았던 직책을 다시 포기했습니다. 그러나 당신은 1935년의 한 강의에서 — 그것은 1953년 『형이상학 입문』으로 출간되었는데 — 이렇게 말했습니다. "오늘날" — 그러니까 1935년이 됩니다 — "국가 사회주의의 철학으로 여기저기서 제시되고 있는 것은 이 운동의 내적 진리와 그 위대성(즉, 전 지구적으로 규정된 기술과 근대적 인간의 만남)과는 조금도 관계가 없다. 그것은 '가치들'과 '전체성들'이라는 흐린 물에서 낚시질을 하고 있는 것이다." 당신은 괄호 속에 있는 말들을 1953년에서야, 그러니까 출간할 때 첨가했습니까? 가령 1953년의 독자에게 당신이 어떤 점에서 1935년

에 "이 운동의", 그러니까 국가사회주의의 "내적 진리와 위대성"
을 보았는지를 설명하기 위해서 말입니다. 아니면 부연 설명을
하고 있는 이 괄호를 이미 1935년에 넣었던 건가요?

하이데거: 그것은 강의 원고에 있었던 것이고 그 당시 기술에
대한 내 견해에 정확히 상응하는 것이었습니다. 그렇지만 몰아-
세움(Ge-stell)으로서의 기술의 본질에 대한 나중의 해석에 상응
하는 것은 아직 아니었습니다. 내가 그 구절을 낭독하지 않았던
것은 내 강의를 들은 사람들이 제대로 이해하리라고 확신했기
때문입니다. 우둔한 자들과 밀정들과 염탐꾼들은 다르게 이해했
습니다. 아니, 그들은 다르게 이해하고 싶어했습니다.

슈피겔: 분명히 당신은 공산주의 운동도 거기에 분류하겠군요?

하이데거: 네, 전적으로 그렇습니다. 그것은 전 지구적인 기술에
의해 규정된 것입니다.

슈피겔: 당신이 미국의 노력들 전체도 거기에 분류시키겠지요?

하이데거: 그것 역시 그렇다고 말하고 싶습니다. 지난 30년 동안
근대적 기술의 전 지구적인 운동은, 그것이 역사를 규정하는 그
규모를 우리가 아무리 크게 평가해도 지나치지 않는 힘이라는
것이 더욱더 분명해졌습니다. 오늘날 나에게 결정적인 물음은,
오늘날의 기술적인 시대에 도대체 하나의 — 그리고 어떠한 —
정치적 체제가 적합한지에 대한 것입니다. 이 물음에 대한 대답
을 나는 알지 못합니다. 나는 그것이 민주주의라고는 확신하지
않습니다.

슈피겔: 민주주의라는 개념은 그 아래 아주 상이한 생각들이 포
함될 수 있는 집합 개념에 불과합니다. 문제는 이러한 정치적인
형태를 변형하는 것이 가능한가 하는 것입니다. 당신은 1945년 이
후에 서구 세계의 정치적인 노력들에 대한 견해를 피력했었고 거

기서 민주주의와 정치적으로 표현된 기독교적인 세계관, 그리고 법치 국가에 대해서도 말한 바 있습니다 — 그러면서 당신은 이 모든 노력들을 '어중간한 것들(Halbheiten)'이라고 불렀습니다.

하이데거: 우선 내가 민주주의와 당신이 계속 인용한 것들에 대해서 말한 곳이 어디인지를 말씀해주셨으면 합니다. 내가 그것들을 어중간한 것이라고 칭한다면, 그것은 내가 거기서 기술적인 세계와의 실제적인 대결을 찾아볼 수 없기 때문이며, 그것들의 배후에 여전히, 내 견해로는, 기술은 그 본질에서 인간이 임의로 좌지우지할 수 있는 어떤 것이라는 견해가 놓여 있기 때문입니다. 내 생각으로는 그것은 가능하지 않습니다. 기술은 그 본질에서 인간이 자신의 힘으로 제어할 수 없는 것입니다.

슈피겔: 당신 견해로는 방금 개략적으로 말한 흐름들 중 어느 것이 가장 시대에 적합한 것입니까?

하이데거: 나는 알 수 없습니다. 그러나 나는 여기에서 결정적인 물음이 제기되고 있다고 생각합니다. 우선 당신이 '시대에 적합한'이라는 말로 뜻하는 것이 무엇인지가 밝혀져야 할 것입니다. 더 나아가 시대성이 인간 행위의 '내적 진리'에 대한 척도인지, 척도가 되는 행위는 '시작과 사유'가 아닌지 하는 것을 물어야 합니다. 이 표현이 이단시되고 있음에도 불구하고 말입니다.

슈피겔: 그렇지만 인간이 결코 자신의 도구를 제어할 수 없다고 하는 말씀은 문제가 있는 것 같습니다. 흡사 인간이 자신이 만든 마법을 통제하지 못하는 마법사의 도제와 같다는 것 같습니다. 우리가 현대 기술이라는 분명 엄청나게 커다란 이 도구를 통제할 수 없다고 말하는 것은 좀 너무 비관주의적이지 않습니까?

하이데거: 비관주의는 아닙니다. 비관주의와 낙관주의는 지금 성찰하려고 하는 사태를 제대로 문제 삼기에는 부족한 입장들입

니다. 그러나 무엇보다도 ─ 현대 기술은 "도구"가 아니며 그것은 도구들과도 아무런 관계가 없습니다.

슈피겔: 왜 우리가 기술에 의해 그토록 강력하게 압도당하고 있다는 겁니까?

하이데거: 압도당하고 있다고 말하지는 않겠습니다. 나는 우리가 아직 기술의 본질에 상응하는 길을 가지고 있지 못하다고 말하고 싶습니다.

슈피겔: 그래도 사람들은 당신에게 아주 소박하게 이의를 제기할 수 있을 것입니다. ─ 도대체 무엇이 문제라는 말인가? 모든 것이 잘 기능하고 있다. 더욱더 많은 발전소가 세워지고 있다. 생산은 충분하게 이루어지고 있다. 기술이 고도로 발전된 지역에서 인간들은 좋은 보살핌을 받고 있다. 우리는 복지 상태에서 살고 있다. 도대체 무엇이 결여되어 있다는 말인가?

하이데거: 모든 것이 잘 기능하고 있습니다. 모든 것이 기능하고 있고 이 기능이 더 광범위한 기능으로 점점 더 확장되어가고 있으며 기술이 인간을 대지로부터 점점 더 떼어내고 뿌리를 뽑아내고 있다는 것, 바로 이것이 섬뜩한 것입니다. 당신이 경악할지는 모르겠지만, 달에서 지구를 촬영한 것을 볼 때 어쨌든 나는 경악하게 됩니다. 인간을 뿌리 뽑기 위해서는 핵폭탄도 필요 없습니다. 인간은 이미 뿌리 뽑혀 있습니다. 우리는 순전히 기술적인 관계만을 맺고 있을 뿐입니다. 오늘날 인간이 살아갈 대지는 더 이상 없습니다. 얼마 전 나는 프로방스에서, 아시다시피 시인이자 저항 운동가인 르네 샤르(René Char)와 긴 대화를 나누었습니다. 프로방스에서는 지금 로켓 발사 기지들이 건설되고 있고 대지는 상상할 수 없을 정도로 황폐화되고 있습니다. 분명 감상에 젖어서 목가적 생활을 찬미할 뿐이라고는 볼 수 없는 이

시인이 내게 말하기를, 사유와 시작이 다시 한 번 힘을 얻지 못한다면, 지금 진행되고 있는 인간의 뿌리 뽑힘은 인간의 종말이 될 것이라고 했습니다.

슈피겔: 그렇다면 우리는 이 지상에서 살아야 하며 우리 시대에 이곳을 벗어나서는 안 된다고 해야겠군요. 하지만 이 대지 위에 사는 것이 인간의 사명이라고 누가 단언할 수 있습니까? 인간은 어떠한 사명도 갖지 않는다고 생각할 수도 있습니다. 그러나 인간이 이 지구를 떠나 다른 행성으로 이주할 수도 있다는 점에서 인간의 가능성을 찾을 수도 있을 것입니다. 물론 오랫동안 그 정도로까지는 가지 못할 것이지만 말입니다. 인간이 있을 자리가 이 자리라고 도대체 어디에 쓰여 있습니까?

하이데거: 우리 인간의 경험과 역사에 따르면, 어쨌든 내가 알고 있는 한, 모든 본질적이고 위대한 것은 오로지 인간이 고향을 가지고 있고 전통 속에 뿌리내리고 있다는 것으로부터 생겨났습니다. 예를 들자면 오늘날의 문학은 상당히 파괴적입니다.

슈피겔: 여기서 파괴적이라는 말이 거슬립니다. 허무주의적이라는 말이 바로 당신에 의해서, 그리고 당신의 철학에서 아주 포괄적인 의미를 갖게 되었다는 것을 염두에 둔다면 말입니다. 당신이 전적으로 이러한 허무주의의 일부로 볼 수 있거나 볼 것임에 틀림이 없는 문학과 관련해서 파괴적이라는 말을 듣게 되는 것이 놀랍군요.

하이데거: 내가 의미하는 문학은 내가 생각한 의미에서 허무주의적이지는 않다고 말하고 싶습니다(『니체 Ⅱ』, 335쪽 이하).

슈피겔: 당신은 분명 허무주의라는 말로 절대적으로 기술적인 국가를 전개시키거나 혹은 이미 전개시킨 세계적인 운동을 의미하는 것이죠?

하이데거: 그렇습니다! 그러나 기술적인 국가야말로 기술의 본질에 의해 규정된 세계와 사회에 가장 부합되지 않는 것입니다. 기술적인 국가는 기술의 권력에 대한 가장 굴종적이고 가장 맹목적인 하수인입니다.

슈피겔: 좋습니다. 이제 자연스럽게 이런 질문이 제기됩니다. 개별 인간이 이러한 강제들의 그물망에 도대체 영향을 미칠 수 있습니까? 아니면 철학이 영향을 미칠 수 있습니까? 아니면 철학이 개인 혹은 다수의 개인들에게 특정한 행위를 하도록 이끄는 것을 통해서 철학과 인간가 함께 영향을 미칠 수 있습니까?

하이데거: 이런 질문으로 당신은 우리의 대화가 시작된 곳으로 되돌아가는군요. 내가 짧게 그리고 아마도 약간은 단도직입적으로, 그러나 오랜 숙고에서 비롯된 대답을 하자면, 철학은 지금의 세계 상황에 어떠한 직접적인 변화도 일으킬 수 없습니다. 이것은 철학뿐 아니라 모든 인간의 생각과 노력에도 해당됩니다. 오직 신만이 우리를 구원할 수 있습니다. 나는 유일한 구원의 가능성이 사유와 시작 속에서 우리가 몰락하면서 신의 출현이나 부재를 위한 준비를 갖추는 데 있다고 봅니다. 우리가 몰락한다는 것은 거칠게 말해서 우리가 "처참하게 죽는다는 것"이 아니라 부재하는 신에 직면해서 몰락한다는 말입니다.

슈피겔: 당신의 사유와 이 신의 도래 사이에 무슨 연관이 있습니까? 당신이 보기에, 어떤 인과적인 연관이 있습니까? 당신은 우리가 사유를 통해 신을 불러올 수 있다고 생각하십니까?

하이데거: 우리는 사유를 통해 신을 불러올 수는 없습니다. 우리는 기껏해야 신을 기대하는 준비를 할 수 있을 뿐입니다.

슈피겔: 하지만 우리가 도움이 될 수 있습니까?

하이데거: 준비를 갖추는 일이 최초의 도움이 될 수 있을 것입니

다. 인간에 의해서 세계가 지금 있는 그대로일 수는 없지만, 인간이 없이도 그대로일 수는 없습니다. 그것은 내 견해로는 다음의 사실과 관련이 있습니다. 내가 오래 전부터 전승되어왔고 다의 적이고 이제는 진부해져버린 '존재'라는 단어로 부르는 것은 인간을 필요로 한다는 것, 존재는 자신을 개시하고 보존하고 형성하는 데 인간이 필요하지 않다면 존재가 아닙니다. 나는 기술의 본질이 내가 '몰아-세움'이라고 부른 것에 있다고 봅니다. 이 명칭은 처음 들으면 오해하기 쉽지만, 올바로 생각하면 오늘날에도 여전히 우리의 현존재를 규정하고 있는 형이상학의 가장 내적인 역사를 소급지시하고 있습니다. 몰아-세움이 지배하고 있다는 것이 의미하는 바는 기술의 본질 속에서 드러나는 어떤 힘에 의해 인간이 몰아세워지고, 무리하게 요구를 받고 있으며, 도발당하고 있다는 것입니다. 인간이 그 자신이 아닌 어떤 것, 그가 지배할 수 없는 어떤 것에 의해 몰아세워져 있음에 대한 경험 속에서 바로 존재가 인간을 필요로 한다는 것을 통찰할 수 있는 가능성이 인간에게 드러나는 것입니다. 현대 기술의 가장 고유한 것을 이루고 있는 것 속에, 이러한 새로운 가능성들을 위해 인간이 필요하며 인간이 그것을 준비해야 한다는 것을 경험할 수 있는 가능성이 숨겨져 있습니다. 이러한 통찰을 하는 데 사유는 더 이상 도움을 줄 수 없습니다. 그리고 철학은 종말에 이르렀습니다.

슈피겔 : 예전에는 — 단지 예전만이 아닙니다 — 그래도 철학은 간접적으로 많은 영향을 준다고 생각했습니다. 직접적으로 영향을 주는 것은 드물었지만 간접적으로 철학은 많은 영향을 줄 수 있었고, 새로운 흐름들이 출현하는 데 도움을 주었다고 생각되었습니다. 독일 철학자들만을 예로 들더라도 마르크스는 말할

것도 없고 칸트, 헤겔부터 니체에 이르기까지 위대한 이름들을 떠올려보면, 우회적으로 철학이 엄청난 영향을 끼쳐 왔음을 입증할 수 있습니다. 그런데 당신은 이러한 철학의 영향력이 종말에 이르렀다고 생각하십니까? 그리고 당신이 철학은 죽었고 더 이상 철학은 없다고 말할 때, 거기에는 이러한 철학의 영향력이 예전에는 있었지만 오늘날에는 더 이상 없다는 생각도 포함되어 있는 것입니까?

하이데거: 나는 방금 전에 이렇게 말했습니다. 다른 사유를 통해서 간접적으로 영향을 미치는 것은 가능합니다. 그러나 말하자면 인과적으로 사유가 세계의 상황을 변화시키는 것과 같은 직접적인 영향은 불가능합니다.

슈피겔: 죄송합니다만, 우리는 철학을 하려는 것이 아닙니다. 그러기에는 우리는 부족합니다. 그러나 여기에는 정치와 철학 사이의 접점이 문제되고 있습니다. 그러니까 우리가 여기서 당신을 그런 대화로 끌고 가는 것을 부디 양해해주시기 바랍니다. 당신은 방금 말씀하시기를, 철학과 개인이 할 수 있는 것이라고는 오직 ….

하이데거: … 신이 도래하거나 신의 부재에 대해서 열린 태도를 취하는 준비를 갖추는 것뿐입니다. 신의 부재를 경험하는 것은 아무것도 아닌 것이 아니라, 내가 『존재와 시간』에서 존재자로의 퇴락이라고 불렀던 것으로부터 인간을 해방시키는 일입니다. 앞서 언급한 준비를 갖추는 것에는 오늘날 진정하게 존재하는 사태에 대해 숙고하는 일이 속합니다.

슈피겔: 하지만 그렇다면 저 유명한 충격이 신이든 그 외의 누구로부터든 밖으로부터 와야만 하겠군요. 그렇다면 오늘날 사유는 그 자신으로부터는 그리고 자기의 힘만으로는 더 이상 아무런

영향도 미칠 수 없겠군요? 예전에 그 동시대인들은 사유가 영향을 줄 수 있다고 생각했었고 우리들도 그렇게 생각합니다.

하이데거: 하지만 직접적으로 영향을 미친 것은 아니었습니다.

슈피겔: 우리는 이미 칸트, 헤겔 그리고 마르크스를 운동을 일으킨 위대한 사람들로 거명했었습니다. 그러나 또한 라이프니츠도 현대 물리학의 발전과 그에 따른 현대 세계 일반의 출현에 영향을 미쳤습니다. 우리는 당신이 방금 그러한 영향은 오늘날 더 이상 기대할 수 없다고 말한 것으로 생각합니다.

하이데거: 철학의 의미에서는 더 이상 기대할 수 없습니다. 지금까지 철학이 해왔던 역할들을 오늘날에는 과학들이 떠맡았습니다. 사유의 '영향'을 충분하게 해명하기 위해서는 우리는 여기서 영향과 영향을 미친다는 것이 무엇을 뜻할 수 있는지 더욱 상세하게 논의해야만 할 것입니다. 이러기 위해서는 유인, 자극, 촉진, 도움, 방해 그리고 협력을 더 근본적으로 구분할 필요가 있습니다. 그러나 우리가 근거율을 충분히 논의한 후에야 우리는 비로소 이것들을 구분할 수 있는 차원을 획득할 수 있습니다. 철학은 개별 과학들, 즉 심리학, 논리학, 정치학으로 해소됩니다.

슈피겔: 그렇다면 이제 어떤 것이 철학의 자리를 차지하고 있습니까?

하이데거: 인공두뇌학(Kybernetik)입니다.

슈피겔: 아니면 개방된 태도를 취하는 경건한 자입니까?

하이데거: 그러나 그것은 더 이상 철학이 아닙니다.

슈피겔: 그럼 무엇입니까?

하이데거: 나는 그것을 '다른 사유(das andere Denken)'라고 부릅니다.

슈피겔: 당신은 그것을 '다른 사유'라고 불렀습니다. 그것을 좀

더 분명하게 정식화해주시겠습니까?

하이데거: 「기술에 대한 물음」이라는 나의 강연을 끝맺고 있는 문장, "왜냐하면 물음은 사유의 경건함이기 때문이다"라는 문장이 생각나십니까?

슈피겔: 우리는 당신의 니체 강의에서 우리에게 그 의미가 분명한 문장을 발견했습니다. 당신은 거기서 이렇게 말하고 있습니다. '철학적인 사유 속에서는 가능한 최고의 결속이 지배하고 있기 때문에, 모든 위대한 사상가들은 동일한 것을 사유한다. 그러나 이 동일한 것은 너무도 본질적이고 풍부해서, 어떤 개인도 결코 그것을 다 길어낼 수는 없고, 각자가 각자를 단지 좀더 엄격하게 구속할 뿐이다.' 그러나 바로 이러한 철학적인 건축물이 어떤 종결에 이른 것처럼 보인다고 당신은 생각하고 있습니다.

하이데거: 종결되었지만, 우리에게서는 무화된 것이 아니라 바로 이 대화 속에서 새롭게 현재화되고 있는 것입니다. 지난 30년간 강의들과 연습들에서 내가 한 주요한 작업은 주로 서양 철학에 대한 해석이었을 뿐입니다. 사유의 역사적 토대로 되돌아가는 것, 그리스 철학 이래 여전히 묻지 않은 물음들을 철저히 사유하는 것, 그것은 전통으로부터 떨어져 나오는 것이 아닙니다. 그러나 나는 이렇게 말하고 싶습니다. 니체와 더불어 종결된 전통 형이상학의 사유 방식은 이제 막 시작되고 있는 기술적인 세계 시대의 근본 특징들을 사유하면서 경험할 수 있는 가능성들을 더 이상 제공해주지 못합니다.

슈피겔: 당신은 약 2년 전에 어느 불교 승려와의 환담에서 '완전히 새로운 사유 방법'에 대해 언급하면서 이 새로운 사유 방법은 '우선은 소수의 사람들만이 수행할 수 있다'고 말한 적이 있습니다. 이 말로 당신은 오직 아주 소수의 사람들만이 당신이 가능하

고 필요하다고 생각하는 통찰들을 가질 수 있다는 걸 표현하려고 하신 겁니까?

하이데거 : 그들이 그 통찰들을 어느 정도 말할 수 있다는 아주 근원적인 의미에서 "갖는다"는 것입니다.

슈피겔 : 그렇군요. 하지만 당신은 그러한 통찰을 실현하는 방법에 대해서는 이 불교도와의 대화에서도 분명하게 제시하지 않았습니다.

하이데거 : 나는 그 방법을 분명하게 할 수 없습니다. 나는 이러한 사유가 어떠한 '영향을 미칠지'에 대해서는 알지 못합니다. 오늘날에는 사유가 1년 안에 헐값으로 팔리는 일을 당하지 않도록 보호하기 위해, 사유가 침묵하는 길로 나아갈 수도 있습니다. 또한 사유가 '영향을 미치는' 데 300년이 걸릴 수도 있습니다.

슈피겔 : 아주 잘 알겠습니다. 하지만 우리는 300년 후에 살고 있는 것이 아니라 지금 여기에 살고 있기 때문에, 우리는 침묵할 수는 없습니다. 우리들은 정치가, 준정치가, 국민, 언론인 등으로서 끊임없이 어떤 결정을 내려야만 합니다. 우리는 우리가 살고 있는 체제를 꾸려나가야 하고, 그것을 변화시키려고 노력해야 하고, 개혁에 이르는 좁은 문, 훨씬 더 좁은 혁명의 문을 탐색해야 합니다. 우리는 철학자로부터 도움을 기대하고 있습니다. 물론 단지 간접적이고 우회적인 도움이라 할지라도 말입니다. 하지만 지금 우리는 이런 말을 듣고 있습니다. "나는 너희들을 도와줄 수가 없다."

하이데거 : 나도 도와줄 수가 없습니다.

슈피겔 : 철학자가 아닌 사람들을 낙담시키시는군요.

하이데거 : 내가 도와줄 수 없는 것은 그 물음들이 너무 어렵기 때문입니다. 그래서 말하자면 공중 앞에 등장해서 설교를 하고

이런저런 도덕적인 판결을 내리는 것은 사유의 이러한 과제의 의미에 반하는 일이 될 것입니다. 아마도 감히 이런 말을 할 수 있을 것입니다. 사유되지 못한 기술의 본질이 가진 엄청나게 강력한 지구적인 힘의 비밀에 상응해서 이 사유되지 못한 것을 숙고하려고 하는 사유는 잠정적이고 눈에 띄지 않을 만큼 빈약합니다.

슈피겔: 우리가 그들의 말만 들어도 우리에게 어떤 길을 가르쳐줄 수 있는 사람들 중에 당신 자신은 속하지 않는다고 생각하시는 겁니까?

하이데거: 결코 아닙니다. 나는 현재의 세계 상황을 직접적으로 변화시킬 수 있는 길을 알지 못합니다. 그런 것이 인간에 의해 가능한 것이라면 말입니다. 하지만 그런 시도를 하는 사유는 이미 언급했던 준비를 일깨우고, 밝혀주고, 견고하게 할 수 있을 것으로 보입니다.

슈피겔: 분명한 대답이군요. 그러나 사상가가 다만 기다려라, 300년 안에 우리에게 어떤 생각이 떠오를 것이라고 말할 수 있습니까? 그래도 되는 것입니까?

하이데거: 문제가 되는 것은 300년이 지난 후에 인간에게 어떤 생각이 떠오를 때까지 다만 기다리라는 것이 아니고, 거의 사유되지 못한 현시대의 근본 특징들로부터 다가올 시대를 향해, 예언적인 요구들을 하지 않고 앞서 사유하는 것입니다. 사유는 아무것도 행하지 않는 것이 아니라 그 자체 세계 운명과 대화하고 있는 행위입니다. 내가 보기에는, 형이상학으로부터 유래한 이론과 실천의 구분과 양자의 상호 이행에 대한 생각이 내가 의미하는 사유에 대한 통찰을 가로막고 있습니다. 여기서 나는 『사유란 무엇인가?』라는 제목으로 1954년에 출간된 내 강연들을 지적

할 수 있을 것입니다. 바로 이 저작이 출간된 나의 모든 저작들 중에서 가장 적게 읽혔다는 사실이 아마 우리 시대의 한 징후일 것입니다.

슈피겔: 철학자는 자신의 철학으로 직접적으로 어떤 영향을 미쳐야만 한다고 생각하는 오해가 물론 늘 있어왔습니다. 우리가 시작했던 곳으로 되돌아가봅시다. 국가사회주의를 한편으로는 저 "전 지구적인 운동"의 실현으로, 다른 한편으로는 "전 지구적으로 규정된 기술"과 근대적 인간의 만남에 맞서는 최후의, 최악의, 가장 강력한 동시에 가장 무기력한 저항으로 간주하는 것은 생각할 수 없지 않겠습니까? 분명히 당신은 당신 자신 안에 어떤 대립을 품고 있습니다. 그래서 당신의 활동(나치 참여)의 많은 측면들은 철학적인 사상과는 관계가 없는 당신의 성향 때문에 당신이 집착하게 된 많은 개념들을 통해서만 해명될 수 있습니다. 철학자로서 당신은 가령 '고향', '뿌리박음' 등과 같은 개념들은 어떠한 존립 기반을 갖지 못하고 있다는 사실을 알고 있으면서도 그러한 개념들에 집착했습니다.

하이데거: 그렇게 말하고 싶지는 않습니다. 당신은 기술을 너무 절대적으로 여기는 것 같습니다. 나는 전 지구적인 기술의 세계 속에 처해 있는 인간의 상황을 해결할 수 없고 빠져나올 수 없는 어떤 운명으로 보고 있는 것이 아닙니다. 오히려 나는 사유가 자신의 한계 안에서 인간이 기술의 본질과 비로소 충분한 관계를 맺을 수 있도록 돕는 데에 바로 사유의 과제가 있다고 봅니다. 국가사회주의는 사실 그러한 방향으로 나아갔습니다. 이 사람들은 그러나 오늘날 일어나고 있고 300년 전부터 진행 중에 있는 사태와 명확한 관계를 맺을 수 있을 만큼 사유하려고 하지 않았습니다.

슈피겔 : 이 명확한 관계를 가령 오늘날의 미국인들은 가지고 있습니까?

하이데거 : 그들 역시 가지고 있지 못합니다. 그리고 그들은 여전히 실용주의에 빠져 있습니다. 이 사유는 기술적인 처리와 조작을 촉진하기는 하지만, 동시에 현대 기술의 독특한 본질을 성찰할 수 있는 길을 가로막고 있습니다. 그렇지만 미국 여기저기에서 실용주의적이고 실증주의적인 사유로부터 벗어나려는 시도들이 일어나고 있습니다. 그리고 어느 날 러시아나 중국에서 인간이 기술적인 세계와 자유로운 관계를 맺을 수 있도록 도와줄 수 있는 "사유"의 태곳적 전통들이 되살아나지 않으리라고 우리 가운데 누가 장담할 수 있겠습니까?

슈피겔 : 아무도 그런 관계를 가지고 있지 못하고 철학자도 그걸 줄 수 없다면 ….

하이데거 : 내가 나의 사유 시도를 통해 어디까지 갈 수 있고, 또 그 시도가 미래에 어떤 방식으로 받아들여져 결실을 맺을 수 있도록 변화될지는 나로서는 결정할 수 없는 문제입니다. 내가 마지막으로 1957년 프라이부르크대 개교 기념식에서 「동일률」이라는 제목으로 했던 기념 강연에서 보이고자 했던 것은, 현대 기술의 고유한 본질이 어디에 근거하고 있는지를 사유하면서 경험하는 것을 통해서 기술적인 세계 시대의 인간이 그가 들을 수 있을 뿐 아니라 오히려 그 자신이 거기에 속하는 (존재의) 요구와의 관계를 경험할 수 있는 가능성이 열린다는 사실이었습니다. 나의 사유는 횔덜린의 시와 불가결한 관계를 맺고 있습니다. 그러나 나는 횔덜린을 문학사가가 그의 작품을 다른 작품들과 나란히 주제로 삼는 그런 시인으로 보지 않습니다. 나에게 횔덜린은 미래를 가리키며 신을 기다리는 시인입니다. 그래서 그는

단지 문학사에서 생각하는 횔덜린 연구의 대상으로 그쳐서는 안 되는 시인입니다.

슈피겔: 횔덜린 말이 나온 김에 — 우리가 다시 한 번 인용문을 낭독하지 않을 수 없는 점 양해를 구합니다. '니체' 강의에서 당신은 이렇게 말했습니다. "디오니소스적인 것과 아폴론적인 것 사이의 여러 투쟁, 신성한 열정과 냉정한 표현 사이의 투쟁은 독일인들을 역사적으로 규정하는 은폐된 양식의 법칙이며 언젠가 우리는 그 투쟁을 수행할 준비를 갖추고 있어야만 한다. 디오니소스적인 것과 아폴로적인 것의 대립은 그것의 도움을 받아 우리가 단순히 '문화'를 기술할 수 있는 어떤 형식이 아니다. 횔덜린과 니체는 이 투쟁과 함께 독일인의 본질을 역사적으로 발견해야 하는 독일인의 과제 앞에 물음표를 던졌다. 우리는 이 물음표를 이해하게 될 것인가? 한 가지는 확실하다. 우리가 그것을 이해하지 못한다면, 역사는 우리에게 복수를 할 것이다." 당신이 어느 해에 이것을 썼는지 모르겠습니다. 우리는 1935년이라고 추측하는데요.

하이데거: 아마도 이 인용문은 1936/37년 니체 강의인『예술로서의 힘에의 의지』에 있을 겁니다. 하지만 그 이후에도 내가 말할 수 있는 내용입니다.

슈피겔: 알겠습니다. 좀 더 설명하시고 싶은 것이 있습니까? 이제 우리의 대화가 일반적인 것에서 독일인에 대한 구체적인 규정으로 옮아가는군요.

하이데거: 나는 인용문의 내용을 이렇게 말할 수도 있을 것입니다. 내가 확신하는 것은, 현대 기술 세계가 발생했던 동일한 장소로부터만 어떤 전환이 준비될 수 있다는 것, 그 전환은 선불교나

그 밖의 다른 동양의 세계 경험을 수용하는 것을 통해서는 일어날 수 없다는 것입니다. 사유를 바꾸기 위해서는 유럽의 전통과 그것을 새롭게 우리의 것으로 하는 것이 필요합니다. 사유는 동일한 유래와 규정을 가지고 있는 사유를 통해서만 변화됩니다.

슈피겔 : 당신 생각에는 기술적인 세계가 발생한 바로 이 자리에서 그 세계가 또한…….

하이데거 : … 헤겔적인 의미에서 지양되어야만 합니다. 청산되는 것이 아니라 지양되는 것이고, 그렇지만 인간만을 통해서 되는 것은 아닙니다.

슈피겔 : 당신은 어떤 특수한 과제를 특별히 독일인들에게 부여하시는 겁니까?

하이데거 : 그렇습니다. 횔덜린과의 대화라는 의미에서 말입니다.

슈피겔 : 당신은 독일인들이 이러한 전환을 일으킬 수 있는 특별한 자격을 가지고 있다고 생각하십니까?

하이데거 : 내가 염두에 두고 있는 것은 독일어와 그리스인들의 언어와 사유가 가지고 있는 특별한 내적인 근친성입니다. 이것을 오늘날 프랑스인들이 나에게 거듭 입증시켜주고 있습니다. 프랑스인들은 사유하기 시작할 때, 독일어로 말합니다. 그들은 자신들의 언어로는 사유할 수 없다는 것을 확언하고 있습니다.

슈피겔 : 그래서 당신이 라틴계 국가들, 특히 프랑스인들에게 그토록 강한 영향을 미치고 있다는 겁니까?

하이데거 : 오늘날의 세계가 본질적으로 어떻게 유래했는가를 이해하는 것이 문제가 될 때, 프랑스인들은 자신들의 합리성을 가지고서는 더 이상 오늘날의 세계에 제대로 대응할 수 없다는 걸 알고 있기 때문입니다. 시를 번역할 수 없는 것처럼, 사유도 번역할 수 없습니다. 물론 사유를 바꿔 쓸 수는 있습니다. 그러나

문자 그대로 번역하는 순간마저도, 모든 것이 변해버립니다.

슈피겔: 유쾌하지 않은 생각이군요.

하이데거: 많은 사람들이 이런 불쾌함을 진지하게 받아들이면서, 그리스적 사유가 로마-라틴어로 번역되었을 때 그 결과로 어떠한 엄청난 변화가 일어났는지를 숙고하게 된다면 좋을 것입니다. 이러한 변화는 오늘날에도 여전히 우리가 그리스적 사유의 근본 단어들을 충분하게 숙고하는 것을 방해하고 있는 사건입니다.

슈피겔: 교수님, 우리는 본래 언제나 무엇인가가 전달될 수 있고, 또한 번역될 수 있다는 낙관주의로부터 출발하려고 합니다. 왜냐하면, 사유의 내용들이 언어의 한계를 넘어서 전달될 수 있다는 이러한 낙관주의가 끝장나게 된다면, 지역주의가 팽배할 위험이 있기 때문입니다.

하이데거: 당신은 그리스적 사유를 로마 세계 제국의 표상 방식과 구분해서 "지역적"이라고 부르시려는 건가요? 상업상의 편지들은 모든 언어로 번역될 수 있습니다. 과학들, 오늘날의 우리들에게는 수리물리학을 근본 과학으로 갖는 자연과학들은 세계의 모든 언어들로 번역 가능합니다. 정확히 말하자면, 그것은 번역되는 것이 아니라 동일한 수학적인 언어로 말해지는 것입니다. 우리는 지금 광범위하고 (그 의미를) 헤아리기 어려운 영역을 건드리고 있는 것입니다.

슈피겔: 아마 이것도 다음과 같은 주제에 속할 것입니다. 우리가 현재 민주주의적-의회주의적 체제의 위기를 맞고 있다는 사실은 과장이 아닙니다. 이 위기는 오래 전부터 있어왔습니다. 특히 독일이 위기에 처해 있지만, 독일만 그런 것은 아닙니다. 민주주의의 고전적인 국가들인 영국과 미국도 위기에 처해 있습니다.

프랑스에서 그것은 더 이상 위기가 아닙니다. 이제 문제는 이 체제가 어떤 새로운 체제로 대체되어야 하는지, 그렇다면 그 새로운 체제가 어떤 모습을 갖추어야 하는지, 아니면 개혁이 가능한지, 그렇다면 그 개혁은 어떻게 가능한지와 같은 문제들에 대해서 사상가가 — 내 생각에는 부산물로서 — 어떤 것을 시사할 수 있을 수 있지 않는가 하는 것입니다. 그렇지 않으면 철학적인 교육을 받지 못한 사람은 — 대개 그런 사람은 권력을 수중에 갖고 있거나(비록 그가 그것을 규정하지는 못한다 할지라도), 권력의 수중에 있는 사람일 텐데 — 이런 사람은 잘못된 결론, 아니 아마도 근시안적인 무시무시한 결론에 이르게 되고 말 것입니다. 그렇다면 철학자는 사람들이 그들 자신에 의해서 기술화된 세계 속에서, 아마도 그들을 압도하고 있을 이 세계 속에서 자신들의 공동 생활을 어떻게 꾸려나갈 수 있는지에 대해 사유해야만 하지 않겠습니까? 사람들이 철학자로부터 그가 어떠한 삶의 가능성들을 생각하고 있는지 언급해주기를 기대하는 것은 정당한 일이 아닙니까? 그리고 만약 철학자가 이에 대해 아무것도 말해주지 않는다면, 그는 자신의 직무와 소명의 한 부분을, 제 생각에는 작은 부분이지만, 소홀히 하는 것이 아닙니까?

하이데거: 제가 아는 한, 한 개인이 사유로부터, 더욱이 사유 자체에 기초를 새롭게 부여해야 하는 과제에 직면해서 실천적인 지침들을 줄 수 있을 정도로 세계 전체를 꿰뚫어볼 수는 없습니다. 사유가 위대한 전통에 비추어 자신을 진지하게 여기는 한, 사유가 여기서 지침들을 주어야 한다고 주장한다면 그것은 사유에게 무리한 요구를 하는 것입니다. 무슨 권한으로 이런 일을 할 수 있겠습니까? 사유의 영역에서 권위적인 진술은 없습니다. 사유에 대한 유일한 척도는 사유되어야 할 사태 자체로부터 나옵

니다. 그리고 이 사태가 다른 모든 것에 앞서서 최고로 물을 가치가 있는 것입니다. 이러한 사정을 이해하기 위해서는, 철학과 과학 사이의 관계를 논의해야 할 필요가 있습니다. 과학의 기술적이고 실천적인 성과들은 철학적인 사유라는 의미에서의 사유를 오늘날 점점 더 불필요한 것으로 보이게 만들고 있습니다. 사유 자체가 자기 자신의 과제와 관련해서 처하게 된 어려운 상황에 상응해서 사람들은 실천적이고 세계관적인 물음들에 대해서 당장 필요한 대답을 거부하는 사유에 대해 미심쩍어하고 있으며, 이러한 사태는 과학의 권세에 의해 조장되고 있습니다.

슈피겔 : 교수님, 사유의 영역에서는 권위적인 진술은 없다고 하셨습니다. 그렇다면 현대 예술이 권위적인 진술을 하기 어렵다는 것 또한 본래 놀랄 일은 아니겠습니다. 그럼에도 불구하고 당신은 현대 예술을 파괴적이라고 말하셨습니다. 현대 예술은 스스로를 종종 실험적인 예술로 이해하고 있습니다. 그 작품들이 하려는 시도들은 ….

하이데거 : 당신의 가르침을 기꺼이 듣겠습니다.

슈피겔 : … 인간과 예술가가 고립화되고 있는 상황으로부터 비롯된 시도들입니다. 그리고 100번의 시도들 중에 이따금 한 번은 적중하는 시도가 발견됩니다.

하이데거 : 큰 물음은 바로 이것입니다. 예술은 어디에 서 있습니까? 예술의 자리는 어디입니까?

슈피겔 : 좋습니다. 하지만 당신은 사유로부터는 당신이 더 이상 요구하지 않는 것을 예술로부터 요구하고 있습니다.

하이데거 : 나는 예술로부터 아무것도 요구하지 않습니다. 나는 다만 예술이 어떤 자리를 차지하고 있는가가 문제라고 말할 뿐입니다.

슈피겔: 예술이 자기가 있어야 할 자리를 모른다면, 그 때문에 예술이 파괴적인 것입니까?

하이데거: 좋습니다. 그만합시다. 하지만 나는 이 점은 확실히 하고 싶습니다. 나는 현대 예술이 나아갈 길을 가리키고 있는 것이 무엇인지 알 수 없습니다. 이는 특히 그것이 예술의 가장 고유한 본질을 어디서 찾고 있는지, 아니면 적어도 찾고라도 있는지가 분명하지 않기 때문에 그렇습니다.

슈피겔: 예술가는 전승되어온 것에 구속되지 않습니다. 예술가는 전승되어온 것을 아름답다고 생각할 수 있지만 그것에 대해서 이렇게 말할 수도 있습니다. 그래, 600년 전에, 아니면 300년 전에, 아니면 30년 전에 사람들은 그렇게 그릴 수 있었을지 몰라. 그러나 그는 이제 더 이상 그렇게 그릴 수가 없습니다. 그렇게 하고 싶어할지라도, 그는 그렇게 할 수 없습니다. 만약 그렇다면, 다른 누구보다도 '더 잘' 모사할 수 있는 천재적인 모사 화가 한스 반 메게렌(Hans van Meegeren)이 가장 위대한 예술가일 것입니다. 그러나 그럴 수는 없습니다. 그러므로 예술가, 작가, 시인들도 사상가와 유사한 상황에 있습니다. 우리는 얼마나 자주 '눈을 감으라'고 말해야 합니까?

하이데거: '문화 사업(Kulturbetrieb)'을 예술과 시와 철학을 자리매김하는 틀로 간주한다면, 그것들에게 동등한 지위가 주어지는 것이 정당할 것입니다. 그러나 사업뿐 아니라 "문화"가 의미하는 바 또한 물을 가치가 있는 것이라면, 이 물을 가치가 있는 것에 대해 성찰하는 것도 사유의 과제에 속하는 일입니다. 이 사유가 처한 긴급한 상황은 거의 상상할 수 없을 정도입니다. 그러나 내가 알 수 있는 한 사유가 처해 있는 가장 큰 곤경은 오늘날 사유를 직접적으로 그리고 뚜렷한 형태로 사유의 사태 앞으로

가져가서 사유를 궤도에 올려놓을 정도로 위대한 사유자가 없다는 데 있습니다. 오늘날의 우리들에게 사유되어야 할 것의 크기(das Große)는 너무 큽니다. 우리는 아마 그러한 사태에 이끄는 좁고 멀리까지 이르지 못하는 오솔길이라도 내기 위해 노력할 수 있을 것입니다.

슈피겔 : 하이데거 교수님, 이 대담에 응해주셔서 감사합니다.

참고 문헌

I. 하이데거의 저작

Die Lehre vom Urteil im Psychologismus, in:

전집1권 *Frühe Schriften Sein und Zeit*, Tübingen, 12판, 1972.

전집3권 *Kant und das Problem der Metaphysik*

전집4권 *Erläuterungen zu Hölderlins Dichtung*

전집5권 *Holzwege*

전집7권 *Vorträge und Aufsätze*

전집8권 *Was heißt Denken?*

전집9권 *Wegmarken*

전집10권 *Der Satz vom Grund*

전집12권 *Unterwegs zur Sprache*

전집15권 *Heraklit*

전집16권 *Reden und andere Zeugnisse*

전집20권 *Prolegomena zur Geschichte des Zeitbegriffes*

전집29 / 30권 *Grundbegriffe der Metaphysik*

전집40권 *Einführung in die Metaphysik*

전집42권 *Schelling. Vom Wesen der menschlichen Freiheit*

전집43권 *Der Wille zur Macht als Kunst*

전집45권 *Grundfragen der Philosophie*

전집48권 *Nietzsche: Der europäische Nihilismus*

전집50권 *Phänomenologie der Anschauung*

전집51권 *Grundbegriffe*

전집52권 *Hölderlins Hymne >>Andenken<<*

전집53권 *Hölderlins Hymne >Der Ister<*

전집55권 *Heraklit*

전집60권 *Phänomenologie des religiösen Lebens*

전집63권 *Ontologie, Hermeneutik der Faktizität*

전집65권 *Beiträge zur Philosophie Nietzsche I, II. Pfullingen. 1961*
Vier Seminare

Martin Heidegger zum 80. Geburtstag von seiner Heimatstadt Meßkirch, Frankfurt 1969.

Spiegel-Gespräch mit Martin Heidegger, in: Antwort, *Martin Heidegger im Gespräch*, hrsg. Günther Neske/Emil Kettering, Pfullingen 1988.

「총장직 1933/34」(*Rektorat: Die Selbstbehauptung der deutschen Universität - das Rektorat 1933/34, Tatsachen und Gedanken*, Frankfurt a.M. 1983.

「세계상의 시대(*Die Zeit des Weltbildes*)」, 최상욱 역, 서광사 1995년.

Hannah Arendt/Martin Heidegger : *Briefe 1925 bis 1975 und andere Zeugnisse,* Ursula Ludz(hrsg), Frankfurt a.M. 1998.

Martin Heidegger/Elisabeth Blochmann: *Briefwechsel.* hrsg. Joachim Storck. Marbach 1989.

II. 2차 문헌

Adorno, T. W.: *Jargon der Eigentlichkeit.* Frankfurt a.M. 1964.

Arendt, Hannah: *Vom Leben des Geistes*, Band II: Das Wollen, München 1979.

Augstein, Rudolf: *"Aber bitte nicht philosophieren!"* - *Rudolf Augstein über das Buch "Heidegger und der Nationalsozialismus" von Victor Farias.* Der Spiegel, Nr.48/1987.

Baumgartner, Hans Michael: *Endliche Vernunft*, Bonn/Berlin 1991.

Biemel, Walter: Erinnerung an zwei Jahre in Freiburg(1942–1944), in: *Martin Heidegger und das 'Dritte Reich'*. hrsg. Bernd Martin, Darmstadt 1989.

Erinnerungsfragmente, in: *Erinnerung an Martin Heidegger*, Günter Neke(Hrsg), Pfullingen 1977.

Bourdieu, Pierre: *Die politische Ontologie Martin Heideggers*, Frankfurt a.M. 1988.

Buchner, Hartmut: Fragmentarisches, in: Erinnerung an Martin Heidegger, (hrsg) Günter Neke, Pfullingen, 1977.

Derrida, Jacques: *of Spirit: Heidegger and the Question*, trans. Geoffrey Bennington and Rachel Bowlby, Chicago 1989.

Ebeling, Hans: *Selbsterhaltung und Selbstbewußtsein. Zur Analytik von Freiheit und Tod*, Freiburg/München 1979.

Freiheit, Gleichheit, Sterblichkeit, Stuttgart 1982.

Ettinger, Elżbieta: *Hannah Arendt and Martin Heidegger*, New Haven and London 1995.

Farías, Victor: *Heidegger und der Nationalsozialismus*, Frankfurt a.M. 1987.

Figal, Günther: *Martin Heidegger – Phänomenologie der Freiheit*, Frankfurt 1988.

Franzen, Winfried: *Von der Existenzontologie zur Seinsgeschichte*, Meisenheim am Glan 1975.

Die Sehnsucht nach Härte und Schwere. Über ein zum NS-Engagement disponierendes Motiv in Heideggers Vorlesung >>Die Grundbegriffe der Metaphysik<< von 1929/30, in: *Heidegger und die praktische Philosophie*, hrsg. A. Gethmann-Siefert und O. Pöggeler, Frankfurt a.M., 1988.

Gadamer, Hans-Georg: >>Zurück von Syrakus?<< in: *Die Heidegger Kontroverse*, hrsg. Jürg Altwegg, Frankfurt a.M. 1988.

Gebert, Sigbert: *Negative Politik – zur Grundlegung der politischen Philosophie aus der Daseinsanalytik und ihrer Bewährung in den politischen Schriften Martin Heideggers von 1933/34*, Berlin 1992.

Gethmann, Carl Friedrich.: Heideggers Konzeption des Handelns in Sein und Zeit, in: Annemarie Gethmann-Siefert und Otto Pöggler(hrsg): *Heidegger und die praktische Philosophie*, Frankfurt a.M. 1988.

Goldschmidt, Georges-Arthur: Ein Lebne, ein Werk im Zeichen des National-
sozialismus, in: *Die Heidegger Kontroverse*, hrsg. Jürg Altwegg,
Frankfurt a.M.

Hassan, Givsan: *Eine bestürzende Geschichte - Warum Philosophen sich
durch den >>Fall Heidegger<< korrumpieren lassen*, Würzburg 1998.

Habermas, Jürgen: *Der philosophische Diskurs der Moderne*, Frankfurt a.M.
1986.

Philosophische-Politische Profile, Frankfurt a.M. 1971.

"Heidegger- Werk und Weltanschauung": in Victor Farías, Heidegger
und der Nationalsozialismus, Frankfurt a.M. 1987.

Harries, Karsten: Heidegger as a Political Thinker, in: *Heidegger and Modern
Philosophy*, ed. Michael Murray, New Haven, 1978.

Shame, Guilt, Responsibility, in: *Heidegger & Jaspers*, edit., Alan M.
Olson, Philadelphia, 1993.

Herkunft als Zukunft, in: hrsg. Schäfer Hermann, Annäherungen an
Martin Heidegger - Festschrift für Hugo Ott zum 65. Geburtstag,
Frankfurt/New York 1996.

Heidegger, Hermann: "Der Wirtschaftshistoriker und die Wahrheit - Not-
wendige Bemerkungen zu den Veröffentlichungen Hugo Otts über
Martin Heidegger", in: *Heidegger Studies*, Vol. 13, 1997.

Bemerkungen zu Rüdiger Safranskis Buch "Ein Buch aus Deutschland
- Heidegger und seine Zeit", in: *Heidegger Studies*, Vol. 11, 1995.

Held, Klaus: Grundstimmung und Zeitkritik bei Heidegger, in: hrsg. Papen-
fuß/Pöggeler, *Zur philosophischen Aktualität Heideggers* Bd.1, Frank-
furt 1991.

Hollerbach, Alexander: Im Schatten des Jahres 1933: Erik Wolf und Martin
Heidegger, in: in: *Martin Heidegger und das 'Dritte Reich'*. hrsg. Bernd
Martin, Darmstadt 1989.

Kaufmann, Walter: *From Schakespeare to Existentialism*, Princeton, New
Jersey 1980.

Köchler, Hans: *Skepsis und Gesellschaftkritik im Denken Martin Heideggers*,
Meisenheim am Glan 1978.

Kolakowski, Lezek: Marxistische Wurzeln des Stalinismus, in: *Leben trotz*

Geschichte, München 1977.

Der Mythos der menschlichen Einheit, in: Der Mensch ohne Alternative, R. Piper & Co. Verlag.

Krockow, Christian Graf von: *Die Entscheidung - Eine Untersuchung über Ernst Jünger, Carl Schmitt, Martin Heidegger*, Frankfurt-New York 1990.

Jaspers, Karl: *Philosophische Autobiographie*, München 1977.

Jünger, Ernst: *Sämtliche Werke. 18 Bde.* Stuttgart: Klett-Cota 1978-1993.

Der Arbeiter. Herrschaft und Gestalt. Stuttgart: Klett-Cota 1982.

Kiesiel, Helmut: *Wissenschaftliche Diagnose und Dichterische Vision der Moderne - Max Weber und Ernst Jünger*, Heidelberg, 1994.

Kohler, Lotte, und Saner, Hans(Hrsg): *Arendt/Jaspers Briefwechsel 1926-1969.* München 1985.

Koslowski, Peter: *Die dichterische Philosophie Ernst Jüngers.* München 1991.

Lang, Berel: *Heidegger's Silence*, Ithaca and London 1996.

Lévinas, Emmanuel: Das Diabolische gibt zu denken, in: *Die Heidegger Kontroverse*, hrsg. Jürg Altwegg, Frankfurt a.M. 1988.

Löwith, Karl: The political implications of Heidegger's Existentialism, in: *The Heidegger Controversy*, edit. Richard Wolin.

Heidegger - Denker in dürftiger Zeit, Stuttgart 1984.

Mein Leben in Deutschland vor und nach 1933 - Ein Bericht, Stuttgart, 1986.

Marcuse, Herbert: Enttäuschung, in: *Erinnerung an Martin Heidegger*, Pfullingen 1977.

Marx, Werner: *Ethos und Lebenswelt - Mitleidenkönnen als Maß*, Hamburg 1986.

Mehring, Reinhard: *Heideggers Überlieferungsgeschick - Eine dionysische Sebstinszenierung*, Würzburg 1992.

Müller, Max: Ein Gespäch mit Max Müller, in: *Martin Heidegger und das 'Dritte Reich', hrsg. Bernd Martin*, Darmstadt 1989.

Neske, Günter, und Kettering, Emil(hrsg): *Antwort, Martin Heidegger im Gespräch*, Pfullingen 1988.

Neske, Günter(hrsg): *Erinnerung an Martin Heidegger*, Pfullingen 1977.

Nietzsche, F.: *Kritische Studienausgabe*. Bd.2.

Nolte, Ernst: *Martin Heidegger – Politik und Geschichte im Leben und Denken*, Berlin, Frankfurt a.M. 1992.

Philosophie und Nationalsozialismus, in: *Heidegger und die praktische Philosophie*, hrsg. Annemarie Gethmann–Siefert und Otto Pöggler, Frankfurt a.M. 1988.

Philosophisches im politischen Irrtum?, in: *Martin Heidegger –Faszination und Erschrecken*, Frankfurt/New York 1990.

Ott, Hugo: Martin Heidegger und der Nationalsozialismus, in: *Heidegger und die praktische Philosophie*, hrsg. Annemarie Gethmann–Siefert und Otto Pöggeler, Frankfurt a.M. 1988.

Martin Heidegger, Unterwegs zur seiner Biographie, Frankfurt/New York 1988.

Wege und Abwege – Zu Victor Farias' kritischer Heidegger–Studie, in: Günter Neske und Emil Kettering(hrsg): *Antwort, Martin Heidegger im Gespräch*, Pfullingen 1988.

Pascal, David: A Philosophical Confrontation with the Political, Heidegger Studies, Vol. 11, 1995.

Petzet, H. W.: *Auf einen Stern zugehen. Begegnungen mit Martin Heidegger. 1929-1976*, Frankfurt a.M. 1983.

Pöggeler, Otto: 'Den Führer führen? Heidegger und kein Ende', Philosophische Rundschau 32, 1985.

"Praktische Philosophie" als Antwort an Heidegger, in: *Martin Heidegger und das 'Dritte Reich'*, hrsg. Bernd Martin, Darmstadt, 1989,

Von Nietzsche zu Hitler – Heideggers politische Optionen, in: hrsg. Schäfer Hermann, *Annäherungen an Martin Heidegger – Festschrift für Hugo Ott zum 65. Geburtstag*, Frankfurt/New York 1996.

Der Denkweg Martin Heideggers, Pfullingen 1983.

Nietzsche, Hölderlin und Heidegger in: *Martin Heidegger-Faszination und Erschrecken*, Frankfurt/New York 1990.

Philosophie und Politik bei Heidegger, Freiburg/München 1974.

Prauss, Gerold: *Erkennen und Handeln in Heideggers "Sein und Zeit"*, Freiburg/München 1977.

Rockmore, Tom: Die geschichtliche Kehre oder Otts Verdienst im Fall Heideggers, in: hrsg. Schäfer Hermann, *Annäherungen an Martin Heidegger -Festschrift für Hugo Ott zum 65. Geburtstag*, Frankfurt/New York 1996.

Safranski, Rüdiger: *Ein Meister aus Deutschland - Heidegger und seine Zeit*, Frankfurt a.M. 1997.

Schmitt, Gerhart: Heideggers philosophische Politik, in: hrsg. Bernd Martin, *Martin Heidegger und das 'Dritte' Reich*, Darmstadt, 1989.

Schneeberger, Guido: *Nachlese zur Heidegger, Dokumente zu seinem Leben und Denken*, Bern 1962.

Schäfer, Hermann(hrsg): *Annäherungen an Martin Heidegger - Festschrift für Hugo Ott zum 65. Geburtstag*, Frankfurt/New York 1996.

Schwan, Alexander: Zeitkritik und Politik in Heideggers Spätphilosophie, in: *Heidegger und die praktische Philosophie*, hrsg. Annemarie Gethmann-Siefert und Otto Pöggler, Frankfurt a.M. 1988.
Politische Philosophie im Denken Heideggers, Köln/Opladen 1989.
Politik als "Werk der Wahrheit", in: Alexander Schwan, *Pluralität, Freiheit*, Hamburg 1976.

Sieg, Ulrich: "Die Verjudung des deutschen Geistes, Ein unbekannter Brief Heideggers"(1929년 10월 2일), Die Zeit, 1989년 12월 29일.

Sitter, B.: Zur Möglichkeit dezisionistischer Auslegung von Heideggers ersten Schriften, in: Zeitschrift für philosophische Forschung 1970.

Sluga, Hans: *Heidegger's Crisis - Philosophy and Politics in Nazi Germany*, Harvard University Press 1993.

Spaemann, Robert: Ihn noch mal denken? Frankfurter Allgemeine Zeitung, 1989, 9월 23일, 221번.

Tertulian, Nicolas: Seinsgeschichte als Legitimation der Politik, in: *Martin Heidegger -Faszination und Erschrecken*, Frankfurt/New York 1990.

Tugendhat, Ernst: *Selbstbewußtsein und Selbstbestimmung*, Frankfurt a.M. 1979.

Vietta, Silvio: *Heideggers Kritik am Nationalsozialismus und an der Technik*, Tübingen 1989.

Wolin, Richard: *The Heidegger Controversy - A Critical Reader*, edit. Richard Wolin, MIT Press 1993.

Woods, Roger: *Ernst Jünger and the Nature of Political Commitment*, Stuttgart 1982.

Young, Julian: *Heidegger, philosophy, Nazism*, Cambridge 1997.

Zimmerman, Michael E.: *Heidegger's Confrontation with Modernity*, Technology, Politics, and Art, 1990.

구승회, 『논쟁 ― 나치즘의 역사화? ― 독일 현대사 논쟁의 중간 결산과 비판』, 온누리, 1993.

노이로르(Neurohr, J. F.), 『제3제국의 신화 ― 나치즘의 정신사(*Der Mythos vom Dritten Reich: Zur Geistesgeschichte des Nationalsozialismus*)』, 전남석 역, 한길사, 1986.

『서양의 정치 전통(*The Political Tradition of the West*)』, 조순승 역, 을유문화사, 1988.

소광희 · 이수정 · 박찬국 공저, 『하이데거 ― 그의 생애와 사상』, 서울대 출판부, 1999.

앙리 미셸(Michel, Henri): 『세계의 파시즘(*Les Fascismes*)』, 청사, 1979.

오한진, 『근대 독일의 문명 작가와 문화 작가』, 홍성사, 1981.

왓킨스(Watkins, F. M.): 『이데올로기의 시대』, 을유문화사, 이홍구 역, 1995, 18판.

이광주, 『역사 속에 선 인간 ― 독일 근대사론』, 문학과지성사, 1979.

이기상 편역, 『하이데거 철학에의 안내』, 서광사.

전광식, 『고향』, 문학과지성사, 1999.

조아침(Fest, Joachim C.): 『히틀러 평전(*Hitler*)』, 푸른숲, 1977.

프랜시스 후쿠야마(Fukuyama, Francis): 『역사의 종말(*The End of History and the Last Man*)』, 이상훈역, 한마음사, 1992.

프리츠 하이네만(Heinemann, Fritz): 『실존철학(*Existenzphilosophie lebendig oder tot?*)』, 황문수역, 문예출판사, 1994.

헤르만 뤼베(Lübbe, Hermann): 『독일의 정치철학(*Politische Philosophie in Deutschland*)』, 권혁면 옮김, 정음사, 1985.

홍사중, 『히틀러』, 한길사, 1997.

박찬국

서울대 철학과를 졸업하고 동 대학원에서 석사 학위를 받았으며, 독일 뷔르츠
부르크대에서 철학 박사 학위를 받았다. 호서대 철학과 교수를 역임했으며 현
재 서울대 철학과 교수로 있다. 저서로는 『니힐리즘의 극복에 대한 하이데거의
존재사적 사유(*Die seinsgeschichtliche Überwindung des Nihilismus im Denken
Heideggers*)』(박사 학위 논문), 『하이데거 ― 그의 생애와 사상』(공저, 서울대
출판부), 『에리히 프롬과의 대화』(철학과현실사) 등이 있고, 번역서로는 『헤겔
철학과 현대의 위기』(서광사), 『마르크스주의와 헤겔』(인간사랑), 『실존철학과
형이상학의 위기』(서광사) 등이 있으며, 논문으로는 「하이데거에 있어서 니힐
리즘의 극복과 존재 물음」, 「인간 소외의 극복에 대한 하이데거와 마르크스
사상의 비교 고찰」, 「하이데거의 니체 해석에 대한 비판적 고찰」, 「하버마스의
하이데거 해석과 비판에 대한 고찰」, 「현대 기술 문명에 대한 하이데거와 프롬
의 사상」 등이 있다.

하이데거는 나치였는가?

초판 1쇄 인쇄 / 2007년 9월 10일
초판 1쇄 발행 / 2007년 9월 15일
■
지은이 / 박 찬 국
펴낸이 / 전 춘 호
펴낸곳 / 철학과현실사
서울특별시 서초구 양재동 338의 10호
전화 579―5908~9
■
등록일자 / 1987년 12월 15일(등록번호 : 제1―583호)
■
ISBN 978-89-7775-640-3 03160
*잘못된 책은 바꾸어 드립니다.
*지은이와의 협의에 따라 인지를 생략합니다.

값 15,000원